大数据时代经济与金融数据分析系列丛书

经济金融计量及其R语言应用

朱顺泉 编著

清华大学出版社
北京

内容简介

本书结合大量精选的实例全面介绍使用R语言进行经济与金融分析的方法。全书共14章，内容包括经济与金融计量学绪论，R语言的下载、安装与启动，R语言对象与数据存取，参数估计与假设检验的R语言应用，线性回归分析的R语言应用，多重共线性的R语言应用，异方差问题的R语言应用，自相关问题的R语言应用，时间序列分析ARIMA模型预测的R语言应用，单位根、协整与格兰杰因果检验的R语言应用，时间序列分析GARCH模型的R语言应用，面板数据分析的R语言应用，基于R语言的金融数据分析综合应用，创业板科技型上市公司股权激励对其价值影响的计量检验研究。

本书内容新颖、全面，实用性强，融理论、方法、应用于一体，可供统计学、数量经济学、管理科学与工程、应用数学、计算数学、概率统计、金融学、金融工程、投资学、金融专业硕士、经济学、财务管理、会计学、工商管理等专业的本科高年级学生与研究生使用。

图书在版编目(CIP)数据

经济金融计量及其R语言应用/朱顺泉编著.—北京：清华大学出版社，2016(2022.8重印)
大数据时代经济与金融数据分析系列丛书
ISBN 978-7-302-43795-6

Ⅰ.①经… Ⅱ.①朱… Ⅲ.①程序语言－程序设计－应用－金融－计量经济学 Ⅳ.①F83

中国版本图书馆CIP数据核字(2016)第100137号

责任编辑：刘向威 战晓雷
封面设计：文 静
责任校对：梁 毅
责任印制：宋 林

出版发行：清华大学出版社
网 址：http://www.tup.com.cn，http://www.wqbook.com
地 址：北京清华大学学研大厦A座 **邮 编**：100084
社 总 机：010-83470000 **邮 购**：010-62786544
投稿与读者服务：010-62776969，c-service@tup.tsinghua.edu.cn
质量反馈：010-62772015，zhiliang@tup.tsinghua.edu.cn
课件下载：http://www.tup.com.cn，010-83470236
印 装 者：三河市少明印务有限公司
经 销：全国新华书店
开 本：185mm×260mm **印 张**：14 **字 数**：348千字
版 次：2016年8月第1版 **印 次**：2022年8月第7次印刷
印 数：3301～3800
定 价：39.00元

产品编号：066029-02

前言 FOREWORD

大数据时代，数据成为商务决策最为重要的参考之一，数据分析行业迈入了一个全新的阶段。R语言是一款非常优秀的数据统计分析与图形展示软件，本书侧重于使用R语言进行经济与金融数据分析，同时结合大量精选的实例问题对R语言进行科学、准确和全面的介绍，以使读者能深刻理解R语言的精髓和灵活、高效的使用技巧。

R语言是经济金融数据分析、微宏观经济预测等领域应用非常广泛的计量软件之一，它具有免费、统计与作图功能强、数据接口丰富、短小精悍、运算速度快、更新和发展速度惊人等特点，因而受到广大用户的欢迎和喜爱。本书通过丰富的经济与金融实例，详细介绍了R3.1.2在经济与金融领域中的应用，书中所有运算都在Ri386 V3.1.2上调试通过。

本书侧重于理论与应用相结合，实例丰富且通俗易懂，重点讨论了R语言与经济与金融计量分析应用等，详细介绍了各种计量方法在R语言中的应用过程。本书适合作为经济学、金融学、统计学等相关专业的本科生或研究生学习经济计量学、金融计量学等课程的实验参考用书，同时对从事经济与金融数据分析的实际工作者也大有裨益。通过本书，读者不仅能掌握R语言及其程序包本身的应用，而且能学会从实际问题分析入手，利用R语言进行经济与金融计量分析，并对结果进行分析。

本书实例与内容丰富，有很强的针对性，书中各章详细地介绍了实例的R具体操作过程。读者只需按照书中介绍的步骤一步一步地实际操作，就能掌握全书的内容。

本书的内容安排如下：第1章为经济与金融计量学绪论；第2章介绍R语言的下载、安装与启动；第3章介绍R语言对象与数据存取；第4章介绍参数估计与假设检验的R语言应用；第5章介绍线性回归分析的R语言应用；第6章介绍多重共线性的R语言应用；第7章介绍异方差问题的R语言应用；第8章介绍自相关问题的R语言应用；第9章介绍时间序列分析ARIMA模型预测的R语言应用；第10章介绍单位根、协整与格兰杰因果检验的R语言应用；第11章介绍时间序列分析GARCH模型的R语言应用；第12章介绍面板数据分析的R语言应用；第13章是基于R语言的金融数据分析综合应用；第14章是创业板科技型上市公司股权激励对其价值影响的计算检验研究（广东省科技计划项目软科学阶段性成果。编号：2015A070704058）。

本书的出版得到了清华大学出版社的支持和帮助，应该感谢他们为读者提供了一个好的平台！由于时间和水平的限制，书中难免出现一些纰漏，恳请读者提出宝贵意见。

作　者

2016年3月于广州

目录
CONTENTS

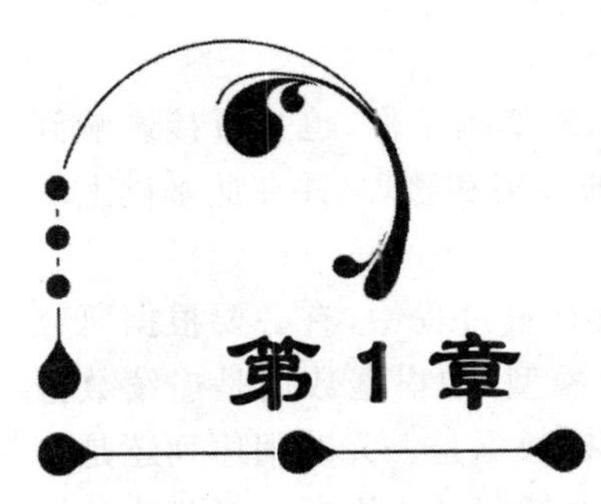

第1章 经济与金融计量学绪论

本章简要介绍经济与金融计量的方法和一般应用步骤，着重介绍经济与金融数据的类型和特点，简要评述主要的计量和统计软件包，本章旨在使学生理解经济与金融计量模型思想，了解经济与金融数据的特点与来源，掌握常用的金融计量软件R语言。

1.1 经济计量学与金融计量学的含义及建模步骤

1.1.1 计量经济学与金融计量经济学的含义

计量经济学是将经济理论实用化、数量化的实证经济学，可简称为“经济中的测量”。它是利用经济理论、数学、统计推断等工具对经济现象进行分析的经济学科的分支，具体包括模型设计和建立、参数估计和检验以及利用模型进行预测等过程。

自1926年挪威经济学家费里希首次提出计量经济学的概念以来(他仿照生物计量学一词提出计量经济学概念，并将其定义为统计学、经济学和数学的结合)，计量经济学的建立到现在不到100年，但是这门学科已经得到广泛发展。截至2008年所产生的61位诺贝尔经济学奖获得者中，30多位在获奖成果中应用了计量经济学。尤其是20世纪90年代以来，赫克曼、麦克法登、格兰杰、恩格尔等学者都是因为在计量经济学方面的突出贡献而获得诺贝尔奖的。

对于金融计量学的含义，在西方一般是指金融市场的计量分析，主要包括对金融市场各种变量(利率、汇率、交易量、价格等)进行相应的统计分析和计量建模，以及对实证金融中的大量金融理论和现象进行分析。

本书包括经济计量和金融计量两大部分。具体包括经济与金融计量学中经典回归模型及其应用、非经典回归模型及其应用(多重共线性、自相关、异方差)、时间序列分析及其应用、条件异方差模型及其应用、面板数据分析模型及其应用等，经济计量学部分主要介绍经典回归模型及其应用、非经典回归模型及其应用(多重共线性、自相关、异方差)。金融计量学部分主要介绍时间序列分析及其应用、条件异方差模型及其应用、面板数据分析模型及其应用等。

1.1.2 经济计量学与金融计量学建模过程

基于对经济计量学与金融计量学范畴的理解，对经济计量学与金融计量学建模的步骤描述如下：

步骤1，关于研究问题的概述。该步骤通常涉及经济与金融理论的形成，或者来自某种理论的认识——两个或多个变量之间特定方式的联系。这一步需要将经济与金融理论或相关变量之间的关系模型用数学的方式表达出来。

步骤 2,样本数据收集。这一步骤是经济与金融计量工作的基础工作,也是直接影响到检验结果的一项工作。通常应根据研究对象,进行样本数据的收集和整理,并在此基础上取舍变量,并分析经济与金融数据的类型、特点和来源等。

步骤 3,选择合适的计量方法来估计模型。在经济与金融计量过程中,有必要根据研究目的以及数据本身的特点、需要,选择相应的估计方法和计量模型,如根据数据是连续数据还是离散数据选择一元回归、多元回归模型还是离散模型,根据数据是一元时间序列还是多元时间序列选择相应的计算模型,研究金融市场的波动率、利率期限结构则要选择相应的计量模型等。

步骤 4,对模型进行实证检验。在估计参数后,一个初步的模型就构建起来了,但是为了评估所建立的模型是否合适,能否反映变量之间的关系,还需要对模型进行进一步检验。模型检验通常包含统计检验、计量经济学检验以及经济金融意义检验三方面的内容。统计检验的目的在于检验模型参数估计值的可靠性,包括模型的拟合度检验、变量的显著性检验等;计量经济学检验是根据计量经济学理论的要求而进行的,包括序列相关性检验、异方差性检验和多重共线性检验等;经济金融意义检验是将计量检验的结果与相应的经济理论或金融理论比较以检验是否相符。若所构建的模型估计结果不能通过上述某方面的检验,就有必要考虑前面几个步骤中是否存在问题并重新建立模型;若能够通过模型的检验,则可进入经济与金融计量模型的应用阶段。

步骤 5,模型应用。若模型能够通过检验,则说明所构建的计量模型具有适用性,这样就可以将模型应用于特定的研究。通常,所构建的模型主要有以下三个方面的应用:

(1) 结构分析,即研究一个变量或几个变量变化时对其他变量的影响,以揭示不同经济变量之间的内在联系;

(2) 金融经济预测,即根据金融经济模型对未来金融经济变量的变化进行预测分析;

(3) 政策评价,即研究不同的政策对经济目标所产生影响的差异,从金融计量分析中寻求优化政策目标的路径。

经济与金融计量建模的基本步骤如图 1-1 所示。

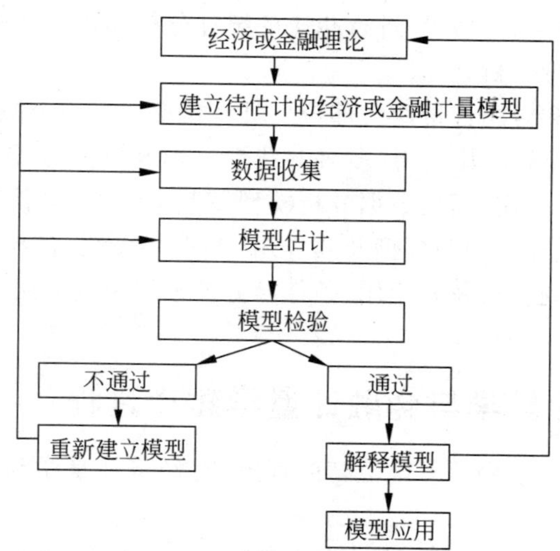

图 1-1 经济与金融计量建模的基本步骤

1.1.3　经济与金融模型中的数据

从构建经济与金融计量模型的步骤来看，数据分析是重要的环节。下面，着重分析经济与金融数据的类型、特点和来源。

1. 经济与金融数据的类型

经济与金融计中需要处理的数据主要有三类：横截面数据、时间序列数据和面板数据。

(1) 横截面数据。是同一时间(时期或时点)某一指标在不同空间的观测数据。如某一时点中国 A 股市场的平均收益率，2010 年所有 A 股上市公司的净资产收益率。在利用横截面数据进行分析时，由于单个或多个解释变量观测值起伏变化会对被解释变量产生不同的影响，因而导致异方差问题。因此在数据整理时必须消除异方差。

(2) 时间序列数据。即按时间序列排列的数据，也称为动态序列数据。时间序列数据是按照一定时间间隔对某一变量或不同时间的取值进行观测所得到的一组数据，例如每一季度的 GDP 数据、每一天的股票交易数据或债券收益率数据等。在金融计量分析中，时间序列数据是常见的一类数据类型。

(3) 面板数据。即时间序列数据和横截面数据相结合的数据。

金融领域以时间序列数据与面板数据为主。

2. 经济与金融数据来源

经济与金融数据主要有以下三个来源：

(1) 专业性网站。如国家统计局网站、中国人民银行网站、中国证监会网站、世界银行网站、国际货币基金组织网站等。

(2) 专业数据公司和信息公司。国外数据库主要有芝加哥大学商学院的证券价格研究中心(CRSP)、路透(Reuter)终端等。国内的经济与金融数据库主要有 CCER 中国金融经济数据库、国泰安数据库(GTA)、万德数据库(Wind)、锐思数据库等。如表 1-1 所示。

表 1-1　金融数据库

数据库名称	网　址
CRSP	www. chicagobooth. edu
Reuter	www. Reuters. com
Bloomberg	www. Bloomberg. com
Wind	www. wind. com. cn
GTA	www. gtadata. com
CCER 中国金融经济数据库	www. ccer. edu. cn
聚源锐思数据库	www. resset. cn
天相金融数据库	www. txsec. com/zqsc/tx_data. asp
万得 Wind 金融数据库	www. wind. com. cn

(3) 抽样调查。是针对某些专门的研究开展的一类获取数据的方式。比如，要对中国的投资者信心进行建模，就必须通过设计调查问卷，对不同的投资群体进行数据采集。

1.2 经济与金融计量软件简介

1.2.1 R软件简介

R语言是统计领域广泛使用的诞生于1980年左右的S语言的一个分支，可以认为R语言是S语言的一种实现。而S语言是由AT&T贝尔实验室开发的一种用来进行数据探索、统计分析和作图的解释型语言。最初S语言的实现版本主要是S-PLUS。S-PLUS是一个商业软件，它基于S语言，并由MathSoft公司的统计科学部进一步完善。后来Auckland大学的Robert Gentleman和Ross Ihaka及其他志愿人员开发了一个R系统。R语言是基于S语言的一个GNU项目，所以也可以当作S语言的一种实现，通常用S语言编写的代码都可以不作修改地在R语言环境下运行。R语言的语法来自Scheme。R的使用与S-PLUS有很多类似之处，这两种语言有一定的兼容性。S-PLUS的使用手册只要稍加修改就可作为R语言的使用手册。所以有人说：R是S-PLUS的一个"克隆"。

详细内容请登录http://cran.r-project.org查询。

1.2.2 Python软件简介

Python是一种面向对象的解释型计算机程序设计语言，由Guido van Rossum于1989年底发明，第一个公开发行版发行于1991年。Python源代码同样遵循GPL(GNU General Public License)协议。Python语法简洁而清晰，具有丰富和强大的类库。它常被昵称为胶水语言，能够把用其他语言制作的各种模块(尤其是C/C++)很轻松地联结在一起。常见的一种应用情形是，使用Python快速生成程序的原型(有时甚至是程序的最终界面)，然后对其中有特别要求的部分用更合适的语言改写，比如，3D游戏中的图形渲染模块性能要求特别高，就可以用C/C++重写，而后封装为Python可以调用的扩展类库。需要注意的是，在使用扩展类库时可能需要考虑平台问题，某些扩展类库可能不提供跨平台的实现。

Python需要安装numpy、pandas、scipy、cython、statsmodels、matplotlib等一系列的程序包，还需要安装ipython交互环境，单独用Python直接做计量分析统计函数是没有函数支持的。

详细内容请登录https://www.python.org/查询。

1.2.3 Stata软件简介

Stata由美国计算机资源中心(Computer Resource Center)于1985年研制。其特点是采用命令行/程序操作方式，程序短小精悍，功能强大。Stata是一套提供了数据分析、数据管理以及绘制专业图表功能的完整及整合性统计软件。它提供的功能包含线性混合模型、均衡重复反复及多项式普罗比模式。新版本的Stata采用最具亲和力的图形界面，使用者自行建立程序时，软件能提供具有直接命令式的语法。Stata提供完整的使用手册，包含统计样本建立、解释、模型与语法、文献等。

Stata目前最新版为13版。

详细内容请登录http://www.stata.com查询。

1.2.4 EViews 软件简介

EViews 是美国 GMS 公司于 1981 年发行的 Micro TSP 的 Windows 版本,通常称为计量经济学软件包。EViews 是 Econometrics Views 的缩写,它的本意是对社会经济关系与经济活动的数量规律,采用计量经济学方法与技术进行“观察”。计量经济学研究的核心是设计模型、收集资料、估计模型、检验模型、运用模型进行预测、求解模型和应用模型。EViews 是完成上述任务必不可少的工具。正是由于 EViews 等计量经济学软件包的出现,使计量经济学取得了长足的进步,发展成为实用与严谨的经济学科。使用 EViews 软件包可以对时间序列和非时间序列的数据进行分析,建立序列(变量)间的统计关系式,并用该关系式进行预测、模拟等。虽然 EViews 是由经济学家开发的,并且大多应用于经济学领域,但并不意味着必须限制该软件包仅只用于处理经济方面的时间序列。EViews 处理非时间序列数据照样得心应手。实际上,大型的非时间序列(截面数据)的项目也能在 EViews 中进行处理。

详细内容请登录 http://www.eviews.com/查询。

1.2.5 SAS 软件简介

SAS 是美国 SAS 软件研究所研制的一套大型集成应用软件系统,具有完备的数据存取、数据管理、数据分析和数据展现功能。尤其是创业产品统计分析系统部分,由于其具有强大的数据分析能力,一直是业界著名软件,在数据处理和统计分析领域被誉为国际上的标准软件和最权威的优秀统计软件包,广泛应用于政府行政管理、科研、教育、生产和金融等领域,发挥着重要的作用。SAS 系统中提供的主要分析功能包括统计分析、经济计量分析、时间序列分析、决策分析、财务分析和全面质量管理工具等。

详细内容请登录 http://www.sas.com 查询。

1.2.6 Matlab 软件简介

Matlab 软件是由美国 Mathworks 公司推出的用于数值计算和图形处理的科学计算系统。在 Matlab 环境下,用户可以集成地进行程序设计、数值计算、图形绘制、输入输出、文件管理等各项操作。它提供的是一个人机交互的数学系统环境,与利用 C 语言作数值计算的程序设计相比,利用 Matlab 可以节省大量的编程时间,且程序设计自由度大。其最大的特点是直观、简洁的程序开发环境,语言简洁紧凑,使用方便灵活,库函数与运算符极其丰富,另外它具有强大的图形功能。

在国际学术界,Matlab 已经被确认为准确、可靠的科学计算标准软件,在许多国际一流学术刊物上都可以看到 Matlab 的应用。

详细内容请登录 http://www.mathworks.com 查询。

1.2.7 SPSS 软件简介

SPSS(Statistical Package for the Social Science,社会科学统计软件包)是世界著名的统计分析软件之一。20 世纪 60 年代末,美国斯坦福大学的三位研究生研制开发了最早的统计分析软件 SPSS,同时成立了 SPSS 公司,并于 1975 年在芝加哥组建了 SPSS 总部。20

世纪80年代以前,SPSS统计软件主要应用于企事业单位。1984年SPSS总部首先推出了世界第一个统计分析软件微机版本SPSS/PC+,开创了SPSS微机系列产品的开发方向,从而确立了个人用户市场第一的地位。2009年IBM公司收购SPSS公司后,在中国国内市场上推出的最新产品是IBM SPSS Statistics 21.0多国语言版。SPSS/PC+的推出极大地扩充了它的应用范围,使其能很快地应用于自然科学、技术科学、社会科学的各个领域。它使用Windows的窗口方式展示各种管理和分析数据的功能,使用对话框展示各种功能选择项,只要掌握一定的Windows操作技能,粗通统计分析原理,就可以使用该软件为特定的科研工作服务。

详细内容请登录http://www.spss.com查询。

还有一些统计和计量经济学软件,如Statistica、S-PLUS等,但相对来说没有上面6种软件流行。各软件网站列表如表1-2所示。

表1-2 金融经济计量软件网站

软件名称	网　址
R	www.cran.r-project.org
Stata	www.stata.com
EViews	www.eviews.com
SAS	www.sas.com
Matlab	www.mathworks.com
SPSS	www.spss.com
S-PLUS	www.mathsoft.com
Statistica	www.statsoft.com

练习题

1. 什么是经济计量学和金融计量学?
2. 简述经济和金融计量的常用软件。

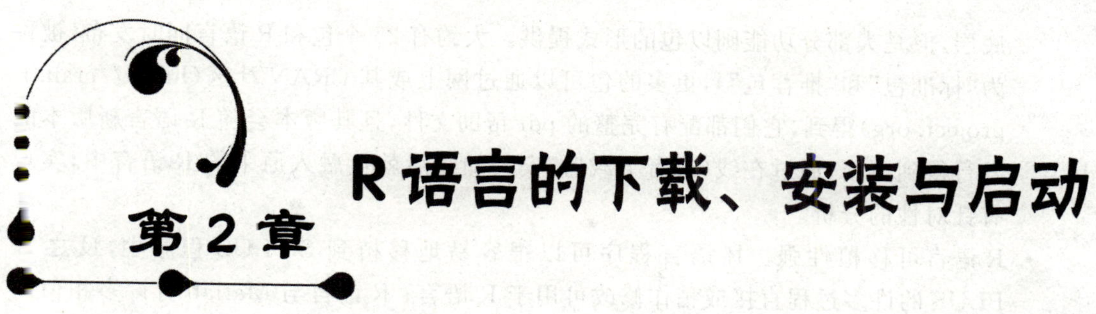

第2章 R语言的下载、安装与启动

2.1 选择R语言的理由

R语言是一个有着统计数据分析功能及强大作图功能的软件系统，是一种新兴的统计学软件、语言和环境，而且它的源代码开放。R语言以其强大功能和它在统计理论及分析上的优势，近年来在统计、经济、管理、金融等相关领域受到有关人士的广泛欢迎和关注。虽然我使用过 Matlab、SAS、SPSS 和 Stata 等统计计算方面的软件，但现在 R 语言是我的首选。原因如下：

- R语言是自由免费软件。它不收取任何费用，但其能力不会比任何同类型的商业软件差。从功能相似的角度来说，R 和 Matlab 是最像的。
- 通过R语言，可以和全球一流的统计计算方面的专家进行讨论，它是全世界统计学家思维的最大集中。
- R语言是彻底的面向对象的统计编程语言。对于熟悉面向对象编程的人来说非常容易理解和使用。
- R语言和其他编程语言/数据库之间有很好的接口。代码整合的时候感觉R语言为用户提供了一系列对象，用其他语言只要调用这些对象就可以了，这对数据整合工作非常有用。
- R语言浮点运算功能强大。R语言可以作为一台高级科学计算器，因为R同 Matlab 一样不需要编译就可执行代码。
- R语言不依赖于操作系统。R语言可以在运行于 Windows、UNIX、Linux 和 Macintosh 等操作系统上，它们的安装文件以及安装说明都可以在 CRAN 社区上下载。
- R语言的帮助功能完善。R语言嵌入了非常实用的帮助系统，这个帮助系统随软件所附的 pdf 或 html 帮助文件可以随时通过主菜单打开浏览或打印，通过 help 命令可随时了解R语言所提供的各类函数的使用方法和例子。
- R语言作图功能强大。R语言内嵌的作图函数能将产生的图片展示在一个独立的窗口中，并能将之保存为各种形式的文件（如 jpg、png、bmp、ps、pdf、emf、pictex、xfig 等）。
- R语言统计分析能力尤为突出。R语言内嵌了许多实用的统计分析函数，统计分析的结果也能被直接显示出来，一些中间结果（如 p 值、回归系数、残差等）既可保存到专门的文件中，也可直接用于进一步分析。R语言的部分统计功能整合在R语言的底层,但是大部分功能则以包的形式提供。大约有25个包和R语言同时发布(被称为“标准包”和“推荐包”),更多的包可以通过网上或其CRAN社区(http://cran.r-project.org)得到,它们都配有完整的pdf帮助文件,且其版本会随R语言新版本的发行得到更新,通过在线(或者下载后)安装加载后就可融入原来的R语言中,实现有针对性的分析。

- R语言可移植性强。R语言程序可以很容易地移植到S-PLUS程序中,反之S-PLUS的许多过程直接或稍作修改可用于R语言;R语言与Matlab有许多相似的地方,如都可作为高级计算器,都可不经过编译直接运行源代码,但是R侧重于统计分析,而Matlab侧重于工程,例如信号处理。现在通过R.Matlab-package可实现两者之间许多功能的共享,具体见程序的说明;许多常用的统计分析软件(如SAS、SPSS、Stata等)的数据文件都可读入R语言程序,这样其他软件的数据或分析的中间结果可用于R语言,并作出进一步的分析。
- R语言强大的拓展与开发能力。R语言是开发新的交互式数据分析方法的一个非常好的工具。可以编制自己的函数来扩展现有的R语言,或者制作相对独立的统计分析包。
- R语言灵活而不死板。一般的软件往往会直接展示分析的结果,而R语言则将这些结果都放在一个对象里,所以常常分析执行结束后并不显示任何结果,使用者特别是初学者或非专业人员可能会对此感到困惑。其实这样的特点是非常有用的,因为我们可以有选择地显示自己感兴趣的结果。而有的软件如SAS和SPSS会同时显示几个窗口,内容太多,会使使用者无从选择和解释。

2.2 R语言下载

下面对R语言的使用方法进行介绍,并举例说明。

输入网址 http://cran.r-project.org/即可下载R语言。界面如图2-1所示。

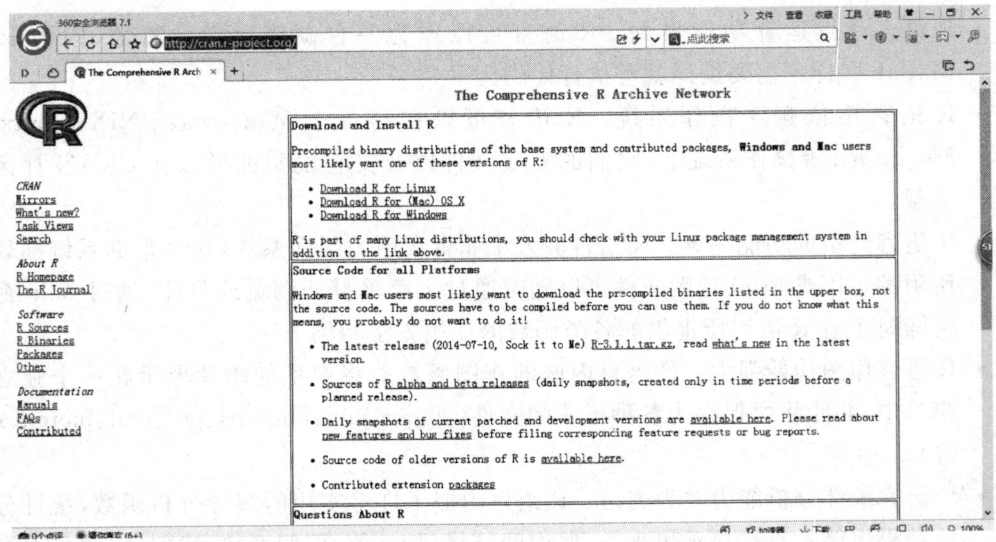

图2-1 R语言下载界面

在图 2-1 中，提供了丰富的 R 语言资源，包括 R 简介、R 更新、R 常用手册、R 图书、R 通讯和会议信息等。

单击 Download R for Windows，选择要下载的盘和目录，如 E:\R，即可开始下载 R 语言。SAS 和 SPSS 为统计分析等提供了丰富的屏幕输出内容，但 R 给出的屏幕输出内容却很少，它将结果保存在一些合适的对象中以便用 R 语言中的函数做进一步的分析。

目前 R 语言的最新版本是 3.2.0。

2.3 R语言安装

R 语言有三个版本：Linux 版本、(Mac)OS X 版本和 Windows 版本。本书使用的是 Windows 版本。R 语言大概每 3 个月更新一次版本。

双击 R 语言安装程序图标，即可得到如图 2-2 所示的界面。

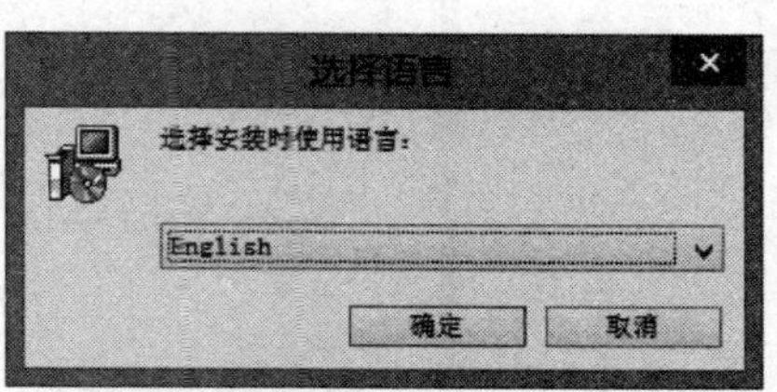

图 2-2 选择安装语言

一般选择 English，本书选择中文(简体)。

在图 2-2 中单击“确定”按钮，得到如图 2-3 所示的界面。

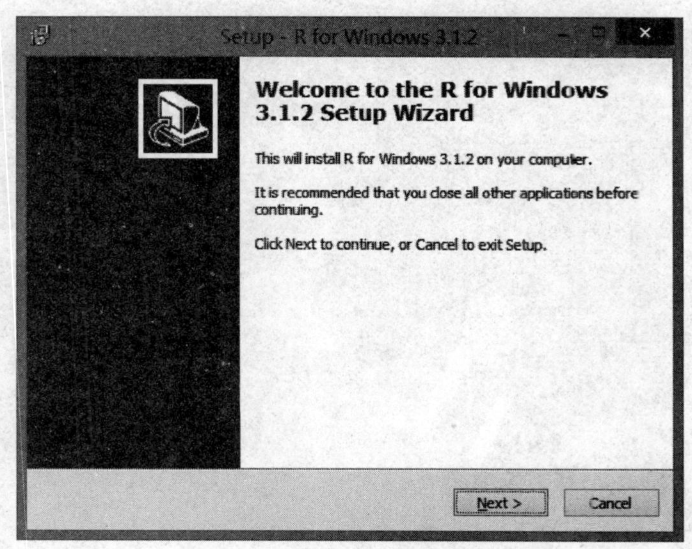

图 2-3 安装向导的欢迎界面

单击两次 Next 按钮，得到如图 2-4 所示的界面。

选择图 2-4 中的默认文件夹，或根据实际需要改变图 2-4 中的文件夹，即可安装 R 语言到默认文件夹或者指定的文件夹，例如 E:\R-3.1.2。

多次单击 Next 按钮后，系统的桌面上出现 R 语言图标，如图 2-5 所示。

完成了上述步骤，就可以真正开始 R 语言的使用了。这里推荐大家再安装另外一个软件——Rstudio。下载地址为 http://www.rstudio.com/ide/download/。安装 Rstudio 后，可以直接打开 Rstudio，这样就可以真正使用 R 语言了。

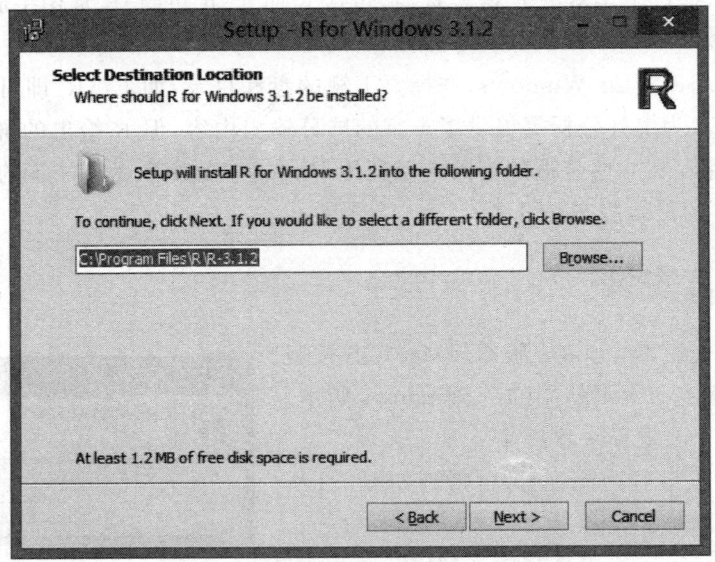

图 2-4 选择安装位置

图 2-5 R 语言图标

2.4 R 语言程序包的安装

使用命令：install. packages("package_name","dir")可以安装所需要的程序包。

package_name：是指定要安装的程序包名，请注意大小写。

dir：程序包安装的路径。默认安装在..\library 文件夹中。可以通过本参数来选择安装的文件夹。

例如：

```
> install.packages("DAAG")
```

即安装了数据分析与图形程序包。

```
> install.packages("fBasics")
```

即安装了 fBasics 程序包，有了这个程序包，就可以求偏度、峰度等。

程序包安装后，如果要使用程序包的功能，必须先把程序包加载到内存中（默认情况下，R 语言启动后默认加载基本包），加载程序包命令格式如下：

```
Library("程序包名")
Require("程序包名")
```

查看程序包帮助可以用以下命令：

```
library(help = package_name)
```

帮助的主要内容包括程序包名、作者、版本、更新时间、功能描述、开源协议、存储位置、主要的函数等。

例如：

```
> library(fBasics)
```

即加载 fBasics 加载包。

查看当前环境哪些程序包加载可以用以下命令：

```
find.package()　或者　path.package()
```

从内存中移除程序包可以用以下命令：

```
detach()
```

把其他程序包的数据加载到内存中可以用以下命令：

```
data(dsname, package = "pkgname")
```

查看这个程序包里的所有数据可以用以下命令：

```
data(package = "程序包名")
```

列出所有安装的程序包可以用以下命令：

```
library()
```

2.5　R 语言的启动

双击图 2-5 中两个 R 语言图标中的任意一个，即可启动 R 语言的交互式用户界面（R-GUI），如图 2-6 所示。R 语言是按照问答的方式运行的，即在提示命令符“>”后输入命令并回车，R 语言就完成相应的操作。

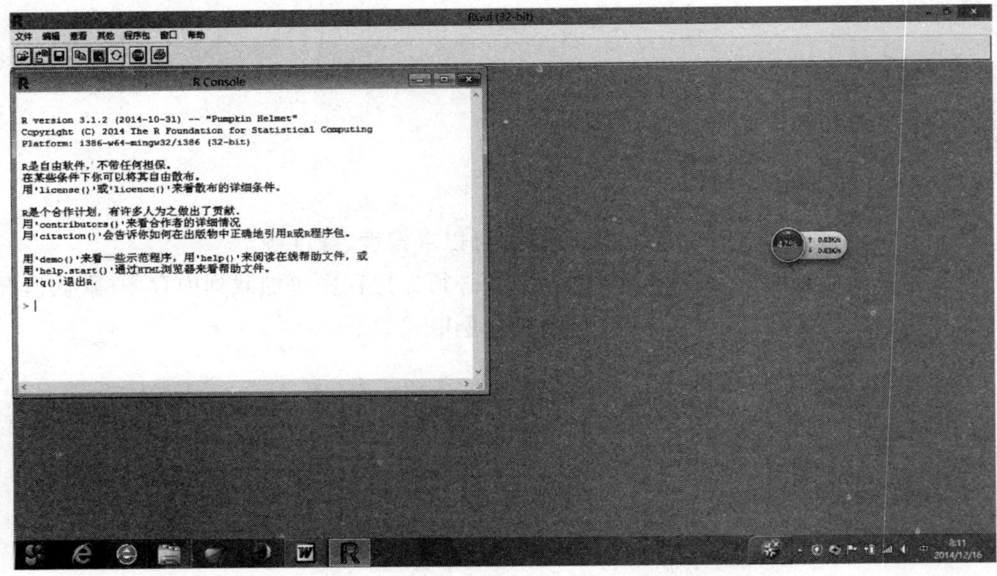

图 2-6　R 语言初始界面

2.6　R 语言的退出

在提示命令符“>”后输入 q()或单击文件下的“退出”菜单，退出时系统会提示是否保存工作空间，根据实际选择其中之一。默认文件名为 R 安装目录的 bin 子目录下的 R.RDdata。以后可以通过命令 load()或者通过菜单“文件”下的“加载工作空间”加载，进而继续前一次的工作。

2.7　R 语言的在线帮助系统

R 语言的在线帮助系统可通过在提示命令符“>”后输入命令：help. start()启动。也可以通过？topic、help(topic)、help. search(topic)得到帮助。

topic 的内容包括 Description(描述)、Usage(默认选项)、Arguments(参数)、Details(详情)、Value(数值说明)等说明。

R 语言有一个的内嵌帮助工具。为了得到任何特定名字的函数的帮助，如 solve，可以使用如下命令：

```
>?solve
```

另外一种办法是

```
> help(solve)
```

从系统显示的帮助信息可以看出这是一个解方程的函数。

注意：R 语言命令的大小写是有区别的。例如它认为 A 和 a 是不同的符号且指向不同的变量。

练习题

1. R 语言与 Matlab、SAS、SPSS、Stata、Eviews 等统计软件有何区别?

2. 通过网址 http://cran.r-project.org/下载最新版本的 R 语言到指定的目录,并安装到指定的目录,启动 R 语言并退出。

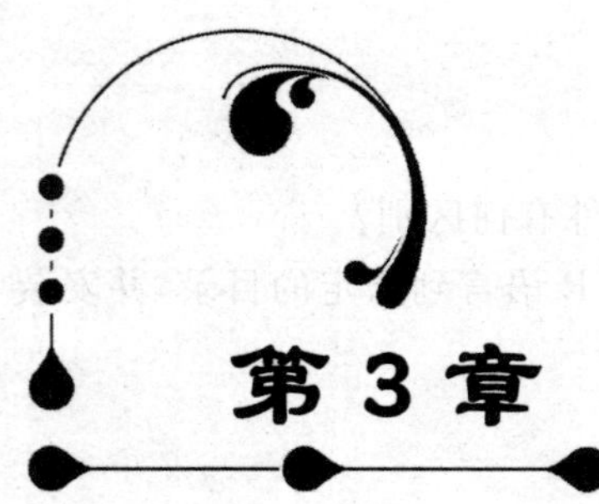

第3章 R语言对象与数据存取

R语言是一种解释型的编程语言,这就意味着输入的命令能够直接被执行,而不像其他语言(如C语言等)需要编译和连接等操作。R语言中进行的所有操作都是针对存储在活动内存中的对象的。数据、结果、图表的输入和输出都是通过文件读写来实现的。用户通过输入一些命令调用函数,分析得出的结果可以直接显示在屏幕上,也可以存入某个对象或被写入某个硬盘(如图片对象)。所有能使用的R语言函数都被包含在一个库(library)中,该库存放在R语言安装文件夹的library目录下。

本章介绍R语言中的向量、因子、数组、矩阵、数据框、时间序列、列表等对象以及数据存取与编程。

3.1 R语言的对象与属性

R语言是通过一些对象来运行的,这些对象用它们的名称和内容来刻画,也通过对象的数据类型即属性来刻画。所有对象都有两个内在属性:类型和长度。类型是对象元素的基本种类,共有四种:

(1) 数值型,包括整型、单精度实型、双精度实型。

(2) 字符型。

(3) 复数型(本书不讨论)。

(4) 逻辑型(FALSE、TRUE或NA)。

虽然还存在其他类型,如函数或表达式,但是它们并不能用来表示数据;长度是对象中元素的数目。对象的类型和长度可以分别通过mode()和length()得到,例如:

```
>x<-1
>mode(x)
[1] "numeric"
>length(x)
[1] 1
>A<-"R Language";compar<-TRUE;z<-1i
>mode(A);mode(compar);mode(z)
[1] "character"
[1] "logical"
[1] "complex"
```

无论什么类型的数据，缺失数据总是用NA(Not Available的意思)来表示；对很大的数值则可以用指数形式表示：

```
> N <- 2.5e20
> N
[1] 2.5e+20
```

R语言可以正确地表示无穷的数值，如用Inf和－Inf表示＋∞和－∞或者用NaN(Not a Number的意思)表示不是数字的值。

```
> x <- 8/0
> x
[1] Inf
> x <- 8/0
> x
[1] Inf
> exp(x)
[1] Inf
> exp(-x)
[1] 0
> Inf - Inf
[1] NaN
> 0/0
[1] NaN
> sqrt(-8)
[1] NaN
```

警告信息：

```
In sqrt(-8) : 产生了 NaNs
> sqrt(-16+0i)          #按照复数进行运算
[1] 0+4i
```

字符型的值输入时必须加上双引号，如果需要引用双引号，可以让它跟在反斜杠"\"后面，在某些函数如cat()的输出显示或write.table()写入磁盘时会被以特殊的方式处理，如：

```
> x <- "Double quotes\"delimitate R's strings."
> x
[1] "Double quotes\"delimitate R's strings."
> cat(x)
Double quotes"delimitate R's strings.
```

另一种表示字符型变量的方法是用单引号(')来界定变量，这种情况下不需要用反斜杠来引用双引号。

```
> x <- 'Double quotes\"delimitate R\'s strings.'
> x
[1] "Double quotes\"delimitate R's strings."
```

表3-1描述了表示数据对象的类别。

表 3-1　数据对象及类型

对象	类　型	是否允许同一对象中有多种类型
向量	数值型、字符型、复数型、逻辑型	否
因子	数值型、字符型	否
数组	数值型、字符型、复数型、逻辑型	否
矩阵	数值型、字符型、复数型、逻辑型	否
数据框	数值型、字符型、复数型、逻辑型	是
时间序列	数值型、字符型、复数型、逻辑型	否
列表	数值型、字符型、复数型、逻辑型、函数、表达式等	是

说明：

(1) 向量是一个变量的取值，是R语言中最常用、最基本的操作对象；因子是一个分类变量；数组是一个 k 维的数据表；矩阵是数组的一个特例，其维数 $k=2$。

注：数组或矩阵中的所有元素都必须是同一类型的；数据框由一个或几个向量或因子构成，它们必须等长，但可以是不同的数据类型；ts表示时间序列数据，它包含一些额外的属性，例如频率和时间；列表可以包括任何类型的对象，包括列表。

(2) 对于一个向量，用它的类型和长度足够描述数据；而其他的对象则另需一些额外信息，这些信息由外在的属性给出，例如表示对象维数的dim。对于一个2行2列的矩阵，它的dim是一对数值[2,2]，但是其长度是4。

(3) R语言中有三种主要类型的运算符，表3-2列出了这些运算符，其中数学运算符和比较运算符作用于两个元素(如 $x+y$，$a<b$)；数学运算符不只是作用于数值型或复数型变量，也可以作用在逻辑型变量。在后一种情况中，逻辑型变量被强制转换为数值型。比较运算符可以适用于任何类型，结果是返回一个或几个逻辑型变量；逻辑型运算符适用于一个(对于"!"运算符)或两个逻辑型对象(对于其他运算符)，并且返回一个(或几个)逻辑型变量。运算符"逻辑与"和"逻辑或"存在两种形式："&"和"|"作用在对象中的每一个元素上并且返回和比较次数相等长度的逻辑值；"&&"和"||"只作用在对象的第一个元素上。

表 3-2　运算符

数学运算符		比较运算符		逻辑运算符	
符号	含义	符号	含义	符号	含义
+	加法	<	小于	! x	逻辑非
-	减法	>	大于	x&y	逻辑与
*	乘法	<=	小于或等于	x&&y	逻辑与
/	除法	>=	大于或等于	x|y	逻辑或
^	乘方	==	等于	x||y	逻辑或
%%	模	!=	不等于	xor(x,y)	异或
%/%	整除				

3.2　对象信息的浏览和删除

可以使用函数ls()显示所有在内存中的对象。但ls()只会显示对象名，例如：

```
> name <- "zsq";n1 <- 8;n2 <- 120;m <- 0.6
```

```
> ls()
[1] "m"  "n1"  "n2"  "name"
```

如果只显示在名称中带有某个指定字符的对象，则可用选项 pattern 来实现。例如：

```
> ls(pattern = "m")
[1] "m"  "name"
```

如果只显示名称中某个字母开头的对象，可用以下命令：

```
> ls(pattern = "^m")
[1] "m"
```

运用函数 ls.str()将会显示内存中所有对象的详细信息：

```
> ls.str()
m : num 0.6
n1 : num 8
n2 : num 120
name : chr "zsq"
```

要删除内存中的某个对象，可以使用函数 rm()。

例如，运行以下命令将会删除对象 n1：

```
> rm(n1)
> ls()
[1] "m"  "n2"  "name"
```

下面通过例子来说明向量、矩阵、数据框、时间序列和列表等对象的构成。

3 3　向量对象

3.3.1　数值型向量对象

在统计计算的数据分析中，最为常用的是数值型的向量，它们可用如下四种函数建立：

seq()或者":"　若向量(序列)具有较为简单的规律。

rep()　若向量(序列)具有较为复杂的规律。

c()　若向量(序列)没有规律。

scan()　通过键盘逐个输入。

例如：

```
> 1:10
[1]  1  2  3  4  5  6  7  8  9  10
> 1:10 - 1
[1]  0  1  2  3  4  5  6  7  8  9
> 1:(10 - 1)                        #注意有无括号的区别
[1]  1  2  3  4  5  6  7  8  9
> z <- seq(1,5,by = 0.5)           #等价于 seq(from = 1,to = 5,by = 0.5)
> z
[1]  1.0  1.5  2.0  2.5  3.0  3.5  4.0  4.5  5.0
> z <- seq(1,10,length = 11)       #等价于 seq(1,10,length.out = 11)
```

```
>z
[1]  1.0  1.9  2.8  3.7  4.6  5.5  6.4  7.3  8.2  9.1  10.0
>z<-rep(2:5,2)                #等价于 rep(2:5,times=2)
>z
[1]  2  3  4  5  2  3  4  5
>z<-rep(2:5,rep(2,4))
>z
[1]  2  2  3  3  4  4  5  5
>z<-rep(1:3,time=4,each=2)

>z<-x<-c(42,7,64,9)
>z
[1]  42  7  64  9
>z<-scan()                    #通过键盘建立向量
1: 1.0  1.5  2.0  2.5  3.0  3.5  4.0  4.5  5.0
10:
Read 9 items
>z
[1]  1.0  1.5  2.0  2.5  3.0  3.5  4.0  4.5  5.0
>z<-sequence(3:5)
>z
[1]  1  2  3  1  2  3  4  1  2  3  4  5
>z<-sequence(c(10,5))
>z
[1]  1  2  3  4  5  6  7  8  9  10  1  2  3  4  5
```

3.3.2 字符型向量对象

字符和字符向量在R语言中广泛使用,如图表的标签。在显示的时候,相应的字符串由双引号界定,字符串在输入时可以使用单引号或双引号。双引号在输入时应写作\"。字符向量可以通过函数c()连接。函数paste()可以接受任意个参数,并从它们中逐个取出字符并连成字符串,形成的各个字符串的长度与参数中最长字符串的长度相同。如果参数中包含数字,数字将被强制转化为字符串。在默认的情况下,参数中的字符串是被一个空格分隔的,不过通过参数sep=string,用户可以把分隔符更改为其他字符串,包括空字符串。例如:

```
>z<-c("green","blue sky","=88")
>z
[1] "green" "blue sky" "=88"
>labs<-paste(c("X","Y"),1:10,seq="")
>labs
[1]  "X 1 "  "Y 2 "  "X 3 "  "Y 4 "  "X 5 "  "Y 6 "  "X 7 "  "Y 8 "  "X 9 "
[10] "Y 10 "
```

3.3.3 逻辑型向量

与数值型向量相同,R语言允许对逻辑向量进行操作,一个逻辑向量的值可以是TRUE、FALSE和NA,前两个可简写为T和F。逻辑向量是由条件给出的,例如:

```
> x <- c(10.4,5.6,3.1,6.8,16.5)
> temp <- x > 12
> temp
[1] FALSE FALSE FALSE FALSE TRUE
```

Temp是一个与x长度相同的向量，其元素根据是否与条件相符而由TRUE、FALSE组成。逻辑向量可以在普通的运算中被使用，此时它们将被转化为数字向量，TRUE被当作1，FALSE被当作0。下面给出几个实例：

```
> x <- 8!= 9
> x
[1]  TRUE
> x <- 8!= 9
> x
[1]  10.4  5.6  3.1  6.8  16.5
> x <- !(7 == 6)
> x
[1]  TRUE
```

3.3.4 因子型向量

一个因子或因子向量不仅包括分类变量本身，还包括变量不同的可能水平（即使它们在数据中不出现），因子利用函数factor()创建。其调用格式如下：

```
factor(x, levels = sort(unique(x), na.last = TRUE), labels = levels, exclude = NA, ordered = is.
ordered(x))
```

说明：levels用来指定因子的水平（默认值是向量x中不同的值；labels用来指定水平的名字，exclude表示从向量中剔除的水平值；ordered是一个逻辑选项，用来指定因子的水平是否有次序。这里x可以是数值型或字符型，这样对应的因子也就称为数值型因子或字符型因子。因此，因子可以通过字符型向量或数值型向量来建立，且可以相互转化。

(1) 将字符型向量转换为因子：

```
> a <- c("freen","blue","green","yellow")
> a <- factor(a)
> a
[1] freen blue green yellow
Levels: blue freen green yellow
```

(2) 将数值型向量转换为因子：

```
> b <- c(1,2,3,2)
> b <- factor(b)
> b
[1]  1  2  3  2
Levels: 1  2  3
```

(3) 将字符型因子转化为数值型因子：

```
> a <- c("green","blue","green","yellow")
```

```
> a<- factor(a)
> levels(a)<- c(1,2,3,4)
> a
[1]  2  1  2  3
Levels: 1  2  3  4
> gg<- factor(c("A","B","C"),labels = c(1,2,3))
> gg
[1]  1  2  3
Levels: 1  2  3
```

（4）将数值型因子转化为字符型因子：

```
> b<- c(1,2,3,1)
> b<- factor(b)
> levels(b)<- c("low","middle","high")
> b
[1] low middle high low
Levels: low middle high
> gg<- factor(1:3,labels = c("A","B","C"))
> gg
[1]  A  B  C
Levels: A  B  C
```

注意：函数 levels()用来提取一个因子中可能的水平值，例如：

```
> gg<- factor(c(2,4),levels = 2:5)
> gg
[1]  2  4
Levels: 2   3  4  5
> levels(gg)
[1] "2"  "3"  "4"  "5"
```

（5）函数 gl()能产生规则的因子序列。这个函数的用法是 gl(k,n)，其中 k 是水平数，n 是每个水平重复的次数。此函数有两个选项：length 用来指定产生数据的个数，label 用来指定每个水平因子的名字，例如：

```
> gl(3,4)
[1]  1  1  1  1  2  2  2  2  3  3  3  3
Levels:1  2  3
> gl(3,4,length = 20)
[1]  1  1  1  1  2  2  2  2  3  3  3  3  1  1  1  1  2  2  2  2
Levels:1  2  3
> gl(2,4,label = c("Male","Female"))
[1] Male Male Male Male Female Female Female Female
Levels: Male Female
```

3.3.5 数值型向量的运算

向量可以用于算术表达式，操作是按照向量中的元素一个一个进行的。同一个表达式中的向量并不需要具有相同的长度，如果它们的长度不同，表达式的结果是一个与表达式中最长向量有相同长度的向量，表达式中较短的向量会根据它的长度被重复使用若干次（不一

定是整数次),直到与长度最长的向量相匹配,而常数被不断重复,这一规则称为循环法则。例如:

```
> x <- c(10.4,5 6,3.1,6.4,21.7)
> y <- c(x,0,x)
> v <- 2 * x + y + 1
```

警告信息:

```
In 2 * x + y : 长的对象长度不是短的对象长度的整倍数
> v
[1] 32.2  17.8  10.3  20.2  66.1  21.8  22.6  12.8  16.9  50.8  43.5
```

上面的命令产生一个长度为11的新向量,其中2 * x被重复2次,y被重复1次,常数1被重复11次。

为了方便使用,下面对向量的运算稍作细分:

(1) 向量与一个常数的加减乘除为向量的每一个元素与此常数进行加减乘除。

(2) 向量的乘方(^)和开方(sqrt)为每一个元素的乘方与开方,对log、exp、sin、cos、tan等普通的运算函数同样适用。

(3) 同样长度向量的加减乘除等运算为对应元素进行加减乘除等运算。

(4) 不同长度的向量的加减乘除遵从循环法则,但要注意这种场合通常要求向量的长度为倍数关系,否则会出现警告:"长的对象长度不是短的对象长度的整倍数"。

例如:

```
> 6 + c(4,7,17)
[1]  10  13  23
> 6 * c(4,7,17)
[1]  24  42  102
> c( - 1,3, - 17) + c(4,7,17)
[1]  3  10  0
> c(2,4,5)^2
[1]  4  16  25
> sqrt(c(2,4,25))
[1]  1.414214  2.000000  5.000000
> 1:2 + 1:4
[1]  2  4  4  6
> 1:4 + 1:7
[1]  2  4  6  8  6  8  10
```

警告信息:

```
In 1:4 + 1:7 :长的对象长度不是短的对象长度的整倍数
```

3.3.6 常用统计函数

常用的统计函数功能如表3-3所示。

表 3-3　统计分析中常见的函数与功能

统计函数	功　能
max(x)	向量 x 中最大的元素
min(x)	向量 x 中最小的元素
which. max(x)	向量 x 中最大的元素的下标
which. min(x)	向量 x 中最小的元素的下标
mean(x)	计算向量 x 的均值
median(x)	计算向量 x 的中位数
mad(x)	计算向量 x 的中位数绝对离差
var(x)	计算向量 x 的方差
sd(x)	计算向量 x 的标准差
range(x)	返回长度为 2 的向量
IQR(x)	计算样本的四分位数极差
quantile(x)	计算样本常用的分位数
summary(x)	计算常用的描述性统计量(最小、最大、平均值、中位数和四分位数)
length(x)	向量 x 的长度
sum(x)	向量 x 元素的总和
prod(x)	向量 x 元素的乘积
rev(x)	向量 x 的逆序
sort(x)	将向量 x 按升序排列,选项 decreasing=TRUE 表示降序
order(x)	向量 x 的秩(升序),选项 decreasing=TRUE 得到降序的秩
rank(x)	向量 x 的秩
cumsum(x)	向量 x 的累计和
cumprod(x)	向量 x 的累计积
cummin(x)	向量 x 的累计最小值
cummax(x)	向量 x 的累计最大值
var(x,y)	计算样本(向量)x 与 y 的方差
cov(x,y)	计算样本(向量)x 与 y 的协方差
cor(x,y)	计算样本(向量)x 与 y 的相关系数
outer(x,y)	计算样本(向量)x 与 y 的外积

函数 max(x)、min(x)、median()、var()、sd()、sum()、cumsum()、cumprod()、cummax()、cummin()对于矩阵及数据框的意义有方向性,对于矩阵,cov(x,y)、cor(x,y)分别用于求矩阵的协方差和相关系数,后面将举例说明。

3.3.7　向量的下标与子集(元素)的提取

选择一个向量的子集(元素)可以通过在其名称后追加一个方括号中的索引向量来完成。更一般地,任何结果为一个向量的表达式都可以通过追加索引向量来选择其中的子集。这样的索引向量有四种不同的类型。

(1) 正整数向量——提取向量中对应的元素。这种情况下索引向量中的值必须在集合{1,2,…,length(x)}中。返回的向量与索引向量有相同的长度,且按索引向量的顺序排列。例如,x[6]是第 6 个元素,则:

```
> x<-c(4,2,3,5,3,7)
> x[1:4]
[1]  4  2  3  5
```

选取了 x 的前 4 个元素。

```
> x[c(1,3)]
[1]  4  3
```

则取出向量 x 的第 1 个和第 4 个元素。

(2) 负整数向量——去掉向量中与索引向量对应的元素。例如:

```
> y<-x[-(1:4)]
> y
[1]  3  7
```

从 x 中除去前 4 个元素得到 y。

(3) 字符串的向量。这种可能性只存在于拥有 names 属性并由它来区分元素的向量。这种情况下一个由名称组成的子向量起到了和正整数的索引向量相同的效果。例如:

```
> fruit<-c(50,80,10,30)
> names(fruit)<-c("orange","banana","apple","peach")
> fruit
orange banana apple peach
  50     80     10    30
> lunch<-fruit[c("apple","orange")]
> lunch
apple orange
10    50
```

(4) 逻辑向量——取出满足条件的元素。在索引向量中返回值是 TRUE 的元素所对应的元素将被选出,返回值为 FALSE 的值所对应的元素将被忽略。例如:

```
> x<-c(50,20,30,56)
> x>30
[1] TRUE FALSE FALSE TRUE
```

得到值大于 30 的逻辑值

```
> x[x>30]
[1]  50  56
```

得到值大于 30 的元素

```
> x<-c(50,20,30,56)
> x>30
[1] TRUE FALSE FALSE TRUE
> x[x>30]
[1]  50  56
> x[x<50&x>30]
numeric(0)
> x[x>30]<-28
```

```
> x
[1]  28  20  30  28
> y = runif(100,min = 0,max = 1)          # 在(0,1)上 100 个均匀分布的随机数
> sum(y<0.5)                              # 值小于 0.5 的元素的个数
[1]  46
> sum(y[y<0.5])                           # 值小于 0.5 的元素的值的和
[1]  10.88907
> y<- x[!is.na(x)]                        # is.na(x)为 R 语言中缺失数据处理函数
> z<- x[(!is.na(x))&(x>0)]
> y
[1]  28  20  30  28
> z
[1]  28  20  30  28
```

3.4 数组与矩阵对象

数组是一个 k(大于等于 1)维的数据表；矩阵是数组的一个特例，其维数 $k=2$。而上面所讲的向量也可以看成是维数 $k=1$ 的数组。向量、数组或者矩阵中的所有元素都必须是同一类型的。对于一个向量，其属性由其类型和长度构成；而对于数组与矩阵，除了类型和长度两个属性外，还需要维数 dim 这个属性来描述。因此如果一个向量需要在 R 语言中以数组的方式被处理，则必须含有一个维数向量作为它的 dim 属性。

3.4.1 数组的建立

R 语言中数组由函数 array()建立，其一般格式为

```
> array(data,dim,dimnames)
```

其中 data 为向量，其元素用于构建数组；dim 为数组的维数向量(为数值型向量)；dimnames 为由各维的名称构成的向量(为字符型向量)，默认为空。

以一个 3 维的数据为例来说明。设 A 是一个存放在向量 a 中的由 24 个数据项组成的数组，A 的维数向量为 c(4,3,2)。维数可由以下命令建立：

```
> dim(A)<- c(3,4,2)
```

这样，命令

```
> A<- array(a,dim = c(3,4,2))
```

就建立了数组 A，24 个数据项在数组 A 中的顺序依次为 a[1,1,1]，a[2,1,1]，…，a[2,4,2]，a[3,4,2]。下面再来看一个具体的例子：

```
> A<- array(1:8,dim = c(2,2,2))
> A
, , 1

      [,1] [,2]
[1,]     1    3
[2,]     2    4
```

```
, , 2

     [,1] [,2]
[1,]    5    7
[2,]    6    8

> dim(A)
[1] 2 2 2
> dimnames(A)<- list(c("a","b"),c("c","d"),c("e","f"))
> A
, , e

  c d
a 1 3
b 2 4

, , f

  c d
a 5 7
b 6 8

> colnames(A)
[1] "c" "d"
> rownames(A)
[1] "a" "b"
> dimnames(A)
[[1]]
[1] "a" "b"

[[2]]
[1] "c" "d"

[[3]]
[1] "e" "f"
```

如果数据项太少，则采用循环准则填充数组或矩阵。

3.4.2 矩阵的建立

因为矩阵是数组的特例，因此矩阵也可以用函数 array()来建立。例如：

```
> A<- array(1:6,c(2,3))
> A
     [,1] [,2] [,3]
[1,]    1    3    5
[2,]    2    4    6
> A<- array(1:4,c(2,3))
> A
```

```
     [,1] [,2] [,3]
[1,]    1    3    1
[2,]    2    4    2
> A <- array(1:8,c(2,3))
> A
     [,1] [,2] [,3]
[1,]    1    3    5
[2,]    2    4    6
```

然而，由于矩阵在数学及统计中的特殊性，在R语言中最为常用的是使用命令matrix()建立矩阵，而对角矩阵用函数diag()建立更为方便，例如：

```
> X <- matrix(1,nr = 2,nc = 2)
> X
     [,1] [,2]
[1,]    1    1
[2,]    1    1
> X <- diag(3)                      #生成单位矩阵
> X
     [,1] [,2] [,3]
[1,]    1    0    0
[2,]    0    1    0
[3,]    0    0    1
> v <- c(10,20,30)
> diag(v)
     [,1] [,2] [,3]
[1,]   10    0    0
[2,]    0   20    0
[3,]    0    0   30
> diag(2.5,nr = 3,nc = 5)
     [,1] [,2] [,3] [,4] [,5]
[1,]  2.5  0.0  0.0    0    0
[2,]  0.0  2.5  0.0    0    0
[3,]  0.0  0.0  2.5    0    0
> X <- matrix(1:4,2)                #等价于 X <- matrix(1:4,2,2)
> X
     [,1] [,2]
[1,]    1    3
[2,]    2    4
> rownames(X)<- c("a","b")
> colnames(X)<- c("c","d")
> X
  c d
a 1 3
b 2 4
> dim(X)
[1] 2 2
> dimnames(X)
[[1]]
[1] "a" "b"
```

```
[[2]]
[1] "c" "d"
```

注意：循环准则仍然适用于 matrix()，但要求数据项的个数等于矩阵的列数的倍数，否则会出现警告。

矩阵的维数使用 c()会得到不同的结果(除非是方阵)，因此需要小心。

数据项填充矩阵的方向可通过参数 byrow 来指定，默认为按列填充(byrow = FALSE)。byrow=TRUE 表示按行填充数据。

再看几个例子：

```
> X <- matrix(1:4,2,4)                # 按列填充
> X
     [,1]  [,2]  [,3]  [,4]
[1,]    1     3     1     3
[2,]    2     4     2     4
> X <- matrix(1:4,2,3)
```

警告信息：

```
In matrix(1:4, 2, 3) : 数据长度[4]不是矩阵列数[3]的整倍数
> X <- matrix(1:4,c(2,3))             # 不经常使用
> X
     [,1]  [,2]
[1,]    1     3
[2,]    2     4
> X <- matrix(1:4,c(2,3))
> X
     [,1]  [,2]
[1,]    1     3
[2,]    2     4
> X <- matrix(1:4,2,4,byrow = TRUE) # 按行填充
> X
     [,1]  [,2]  [,3]  [,4]
[1,]    1     2     3     4
[2,]    1     2     3     4
```

3.4.3 数组与矩阵的下标与子集(元素)的提取

同向量的下标一样，矩阵与数组的下标可以使用正整数、负整数和逻辑表达式，从而实现子集的提取或修改。考查以下矩阵：

```
> x <- matrix(1:6,2,3)
> x
     [,1]  [,2]  [,3]
[1,]    1     3     5
[2,]    2     4     6
```

提取一个元素：

```
> x[2,2]
```

```
[1] 4
```

提取一个或若干个行或列：

```
> x[2,]
[1] 2 4 6
> x[,2]
[1] 3 4
> x[,2,drop = FALSE]
     [,1]
[1,]    3
[2,]    4
> x[,c(2,3),drop = FALSE]
     [,1] [,2]
[1,]    3    5
[2,]    4    6
```

去掉一个或若干个行或列：

```
> x[ - 1,]
[1]  2  4  6
> x[, - 2]
     [,1] [,2]
[1,]    1    5
[2,]    2    6
```

添加与替换元素：

```
> x[,3]<- NA
> x
     [,1] [,2] [,3]
[1,]    1    3   NA
[2,]    2    4   NA
> x[is.na(x)]<- 1 #缺失值用1代替
> x
     [,1] [,2] [,3]
[1,]    1    3    1
[2,]    2    4    1
```

3.4.4 矩阵的运算函数

对于矩阵的运算，分为通常的矩阵代数运算与统计运算来讨论。

1. 矩阵的代数运算

1）转置函数 t()

```
> X <- matrix(1:6,2,3)
> X
     [,1] [,2] [,3]
[1,]    1    3    5
[2,]    2    4    6
> t(X)
```

```
     [,1] [,2]
[1,]    1    2
[2,]    3    4
[3,]    5    6
```

2）提取对角元 diag()

```
> X <- matrix(1:4,2,2)
> diag(X)
[1] 1 4
```

3）几个矩阵按行合并 rbind()与按列合并 cbind()

```
> m1 <- matrix(1,nr = 2,nc = 2)
> m2 <- matrix(2,nr = 2,nc = 2)
> rbind(m1,m2)
     [,1] [,2]
[1,]    1    1
[2,]    1    1
[3,]    2    2
[4,]    2    2
> cbind(m1,m2)
     [,1] [,2] [,3] [,4]
[1,]    1    1    2    2
[2,]    1    1    2    2
```

4）矩阵的逐元乘积“*”

```
> m2 * m2
     [,1] [,2]
[1,]    4    4
[2,]    4    4
```

5）矩阵的代数乘积“%*%”

```
> rbind(m1,m2) %*% cbind(m1,m2)
     [,1] [,2] [,3] [,4]
[1,]    2    2    4    4
[2,]    2    2    4    4
[3,]    4    4    8    8
[4,]    4    4    8    8
> cbind(m1,m2) %*% rbind(m1,m2)
     [,1] [,2]
[1,]   10   10
[2,]   10   10
```

6）方阵的行列式 det()

```
> X <- matrix(1:4,2)
> X
     [,1] [,2]
[1,]    1    3
[2,]    2    4
```

```
> det(X)
[1] -2
```

其他函数包括交叉乘积函数 crossprod()、特征根与特征向量函数 eigen()和 QR 分解函数 qr()。

2. 矩阵的统计运算

在介绍向量时已经提到了如下函数：max(),min(),median(),var(),sd(),sum(),cumsum(),cumprod(),cummax(),cummin()。

对于矩阵及数据框有方向性,而函数 cov()和 cor()分别用于计算矩阵的协方差阵相关系数阵。正是由于矩阵的排列是有方向性的,在 R 语言中规定矩阵是按列排的,若没有特别说明,上述函数的使用也是按列计算的,但也可以通过选项 MARGIN 来改变。

下面要用到对一个对象施加某种运算的函数 apply(),其格式为

```
> apply(X, MARGIN, FUN)
```

其中 X 为参与运算的矩阵,FUN 为上面的一个函数或"+"、"-"、"*"、"\"(必须放在引号中),MARGIN=1 表示按列计算,MARGIN=2 表示按行计算,MARGIN=c(1,2)表示按行列计算(在至少三维的数组中使用)。

还用到 sweep()函数,命令

```
> sweep(X, MARGIN, STATS, FUN)
```

表示从矩阵 X 中按 MARGIN 计算 STATS,并从 X 中除去(sweep out)。下面举例说明。

1) 求均值、中位数等

```
> m <- matrix(rnorm(n = 12), nrow = 3)
> apply(m, MARGIN = 1, FUN = mean)        #求各行的均值
[1] -0.38284810   -0.01423686   0.60858473
> apply(m, MARGIN = 2, FUN = mean)        #求各列的均值
[1] 0.009406387   -0.121520226   -0.615985899   1.010099443
```

2) 标准化

```
> scale(m, center = T, scale = T)
             [,1]         [,2]         [,3]         [,4]
[1,]   -1.1389772    1.1517905   -0.9208508   -0.3793316
[2,]    0.4050250   -0.5049452    1.0637705   -0.7548344
[3,]    0.7339522   -0.6468454   -0.1429197    1.1341660
attr(,"scaled:center")
[1] 0.009406387   -0.121520226   -0.615985899   1.010099443
attr(,"scaled:scale")
[1] 1.1329466   0.2721586   0.3466937   1.3634728
> row.med <- apply(m, MARGIN = 1, FUN = median)
> sweep(m, MARGIN = 1, STATS = row.med, FUN = "-")
             [,1]         [,2]         [,3]        [,4]
[1,]   -0.9093491    0.5635943   -0.5635943   0.8645360
[2,]    0.6014181   -0.1258054   -0.1140433   0.1140433
[3,]    0.5692499   -0.5692499   -0.9372204   2.2848188
```

3.5 数据框对象

统计分析中一个完整的数据集通常是由若干个变量的若干个观测值组成的，在R语言中称为数据框。数据框是一个对象，它与前面讲的矩阵与二维数组形式上是类似的，也是二维的，也有维数这个属性，且各个变量的观测值有相同的长度。但不同的是，在数据框中，行与列的意义是不同的，其中的列表示变量，而行表示观测值。显示数据框时左侧会显示观测值的序号。

数据框的建立分为直接和间接两种方法。

3.5.1 数据框的直接建立

若在R语言中建立了一些向量并想由它们生成数据框，则可以使用函数 data.frame()。例如：

```
> x = c(42,7,64,9)
> y = 1:4
> z.df = data.frame(INDEX = y,VALUE = x)
> z.df
  INDEX  VALUE
1     1     42
2     2      7
3     3     64
4     4      9
```

数据框中的向量必须有相同的长度或长度有倍数关系，如果其中有一个比其他的短，它将按循环法则“循环”整数次。例如：

```
> x = c(42,7,64,9)
> y = 1:4
> z.df = data.frame(INDEX = y,VALUE = x)
> z.df
  INDEX  VALUE
1     1     42
2     2      7
3     3     64
4     4      9
> weight <- c(70,56,85,58)
> x <- (c("adult","teen","adult","teen"))
> wag <- data.frame(weight,age = x)
> wag
  weight    age
1     70  adult
2     56   teen
3     85  adult
4     58   teen
> x <- 1:4;y <- 2:4
> data.frame(x,y)
错误于 data.frame(x, y) :参数值意味着不同的行数: 4, 3
```

3.5.2 数据框的间接建立

一个数据框还可以通过数据文件（文本文件、Excel 文件或其他统计软件的数据文件）读取并建立。下面通过一个例子来说明如何通过函数 read. table()读取文件 c:/data/zsq. txt 的观察值，并建立一个数据框。其他间接方法可参考 3.8 节和 3.9 节。已知存于 zsq. txt 上的数据如下：

```
reat  weight
  A     4.5
  B     NA
  A     6.8
```

则下面的命令建立了数据框 zsq：

```
> zsq <- read.table(file = "c:/data/zsq.txt", header = T)
> zsq
   Treat  weight
1    A      4.5
2    B      NA
3    A      6.8
```

3.5.3 适用于数据框的函数

前面讨论过的关于矩阵的统计计算函数 max()、min()、median()、var()、sum()、cumsum()、cumprod()、cummax()、cummin()、cov()、cor()等同样适用于数据框，含义也相同，这里通过 R 语言内嵌的另一个数据集 Puromycin 来说明 summary()、pairs()和 xtables()等的使用。

```
> attach(Puromycin)                     #挂接数据集使之激活
> help(Puromycin)                       #显示前几行
> summary(Puromycin)                    #显示主要的描述性统计量
      conc                rate                state
Min.     :0.0200   Min.     :47.0    treated    :12
1st Qu.  :0.0600   1st Qu.  : 91.5   untreated  :11
Median   :0.1100   Median   :124.0
Mean     :0.3122   Mean     :126.8
3rd Qu.  :0.5600   3rd Qu.  :158.5
Max.     :1.1000   Max.     :207.0
```

从以上可以看出，变量 conc 和 rate 是数值型的，而 state 为因子变量。变量之间的关系可以通过成对数据散点图考查。

```
> pairs(Puromycin, panel = panel.smooth)
```

输入如上命令后，得到如图 3-1 所示的图形。

下面使用 xtabs()函数由交叉分类因子产生一个列联表：

```
> xtabs(~state + conc,data = Puromycin)
           conc
state       0.02  0.06  0.11  0.22  0.56  1.1
treated     2     2     2     2     2     2
untreated   2     2     2     2     2     1
```

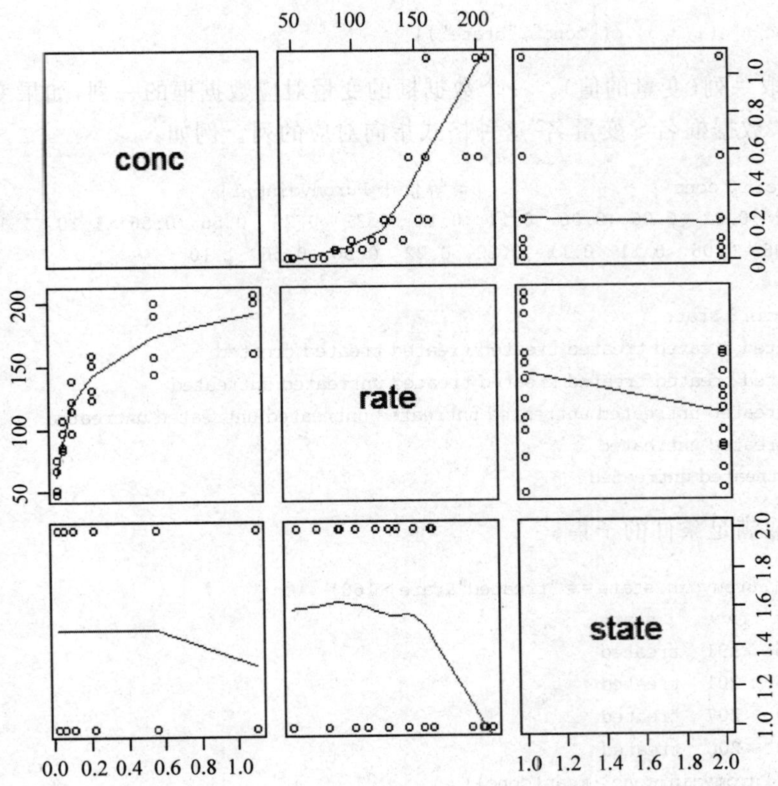

图 3-1　Puromycin 的成对散点图

3.5.4 数据框的下标与子集的提取

数据框的下标与子集的提取与矩阵基本相同。不同之处在于，对于列，可以使用变量的名称，仍以数据集 Puromycin 举例说明。

(1) 提取单个元素。

```
> Puromycin[1,1]
[1]  0.02
```

(2) 提取一个子集，例如第 1、3、5 行，第 1、3 列。

```
> Puromycin[c(1,3,5),c(1,3)]
  conc    state
1  0.02  treated
3  0.06  treated
5  0.11  treated
> Puromycin[c(1,3,5),]
```

```
   conc  rate   state
1  0.02   76   treated
3  0.06   97   treated
5  0.11  123   treated
```

也可以使用变量名称来指定列的位置，上面的命令等价于

```
> Puromycin[c(1,3,5),c("conc","state")]
```

(3) 提取一列(变量的值)。一个数据框的变量对应数据框的一列，如果变量有名称，则可直接使用“数据框名＄变量名”这种格式指向对应的列。例如：

```
> Puromycin $ conc                    # 等价于 Puromycin[,1]
[1] 0.02  0.02  0.06  0.06  0.11  0.11  0.22  0.22  0.56  0.56  1.10  1.10  0.02  0.02
[15] 0.06  0.06  0.11  0.11  0.22  0.22  0.56  0.56  1.10

> Puromycin $ state
[1] treated treated treated treated treated treated treated
[8] treated treated treated treated treated untreated untreated
[15] untreated untreated untreated untreated untreated untreated untreated
[22] untreated untreated
Levels: treated untreated
```

(4) 提取满足条件的子集。

```
> subset(Puromycin, state == "treated"&rate > 160)
    conc  rate   state
9   0.56   191  treated
10  0.56   201  treated
11  1.10   207  treated
12  1.10   200  treated
> subset(Puromycin, conc > mean(conc))
    conc  rate      state
9   0.56   191    treated
10  0.56   201    treated
11  1.10   207    treated
12  1.10   200    treated
21  0.56   144  untreated
22  0.56   158  untreated
23  1.10   160  untreated
```

3.5.5 数据框中添加新变量

在原有的数据框中添加新的变量有三种方法。假设想在 Puromycin 中增加变量 iconc，其定义为 1/conc，则可分别使用：

(1) 基本方法。

```
> Puromycin $ iconc <- 1/Puromycin $ conc
```

(2) 使用 with()函数。

```
> Puromycin $ iconc <- with(Puromycin, 1/conc)
```

(3) 使用 transform()函数,且可一次性定义多个变量。

```
> Puromycin $ iconc <- with(Puromycin,1/conc)
> Puromycin <- transform(Puromycin, iconc = 1/conc, sqrtconc = sqrt(conc))
> head(Puromycin)
  conc  rate    state      iconc  sqrtconc
1 0.02    76  treated  50.000000  0.1414214
2 0.02    47  treated  50.000000  0.1414214
3 0.06    97  treated  16.666667  0.2449490
4 0.06   107  treated  16.666667  0.2449490
5 0.11   123  treated   9.090909  0.3316625
6 0.11   139  treated   9.090909  0.3316625
```

3.6 时间序列对象

由函数 ts()通过一个向量或者矩阵创建一个一元或多元的时间序列(time series),称为 ts 型对象,其调用格式如下:

```
ts(data = NA, start = 1, end = numeric(0), frequency = 1, deltat = 1, ts.eps = getOption("ts.eps"),
class, name)
```

函数 ts()可带一些表明序列特征的选项(其本身可使用默认值),它们是:

data——一个向量或矩阵。

start——第一个观察值的时间,为一个数字或者是一个由两个整数构成的向量(如 ts(1:10,start=1959))。

end——最后一个观察值的时间,指定方法和 start 相同。

frequency——单位时间内观察值的频数(频率)。

deltat——两个观察值间的时间间隔(例如,月度数据的取值为 1/12)Frequency 和 Deltat 必须且只能给定其中一个。

ts.eps——序列之间的误差限制。如果序列之间的频率差异小于 ts.eps,则认为这些序列的频率相等。

class——对象的类型,一元序列的默认值是 ts,多元序列的默认值是 c("mts","ts")。

names——一个字符型向量,给出多元序列中每个一元序列的名称,默认为 data 中每列数据的名称或者 Series 1、Series 2、…。

下面来看用 ts()创建时间序列的例子。

```
> ts(1:10, start = 1959)
Time Series:
Start = 1959
End = 1968
Frequency = 1
[1] 1 2 3 4 5 6 7 8 9 10
> ts(1:47, frequency = 12, start = c(1959,2))
     Jan Feb Mar Apr May Jun Jul Aug Sep Oct Nov Dec
1959       1   2   3   4   5   6   7   8   9  10  11
1960  12  13  14  15  16  17  18  19  20  21  22  23
1961  24  25  26  27  28  29  30  31  32  33  34  35
1962  36  37  38  39  40  41  42  43  44  45  46  47
```

```
> ts(1:10,frequency = 4,start = c(1959,2))
     Qtr1 Qtr2 Qtr3 Qtr4
1959         1    2    3
1960    4    5    6    7
1961    8    9   10
> ts(matrix(rpois(36,5),12,3),start = c(1961,1),frequency = 12)
         Series 1 Series 2 Series 3
Jan 1961        4       10        4
Feb 1961        4        9        3
Mar 1961        7        8        7
Apr 1961        6        4        6
May 1961        5        5        2
Jun 1961        7        6        5
Jul 1961        4        8        3
Aug 1961        8        7        7
Sep 1961        6        6        6
Oct 1961        4        9        3
Nov 1961        8        3        3
Dec 1961        3        2        6
```

本书不讨论时间序列的统计分析。

3.7 列表对象

复杂的数据统计分析时，仅有向量与数据框还不够，有时需要生成包含不同类型的对象。R 语言的列表(list)就是包含任何类型的对象。

列表可以用函数 list()创建，方法与创建数据框类似，和 data.frame()一样，默认值没有给出对象的名称。列表的下标与子集的提取也与数据框没有本质区别。数据分析时通常是在提取部分对象后按上面讲述的向量、矩阵或数据框等运算进行，在此不再一一列举。下面举例说明。

```
> L1 <- list(1:6,matrix(1:4,nrow = 2))
> L1
[[1]]
[1] 1 2 3 4 5 6

[[2]]
     [,1] [,2]
[1,]    1    3
[2,]    2    4

> L2 <- list(x = 1:6,y = matrix(1:4,nrow = 2))
> L2
$x
[1] 1 2 3 4 5 6

$y
     [,1] [,2]
[1,]    1    3
[2,]    2    4
```

```
> L2 $ x
[1]  1  2  3  4  5  6
> L2[1]
 $ x
[1]  1  2  3  4  5  6

> L2 $ x
[1]  1  2  3  4  5  6
> L2[1]
 $ x
[1]  1  2  3  4  5  6
> L2[[1]]
[1]  1  2  3  4  5  6
> L2[[1]][2]
[1] 2
> L2 $ x[2]
[1] 2
> L2 $ y[4]
[1] 4
```

3.8 R 语言数据存储

R 语言使用工作目录来完成文件读取和写入的工作。如果一个文件不在工作目录里，则必须给出它的路径。可以使用命令 getwd()(获得工作目录)来找到目录，使用命令 setwd("G:/2glkx")将当前工作目录改为 G:\2glkx(注意 R 语言命令中目录的分隔符使用正斜杠或两个反斜杠"\\")。工作目录的设定也可通过文件菜单的"改变当前目录"来完成。

R 语言中使用函数 write.table()或 save()在文件中写入一个对象，一般是写一个数据框，也可以是其他类型的对象(向量、矩阵、数组、列表等)。下面以数据框为例加以说明，例如，数据框 d 是用下面的命令建立的：

```
> d <- data.frame(obs = c(1,2,3),treat = c("A","B","A"),weight = c(2.3,NA,9))
```

(1) 保存为简单的文本文件。

```
> d <- data.frame(obs = c(1,2,3),treat = c("A","B","A"),weight = c(2.3,NA,9))
> write.table(d,file = "G:/2glkx/zsq.txt",row.names = F,quote = F)
```

其中选项 row.names=F 表示行名不写入文件，quote=F 表示变量名不放在双引号中。

(2) 保存为逗号分隔的文本文件。

```
> write.csv(d,file = "G:/2glkx/zsq.txt",row.names = F,quote = F)
```

(3) 保存为 R 格式文件。

```
> save(d,file = "G:/2glkx/zsq.Rdata")
```

在经过了一段时间的分析后，常需要将工作空间的映像保存起来，命令为

```
> save.image()
```

实际上它等价于

```
> save(list = ls(all = TRUE),file = ".Rdata")
```

也可通过菜单“文件”→“保存工作空间”命令完成。上述三个函数的选项及具体使用请查看帮助文件。

3.9 R语言数据读取

3.9.1 文本文件数据的读取

R语言可以用下面的函数读取存储在文本文件(ASCII)中的数据：read. table()、scan()和 read. fwf()。

1. 使用函数 read. table()

函数 read. table()用来创建一个数据框,所以它是读取表格形式的数据的主要方法,这一点在前面已经提到。下面再举一个例子,先在 G:\2glkx 下建立文件 house. dat,其内容为：

```
    Price  Floor  Area  Rooms  Age  Cent.head
01  52.00    111   830      5  6.2         no
02  54.75    128   710      5  7.5         no
03  57.50    101  1000      5  4.2         no
04  57.50    131   690      6  8.8         no
05  59.75     93   890      5  1.9        yes
```

则使用命令：

```
> setwd("G:/2glkx")
> HousePrice <- read.table(file = "house.dat")
> HousePrice
    Price  Floor  Area  Rooms  Age  Cent.head
01  52.00    111   830      5  6.2         no
02  54.75    128   710      5  7.5         no
03  57.50    101  1000      5  4.2         no
04  57.50    131   690      6  8.8         no
05  59.75     93   890      5  1.9        yes
```

建立数据框 HousePrice。默认情况下,数值项(除了行标号)将被当作数值变量读入。非数值变量,如例子中的 Cent. head,将被作为因子读入。如果明确数据的第一行作为表头行,则使用 header 选项：

```
> HousePrice <- read.table(file = "house.dat", header = TRUE)
```

除了上面的基本形式外,read. table()还有 4 个变形：read. csv()、read. csv2()、read. delim()、read. delim2()。前 2 个读取用逗号分隔的数据；后 2 个则针对使用其他分隔符的数据(它们不使用行号)。具体可参考 read. table()的帮助文件。如果上面的文件在取消行号后为每一个数据项加上逗号“,”,并改名为 house. csv,则上述命令改为

```
> HousePrice <- read.csv(file = "house.csv", header = TRUE)
```

2. 使用函数 scan()

函数 scan()比 read.table()更加灵活，它们的区别之一是：scan()可以指定变量的类型。例如先建立数据文件如下：

```
M  65  168
M  70  172
F  54  156
F  58  163
> mydata <- scan("data.dat", what = list("", 0, 0))
Read 4 records
> mydata
[[1]]
[1]  "M"  "M"  "F"  "F"

[[2]]
[1]  65  70  54  58

[[3]]
[1]  168  172  156  163
```

读取了数据文件 data.dat 中的三个变量：第一个是字符型变量，后两个是数值型变量。其中第二个参数是一个名义列表结构，用来确定要读取的三个向量的模式。在名义列表中可以直接命名对象，例如：

```
> mydata <- scan("data.dat", what = list(Sex = "", Weight = 0, Height = 0))
Read 4 records
> mydata
$Sex
[1]  "M"  "M"  "F"  "F"

$Weight
[1]  65  70  54  58

$Height
[1]  168  172  156  163
```

另一个重要的区别在于，scan()可以用来创建不同的对象：向量、矩阵、数据框、列表等。在默认情况下(即 what 被省略)，scan()将创建一个数值型向量。如果读取的数据类型与默认类型或指定类型不符，则返回一个错误信息。更一般的说明可参考 scan()的帮助文件。

3. 使用函数 read.fwf()

函数 read.fwf()可以用来读取数据文件中一些固定宽度格式的数据。除了选项 widths 用来说明读取字段的宽度外，其他选项与 read.table()基本相同。例如，先建立文件如下：G:\2glkx\data.txt：

```
A1.501.2
A1.551.3
B1.601.4
B1.651.5
C1.701.6
C1.751.7
```

执行命令：

```
> setwd("G:/2glkx")
> mydata <- read.fwf("data.txt",widths = c(1,4,3),col.names = c("X","Y","Z"))
> mydata
```

得到：

```
  X    Y   Z
1 A 1.50 1.2
2 A 1.55 1.3
3 B 1.60 1.4
4 B 1.65 1.5
5 C 1.70 1.6
6 C 1.75 1.7
```

更多说明可参考 read.fwf()的帮助文件。

3.9.2 Excel 数据的读取

有两种简单的方法可以获得 Excel 电子表格中的数据。

1. 使用剪贴板

最简单的方法是打开 Excel 中的电子表格，选中需要的数据区域，再复制到剪贴板中(使用 Ctrl+C 键)。然后在 R 中输入命令：

```
> mydata <- read.delim("clipboard")
> mydata
     公司A   公司B   公司C
1  15.7954 25.8483 23.3923
2  18.1096 27.1296 24.0336
3  17.2228 26.2177 23.5039
4  16.3931 24.3938 22.4581
5  15.5634 26.0828 21.3913
6  16.2599 25.8535 22.3458
7  16.8354 24.4777 21.1025
8  18.0153 25.7313 22.7998
9  19.4385 28.0968 22.5169
10 19.6121 27.5198 21.9434
```

2. 使用程序包 RODBC

要得到文件 G:\2glkx\body.xls 中的工作表 1(Sheet1)中的数据，设工作表内容如下：

```
  股票1  股票2  债券
1  0.00  0.07  0.06
2  0.04  0.13  0.07
3  0.13  0.14  0.05
4  0.19  0.43  0.04
```

可使用以下命令：

```
> install.packages("RODBC")
> library(RODBC)
> z <- odbcConnectExcel("g:/2glkx/stock.xls")
> sq <- sqlFetch(z,"Sheet1")
> sq
  股票1  股票2  债券
1  0.00  0.07  0.06
2  0.04  0.13  0.07
3  0.13  0.14  0.05
4  0.19  0.43  0.04
> close(sq)
```

3.9.3 R语言中数据集的读取

1. R语言的标准数据 datasets

R语言提供了一个基本的数据集包 datasets，其中包含了100多个数据集(通常为数据框和列表)。它随着R语言的启动全部一次性自动载入，通过命令：

```
> data()
```

就可列出全部的数据集(包括已经通过 library()加载的其他程序包的数据集)。输入数据集的名字或用 help(dataname)就可看到你所关心的数据集的信息。

2. 专用程序包中的数据集

要读取其他已经安装的专用程序包中的数据，可以使用 package 参数，例如：

```
> data(package = "pkname")
```

就可以列出程序包 pkname 中的所有数据集，但要注意的是它们还未被载入到R语言系统中供浏览，而命令

```
> data(dataname, package = "pkname")
```

则载入程序包 pkname 中的名为 dataname 的数据集。这时数据 dataname 的信息就可通过其名字或 help()进行浏览。用户发布的程序包是一个丰富的数据集来源。

注意：

(1) 从上面的例子可以看到 data()有两个功能：浏览数据列表和加载数据集，但可以浏览到的数据集并不一定已经加载。

(2) 命令 library()用于加载程序包，程序包加载后其函数可以使用，但其中的数据集仍未载入，仍需要使用 data()加载，因此通常的做法是逐个使用下面的命令：

```
> library("pkname")
> data()                          # 或 data(dataname, package = "pkname")
> data(dataname)                  # 或 data(dataname, package = "pkname")
```

(3) data(dataname)将从第一个能够找到 data(dataname)的程序包中载入这个数据集。为避免载入同名的其他数据集,加上 package 选项是有必要的。

(4) 加载的数据集中的变量是不能直接按其名字参与运算的,例如,在 R 语言启动后,数据集 mtcars 中的变量 mpg 是无法直接按其名字浏览与参与计算的,例如,要计算其平均值,可以使用命令:

```
> mean(mtcars $ mpg)
[1] 20.09062
```

另一个方法是使用命令 attach(mtcars)将此数据集挂接进来,成为当前的数据集。这时 R 语言就将这个数据集中的变量放到一个临时的目录中供访问。这时与上面的命令等价的命令是

```
> attach(mtcars)
> mean(mpg)
[1] 20.09062
```

一个好的习惯是在不用此数据集时将它挂起(即卸载: detach):

```
> detach(mtcars)
```

3.9.4 R 语言中的格式数据

R 语言中的数据或更为一般的对象(包括向量、数据框、列表、函数等)可以通过 save()保存起来,文件名以 Rdata 为后缀。例如将 mtcars 中的变量 mpg 和 hp 生成为数据框 mtcars2,并保存在文件 myR. Rdata 中:

```
> attach(mtcars)
> mtcars2 <- data.frame(mtcars[,c(1,4)])
> save(mtcars2,"C:/data/myR.Rdata")
```

而命令:

```
> save("C:/data/myR.Rdata")
```

则可以重新加载进来。涉及多个数据集的统计分析经常使用这种方法保存与加载数据。

R 语言也可以读取其他统计软件的数据文件(如 SAS、SPSS、Stata、S-PLUS)和访问 SQL 类型的数据库,程序包 foreign 提供了这一便利。由于它们仅对 R 语言的高级应用有用,此处不再细说,具体可参考随 R 语言同时发行的 R data Import/Export 手册。

3.10 R 语言编程

至此,我们已经对 R 语言的功能有了一个较全面的了解。一些数据统计分析都是在 R 语言的对话窗口中进行的。但这对于复杂的数据统计分析显然是不方便的。下面从统计语言和编程角度来说明 R 语言编程中的一些基本技术。

3.10.1 R语言函数基础

R语言中实际上是函数的集合，用户可以使用 base、stats 等程序包中的基本函数，也可以自己编写函数完成一定的功能。但是初学者往往认为编写 R 语言函数是一件十分困难的事情，或者难以理解。这里对如何编写 R 语言函数进行简要的介绍。

函数是对一些程序语句的封装。换句话说，编写函数可以减少人们对重复代码书写，从而让 R 语言脚本程序更为简洁、高效；同时也增加了可读性。一个函数往往完成一项特定的功能。例如，求标准差，求平均值，求生物多样性指数等。R 语言数据分析就是依靠调用各种函数来完成的。但是编写函数也不是轻而易举就能完成的，需要首先经过大量的编程训练。特别是对 R 语言中数据的类型、逻辑判别、下标、循环等内容有一定了解之后，才能开始编写函数。对于初学者来说，最好的方法就是研究现有的 R 语言函数。因为 R 语言程序包都是开源的，所有代码均可见。研究现有的 R 语言函数能够使编程水平迅速提高。

R 语言函数无须首先声明变量的类型，大部分情况下不需要进行初始化。一个完整的 R 语言函数，需要包括函数名称、函数声明、函数参数以及函数体几部分。

1. 函数名称

函数名称即要编写的函数名称，这一名称就作为将来调用 R 语言函数的依据。

2. 函数声明

函数声明包括＜－function，即声明该对象的类型为函数。

3. 函数参数

函数参数是输入的数据，是一个虚拟出来的一个对象。函数参数所对应的数据就是在函数体内部将要处理的值或者对应的数据类型。函数体内部的程序语句进行数据处理，就是对参数的值进行处理，这种处理只在调用函数的时候才会发生。函数的参数可以有多种类型。R 语言 help 的界面对每个函数及其参数的意义及所需的数据类型都进行了说明。

4. 函数体

函数体通常包括三部分。

1）异常处理

输入的数据不能满足函数计算的要求，或者类型不符，这时候一定要设计相应的机制告诉用户，输入的数据在什么地方有错误。错误又分为以下两种：

第一种，如果输入的数据错误不是很严重，可以经过转换，变为符合处理要求的数据时，此时只需要给用户一个提醒，告知数据类型不符，但是函数本身已经进行了相应的转换。

第二种，数据完全不符合要求，这种情况下，就要终止函数的运行，而告知因为什么函数不能运行。这样，用户在使用函数时才不至于感到茫然。

2）运算过程

运算过程包括具体的运算步骤。运算过程和该函数要完成的功能有关。

R 语言运算过程中，应该尽量减少循环的使用，特别是嵌套循环。R 语言提供了 apply、replicate 等一系列函数来代替循环，应该尽量应用这些函数，以提高效率。如果在 R 语言中运算实在太慢，那么核心部分只能依靠 C 或者 FORTRAN 等语言编写，然后再用 R 语言调用这些编译好的模块，以达到更高的效率。

运算过程中，需要大量用到if等条件作为判别的标准。if和while都需要数据TRUE/FALSE这样的逻辑型变量，这就意味着，if内部往往是对条件的判别，例如is.na、is.matrix、is.numeric等，或者对大小的比较，如if(x>0)、if(x==1)、if(length(x)==3)等。if后面如果只有一行，则花括号可以省略，否则就必须将所有的语句都放在花括号中。这和循环是一致的。

3.10.2 循环和向量化

相比下拉菜单式的程序，R语言的一个优势在于它可以把一系列连续的操作简单地程序化。这一点和所有其他计算机语言是一致的，但R语言有一些特性使得非专业人士也可以很方便地编写程序。

1. 控制结构

和其他编程语言一样，R语言有一些和程序设计语言类似的控制结构。

1）条件语句

常用于避免除零或负数的对数等数学问题，它有两种形式：

(1) if (条件)　表达式1　else　表达式2

(2) ifelse(条件，yes，no)

例如：

```
> x = 4
> if (x >= 0) sqrt(x) else NA
[1] 2
> ifelse(x >= 0, sqrt(x), NA)
[1] 2
```

2）循环(loops)

它也有两种形式：

(1) 使用函数for()：foe (变量 in 向量)表达式

(2) 使用函数while()：while(条件)表达式

两种形式略有区别：若知道终止条件则用for()；若无法知道运行次数，则用while()。

例如，比较下面的两种方法：

方法一：

```
> for(i in 1:5) print (1:i)
[1]  1
[1]  1  2
[1]  1  2  3
[1]  1  2  3  4
[1]  1  2  3  4  5
```

方法二：

```
> i = 1
> while(i <= 5) {
print(1:i)
i = i + 1
```

```
}
[1]  1
[1]  1  2
[1]  1  2  3
[1]  1  2  3  4
[1]  1  2  3  4  5
```

通常将一组命令放在大括号内。

假如有一个向量 x,对于向量 x 中值为 b 的元素,把 0 赋给另外一个等长度的向量 y 的对应元素,否则赋 1,程序如下:

```
> for (i in 1:length(x)){
if (x[i] == b)
  y[i]<- 0
else
  y[i]<- 1
}
```

2. 向量化

在 R 语言中,很多情况下循环和控制结构可以通过向量化避免(简化):向量化使得循环隐含在表达式中。比如,条件语句也可以用逻辑索引向量代替。上面的例子可以改写为

```
> y[x == b]<- 0
> y[x!= b]<- 1
```

在实际编程时,如果能将一组命令向量化,则应尽量避免循环,原因在于:

(1) 使代码更简洁。

(2) C 语言是一种编译语言,其效率是很高的;R 语言则是一种解释语言。因此在计算时,通常 C 语言比 R 语言快很多。

(3) 在 R 语言中使用向量化方法,R 语言会立即调用 C 语言进行运算,因而能大大提高计算的效率。

3.10.3 用 R 语言编写程序

一般情况下,一个 R 语言程序以 ASCII 格式保存,扩展名为". R"。如果一个操作要重复好多次,用程序是一个不错的选择。下面先看几个简单例子。

例 3-1:编写程序在屏幕上显示"Hello,World!",代码如下:

```
> print("Hello, World!")
[1] "Hello, World!"
```

>符号后面的内容是需要输入的,>符号不需要输入,是由 R 语言自动显示的。每个语句结束时需要回车。

例 3-2:产生 1～10 共 10 个数,然后每个数都加 1。

```
> x = 1:10
> x = x + 1
```

```
> x
[1]  2  3  4  5  6  7  8  9  10  11
```

x=1:10 表示产生 1 2 3 4 5 6 7 8 9 10 这些数字，x=x+1 表示每个数都加 1，最后输入 x 表示显示 x 这个变量。

3.10.4 用 R 语言编写函数

下面看一些自己编写程序函数的实例。

例 3-3：输入一个数，得到比这个数多 1 的数。

```
> PR = function(a){
return(a + 1)
}
> PR(10)
[1]  11
```

例 3-4：编写求某数平方的函数。

```
> sq2 = function(x) x * x
> sq2(9)
[1]  81
```

例 3-5：斐波纳契数列指的是这样一个数列：1,1,2,3,5,8,13,21,34,…。

注意：这个数列从第二项开始，每一项都等于前两项之和。

求任意 n 项的斐波纳契数据，可编写一个函数名为 zsq()的程序如下：

```
> zsq <- function(n)
{ a <- numeric(n)
  a[1]<- 1
  a[2]<- 1
  for (i in 3:n){
   a[i]<- a[i-1] + a[i-2]
  }
  return(a)
}
> zsq(10)
[1]  1  1  2  3  5  8  13  21  34  55
```

练习题

1. 分别用向量、数据框形式读入如下数据：

序号	conc	state
1	0.02	treated
2	0.06	treated
3	0.11	treated

2. 15 名学生的身高和体重如表 3-4 所示。

表 3-4 15 名学生的身高和体重

序号	体重/kg	身高/cm
1	58	115
2	59	117
3	60	120
4	61	123
5	62	126
6	63	129
7	64	132
8	65	135
9	66	139
10	67	142
11	68	146
12	69	150
13	70	154
14	71	159
15	72	164

(1) 用数据框的形式读入数据。

(2) 将上面的数据保存为一个纯文本文件，并用函数 read.table()读取该文件的数据。

3. 使用 R 语言程序包 RODBC 实现 R 语言与某数据库或 Excel 数据的连接。

4. 编写一个函数，求数组 $y=(y_1,y_2,\cdots,y_n)$的均值、标准差。

5. 编写一个用二分法求非线性方程根的函数，并求方程 $x^3-x-1=0$ 在区间[1,2]内的根，精度要求 $e=10^{-5}$。

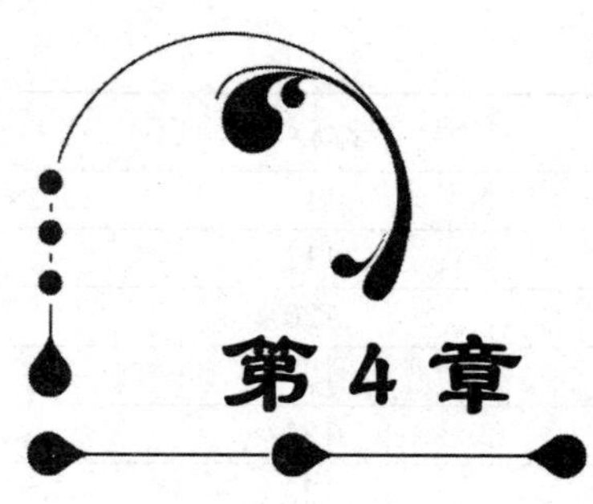

第4章 参数估计与假设检验的R语言应用

4.1 参数估计的R语言应用

根据样本推断总体的分布和分布的数字特征称为统计推断。本节讨论统计推断的基本问题——参数估计。参数估计有两类：一类是点估计，就是以某个统计量的样本观察值作为未知参数的估计值；另一类是区间估计，就是用两个统计量所构成的区间来估计未知参数。在估计总体均值的时候，用样本均值作为总体均值的估计就是点估计。在做置信区间估计之前，必须先规定一个置信度，例如95%。置信度以概率1－alpha表示，这里的alpha就是假设检验里的显著性水平。因此95%的置信度就相对于5%的显著性水平。

置信区间估计的一般公式为：

点估计±关键值×样本均值的标准误

即

$$\bar{x} \pm z_{\alpha/2} \times s/\sqrt{n}$$

这里的关键值就是以显著性水平 α 做双尾检验的关键值。关键值是 z 关键值或 t 关键值。究竟选择 z 关键值还是 t 关键值，如表4-1所示。

表4-1 z 关键值与 t 关键值选择

	正态总体 $n<30$	正态总体 $n\geqslant 30$
已知总体方差	z	z
未知总体方差	t	t 或 z

假设一位投资分析师从股权基金中选取了一个随机样本，并计算出了平均的夏普比率。样本的容量为100，并且平均的夏普比率为0.45。该样本具有的标准差为0.30。利用一个基于标准正态分布的临界值，计算并解释所有股权基金总体均值的90%置信区间。这个90%的置信区间的临界值为 $z_{0.05}=1.65$，故置信区间为

$$\bar{x} \pm z_{0.05} \times \frac{s}{\sqrt{n}} = 0.45 \pm 1.65 \times \frac{0.30}{\sqrt{100}}$$

即0.4005～0.4495，分析师可以说有90%的信心认为这个区间包含了总体均值。

4.1.1 点估计矩分析法的R语言应用

由大数定律可知，如果总体 X 的 k 阶矩存在，则样本的 k 阶矩以概率收敛到总体的 k

阶矩，样本矩的连续函数收敛到总体矩的连续函数。这就启发我们可以用样本矩作为总体矩的估计量，这种用相应的样本矩去估计总体矩的估计方法称为矩估计法。

设 $X_1, X_2, \cdots, X_n$ 为来自某总体的一个样本，样本的 k 阶原点矩为

$$A_k = \frac{1}{n}\sum_{i=1}^{n} X_i^k, k = 1,2,\cdots$$

如果总体 X 的 k 阶原点矩 $\mu_k = E(X^k)$ 存在，则按矩估计法的思想，用 A_k 去估计 μ_k：

$$\hat{\mu}_k = A_k$$

设总体 X 的分布函数含有 k 个未知参数 $\theta = (\theta_1, \theta_2, \cdots, \theta_k)$，$j=1,2,\cdots,k$，且分布的前 k 阶矩存在，它们都是 $\theta_1, \theta_2, \cdots, \theta_k$ 的函数，此时求 $\theta_j (j=1,2,\cdots,k)$ 的矩估计的步骤如下：

(1) 求出 $E(X^j) = \mu_j, j=1,2,\cdots,k$，并假定

$$\mu_j = g_j(\theta_1, \theta_2, \cdots, \theta_k), \quad j = 1,2,\cdots,k \tag{4-1}$$

(2) 解式(4-1)得到

$$\theta_i = h_i(\mu_1, \cdots, \mu_k), \quad i = 1,2,\cdots,k \tag{4-2}$$

(3) 在上式中用 A_j 代替 μ_j，$j=1,2,\cdots,k$，即得 $\theta = (\theta_1, \theta_2, \cdots, \theta_k)$ 的矩估计：

$$\hat{\theta}_i = h_i(A_1, A_2, \cdots, A_k), \quad i = 1,2,\cdots,k \tag{4-3}$$

若有样本观察值 $x_1, x_2, \cdots, x_n$，代入式(4-3)即可得到 $\theta = (\theta_1, \theta_2, \cdots, \theta_k)$ 的估计值。

由于函数 g_j 的表达式不同，求解上述方程或方程组会相当困难，这时需要应用迭代算法进行数值求解，这需要具体问题具体分析，不可能有通用的 R 语言程序来直接估计 θ，只能利用 R 的计算功能根据具体问题编写相应的 R 语言程序，下面看一个例子。

例 4-1：设 $X_1, X_2, \cdots, X_n$ 为来自 $b(1,\theta)$ 的一个样本，θ 表示某事件成功的概率，通常事件的成败机会比 $g(\theta) = \theta/(1-\theta)$ 是人们感兴趣的参数，可以利用矩估计法轻松给出 $g(\theta)$ 的一个很不错的估计。因为 θ 是总体均值，记 $\overline{X} = 1/n\sum_{i=1}^{n} X_i$，则 $h(\overline{X}) = \frac{1-\overline{X}}{1-\overline{X}}$ 是 $g(\theta)$ 的一个矩估计。

例 4-2：对某个篮球运动员记录其在某一次比赛中投篮命中与否，观测数据如下：

1 1 0 1 0 0 1 0 1 1 1 0 1 1 0 1

0 0 1 0 1 0 1 0 0 1 1 0 1 1 0 1

编写 R 语言程序估计这个篮球运动员投篮的成败比。

```
> X <- c(1,1,0,1,0,0,1,0,1,1,1,0,1,1,0,1,0,0,1,0,1,0,1,0,0,1,1,0,1,1,0,1)
> theta <- mean(X)
> h <- theta/(1 - theta)
> h
```

运行上面的 4 行代码后，得到如下结果：

```
[1]  1.285714
```

得到 $g(\theta)$ 的矩估计为 1.285714。

4.1.2　单正态总体均值区间估计的 R 语言应用

4.1.1 节讨论了点估计，由于点估计值只是估计量的一个近似值，因而点估计本身既没

有反映出这种近似值的精度，即指出用估计值去估计的误差范围有多大，也没有指出这个误差范围以多大的概率包括未知参数，这正是区间估计要解决的问题。本节讨论单正态总体均值的区间估计问题。

1. 方差 $\sigma_0=\sigma$ 已知时 μ 的置信区间

设来自正态总体 $N(\mu,\sigma^2)$ 的随机样本和样本值记为 $X_1,X_2,\cdots,X_n$，样本均值 $\overline{X}$ 是总体均值 μ 的一个很好的估计量，利用 $\overline{X}$ 的分布，可以得出总体均值 μ 的置信度为 $1-\alpha$ 的置信区间(通常取 $\alpha=0.05$)。

由于 $\overline{X}\sim N(\mu,\sigma^2)$，因此有

$$Z=\frac{\overline{X}-\mu}{\sigma/\sqrt{n}}\sim N(0,1)$$

由 $P(-z_{1-\alpha/2}<Z<z_{1-\alpha/2})=1-\alpha$ 即得

$$P\left(\overline{X}-\frac{\sigma}{\sqrt{n}}z_{1-\alpha/2}<\mu<\overline{X}+\frac{\sigma}{\sqrt{n}}z_{1-\alpha/2}\right)=1-\alpha$$

所以对于单个正态总体 $N(\mu,\sigma^2)$，当 $\sigma_0=\sigma$ 已知时，μ 的置信度为 $1-\alpha$ 的置信区间为 $\left(\overline{X}-\frac{\sigma}{\sqrt{n}}z_{1-\alpha/2},\overline{X}+\frac{\sigma}{\sqrt{n}}z_{1-\alpha/2}\right)$。

同理可求得 μ 的置信度为 $1-\alpha$ 的置信上限为 $\overline{X}+\frac{\sigma}{\sqrt{n}}z_{1-\alpha}$，$\mu$ 的置信度为 $1-\alpha$ 的置信下限为 $\overline{X}-\frac{\sigma}{\sqrt{n}}z_{1-\alpha}$。

由于在R语言中没有求方差已知时均值置信区间的内置函数，因此需要自己编写R语言程序，我们编写的R语言程序如下：

```
> conf <- function(x, sigma, alpha){
    n <- length(x)
    mean <- mean(x)
    result <- c(mean - sigma * qnorm(1 - alpha/2)/sqrt(n),
    mean + sigma * qnorm(1 - alpha/2)/sqrt(n))
    result
}
```

例 4-3：某车间生产的滚珠直径 X 服从正态分布 $N(\mu,0.6)$。现从某天的产品中抽取6个，测得直径如下(单位：mm)：

14.6， 15.1， 14.9， 14.8， 15.2， 15.1

试求平均直径置信度为95%的置信区间。

解：置信度 $1-\alpha=0.95$，$\alpha=0.05$。$\alpha/2=0.025$，查表可得 $Z_{0.025}=1.96$，又由样本值得 $\bar{x}=14.95$，$n=6$，$\sigma=\sqrt{0.6}$。则有：

置信下限 $\bar{x}-Z_{1-\alpha/2}\frac{\sigma_0}{\sqrt{n}}=14.95-1.96\times\sqrt{\frac{0.6}{6}}=14.3302$

置信上限 $\bar{x}+Z_{1-\alpha/2}\frac{\sigma_0}{\sqrt{n}}=14.95+1.96\times\sqrt{\frac{0.6}{6}}=15.5698$

所以均值的置信区间为(14.3302,15.5698)。

先把上面编写的函数在R语言软件中调入内存，然后输入如下命令：

```
> x <- c(14.6,15.1,14.9,14.8,15.2,15.1)
> sigma = sqrt(0.6)
> conf(x,sigma,0.05)
```

运行上面3行代码后，得到如下结果：

```
[1]  14.3302  15.5698
```

2. 方差 σ^2 未知时 μ 的置信区间

由于

$$Z=\frac{\overline{X}-\mu}{\sigma/\sqrt{n}}\sim N(0,1)$$

$$\frac{(n-1)S^2}{\sigma^2}\sim\chi^2(n-1)$$

且二者独立，所以有

$$T=\frac{\overline{X}-\mu}{S/\sqrt{n}}\sim t(n-1)$$

同样由 $P(-t_{1-\alpha/2}(n-1)<T<t_{1-\alpha/2}(n-1)=1-\alpha$ 得到

$$P\left(\overline{X}-\frac{S}{\sqrt{n}}t_{1-\alpha/2}(n-1)<\mu<\overline{X}+\frac{S}{\sqrt{n}}t_{1-\alpha/2}(n-1)\right)=1-\alpha$$

所以方差 σ^2 未知时 μ 的置信度为 $1-\alpha$ 的置信区间为

$$\left(\overline{X}-\frac{S}{\sqrt{n}}t_{1-\alpha/2}(n-1),\overline{X}+\frac{S}{\sqrt{n}}t_{1-\alpha/2}(n-1)\right)$$

其中 $t_p(n)$ 为自由度为 n 的 t 分布的下侧 p 分位数。

同理可求得 μ 的置信度为 $1-\alpha$ 的置信上限为 $\overline{X}+\frac{S}{\sqrt{n}}t_{1-\alpha}(n-1)$，$\mu$ 的置信度为 $1-\alpha$ 的置信下限为 $\overline{X}-\frac{S}{\sqrt{n}}t_{1-\alpha}(n-1)$。其中：

$$S=\sqrt{\frac{1}{n-1}\sum_{i=1}^{n}(X_i-\overline{X})^2}$$

例 4-4：某糖厂自动包装机装糖，设各包重量服从正态分布 $N(\mu,\sigma^2)$。某日开工后测得9包重量为(单位：kg)：99.3,98.7,100.5,101.2,98.3,99.7,99.5,102.1,100.5，试求 μ 的置信度为95%的置信区间。

解：置信度 $1-\mu=0.95$，查表得 $t_{1-\alpha/2}(n-1)=t_{0.025}(8)=2.306$。由样本值算 $\bar{x}=99.978$，$S^2=1.47$，故

置信下限　$\bar{x}-t_{1-\alpha/2}(n-1)\frac{S}{\sqrt{n}}=99.978-2.306\times\sqrt{\frac{1.47}{9}}=99.046$

置信上限　$\bar{x}+t_{1-\alpha/2}(n-1)\frac{S}{\sqrt{n}}=99.978+2.306\times\sqrt{\frac{1.47}{9}}=100.91$

所以 μ 的置信度为 95%的置信区间为(99.046,100.91)。

在 R 语言中有求方差未知时均值置信区间的内置函数 t.test(),其调用格式如下：

```
t.test(x,y = NULL,alternative = c("two.sided","less","greater"),mu = 0,paired = FALSE,
var.equal = FALSE,conf.level = 0.95, … )
```

说明：若出现数据 x,则进行单样本 t 检验；若出现数据 x 和 y,则进行二样本 t 检验；alternative 用于指定所求置信区间的类型,alternative="two.sided"为默认值；mu 表示均值,默认值为 0。

```
>x<-c(99.3,98.7,100.5,101.2,98.3,99.7,99.5,102.1,100.5)
>t.test(x)
```

运行上面 2 行代码后,得到如下结果：

```
        One Sample t-test
data: x
t = 247.4276, df = 8, p-value<2.2e-16
alternative hypothesis: true mean is not equal to 0
95 percent confidence interval:
  99.04599  100.90956
sample estimates:
mean of x
99.97778
```

可以看到置信水平为 0.95 的置信区间为(99.04599,100.90956)

这个结果过于烦琐,由于只需要置信区间的结果,因此运行以下 R 语言程序：

```
> t.test(x) $ conf.int
```

得到的结果如下：

```
[1] 99.04599 100.90956
attr(,"conf.level")
[1] 0.95
```

4.1.3 单正态总体方差区间估计的 R 语言应用

此时虽然也可以就均值是否已知分两种情况讨论方差的区间估计,但在实际中 μ 已知的情形是极为罕见的,所以只讨论在 μ 未知的条件下讨论方差 σ^2 的置信区间。

由于

$$\chi^2 = (n-1)S^2/\sigma^2 \sim \chi^2(n-1)$$

所以由

$$P(\chi^2_{\alpha/2}(n-1) < \frac{(n-1)S^2}{\sigma^2} < \chi^2_{1-\alpha/2}(n-1)) = 1-\alpha$$

就可以得出 σ^2 的置信水平为 $1-\alpha$ 的置信区间

$$\left(\frac{(n-1)S^2}{\chi^2_{\alpha/2}(n-1)}, \frac{(n-1)S^2}{\chi^2_{1-\alpha/2}(n-1)}\right)$$

由于在 R 语言中没有求方差的置信区间的内置函数,因此需要自己编写 R 语言程序,我们编写的 R 语言程序如下：

```
chisq <- function(n,s2,alpha){
    result <- c((n - 1) * s2/qchisq(alpha/2,df = n - 1,lower.tail = F),
    (n - 1) * s2/qchisq(1 - alpha/2,df = n - 1,lower.tail = F))
    result
}
```

例 4-5：从某车间加工的同类零件中抽取了 16 件，测得零件的平均长度为 12.8cm，方差为 0.0023。假设零件的长度服从正态分布，试求总体方差及标准差的置信区间（置信度为 95%）。

解：已知 $n=16, S^2=0.0023, 1-\alpha=0.95$。查表得

$$\chi^2_{1-\alpha/2}(n-1)=\chi^2_{0.975}(15)=6.262$$

$$\chi^2_{\alpha/2}(n-1)=\chi^2_{0.025}(15)=27.488$$

代入数据，可算得所求的总体方差的置信区间为（0.0013，0.0055），总体标准差的置信区间为（0.0354，0.0742）。

先把上面编写的函数在 R 语言软件中调入内存，然后输入如下命令：

```
> chisq(16,0.0023,0.05)
```

运行上行代码后，得到如下结果：

```
[1] 0.001255075  0.005509301
```

由运行显示可知总体方差的区间估计为（0.001255075，0.005509301）。

4.2 假设检验的 R 语言应用

参数假设检验是指对参数的平均值、方差等特征进行的统计检验。参数假设检验一般假设统计总体的具体分布是已知的，但是其中的一些参数或者取值范围不确定，分析的主要目的是估计这些未知参数的取值，或者对这些参数进行假设检验。参数假设检验不仅能够对总体的特征参数进行推断，还能够对两个或多个总体的参数进行比较。常用的参数假设检验包括单一样本 t 检验、两个总体均值差异的假设检验、总体方差的假设检验、总体比率的假设检验等。本节先介绍假设检验的基本理论，然后通过实例来说明 R 语言在参数假设检验中的具体应用。

4.2.1 参数假设检验的基本理论

1. 假设检验的概念

为了推断总体的某些性质，我们会提出总体性质的各种假设。假设检验就是根据样本提供的信息对所提出的假设作出判断的过程。

原假设是我们有怀疑，想要拒绝的假设，记为 H_0。备择假设是我们拒绝了原假设后得到的结论，记为 H_α。

假设都是关于总体参数的，例如，我们想知道总体均值是否等于某个常数 μ_0，那么原假设是 $H_0:\mu=\mu_0$，则备择假设是 $H_\alpha:\mu\neq\mu_0$。

上面这种假设称为双尾检验，因为备择假设是双边的。

下面两种假设检验称为单尾检验：

$H_0:\mu\geqslant\mu_0 \quad H_a:\mu<\mu_0$

$H_0:\mu\leqslant\mu_0 \quad H_a:\mu>\mu_0$

注意：无论是单尾还是双尾检验，等号永远都在原假设一边，这是用来判断原假设的唯一标准。

2. 第一类错误和第二类错误

我们在做假设检验的时候可能犯两种错误：第一，原假设是正确的而我们判断它为错误的；第二，原假设是错误的而我们判断它为正确的。分别称为第一类错误和第二类错误。

第一类错误：原假设是正确的，却拒绝了原来假设。

第二类错误：原假设是错误的，却没有拒绝原来假设。

这类似于法官判案时，如果被告是好人，却判他为坏人，这是第一类错误(错杀好人或真为假)。

如果被告是坏人，却判他为好人，这是第二类错误(放走坏人或以假为真)。

在其他条件不变的情况下，如果要求犯第一类错误的概率越小，那么犯第二类错误的概率就会越大，通俗的理解是：当我们要求错杀好人的概率降低，那么往往就会放走坏人。

同样，在其他情况不变的情况下，如果要求犯第二类错误的概率越小，那么犯第一类错误的概率就越大。通俗的理解即：当我们要求放走坏人的概率降低，那么往往就会错杀好人。

其他条件不变主要指的是样本量 n 不变。换言之，要想既减小犯第一类错误的概率又减小犯第二类错误的概率，就要增大样本量 n。

在假设检验的时候，我们会规定一个允许犯第一类错误的概率，比如5%，这称为显著性水平，记为 α。通常只规定犯第一类错误的概率，而不规定犯第二类错误的概率。

检验的势定义为在原假设是错误的情况下正确拒绝原假设的概率。检验的势等于1减去犯第二类错误的概率。

我们用表4-2来表示显著性水平和检验的势。

表4-2　显著性水平和检验的势

假设类型 / 拒绝类型	原假设正确	原假设不正确
拒绝原假设	第一类错误 显著性水平 α	判断正确 检验的势＝1－P(犯第二类错误的概率)
没有拒绝原假设	判断正确	第二类错误

要做假设检验，先要计算两样东西：检验统计量和关键值。

检验统计量是从样本数据中计算得来的，一般形式为

检验统计量＝(样本统计量－在 H_0 中假设的总体参数值)/样本统计量的标准误

关键值是查表得到的。关键值的计算需要知道下面三点：

(1) 检验统计量是什么分布。这决定我们要去查哪张表。

(2) 显著性水平。

(3) 是双尾还是单尾检验。

3. 决策规则

1) 基于检验统计量和关键值的决策准则

计算检验统计量和关键值之后,怎样判断是拒绝原假设还是不拒绝原假设呢?

首先,要搞清楚我们做的是双尾检验还是单尾检验。如果是双尾检验,那么拒绝域在两边。以双尾z检验为例,首先画出z分布(标准正态分布),在两边画出黑色的拒绝区域。如图4-1所示。

拒绝区域的面积应等于显著性水平。以$\alpha=0.05$为例,左右两块拒绝区域的面积之和应等于0.05,可知交界处的数值为±1.96。±1.96即为关键值。

如果从样本数据中计算得出的检验统计量落在拒绝区域(小于-1.96或大于1.96),就拒绝原假设;如果检验统计量没有落在拒绝区域(在-1.96和1.96之间),就不能拒绝原假设。

如果是单尾检验,那么拒绝区域在一边。拒绝区域在哪一边,要看备择假设在哪一边。以单尾的z检验为例,假设原假设为H_0:$\mu\leqslant\mu$,备择假设为H_a:$\mu>\mu_0$,那么拒绝区域在右边,因为备择假设在右边。首先画出z分布(标准正态分布),在右边画出拒绝区域,如图4-2所示。

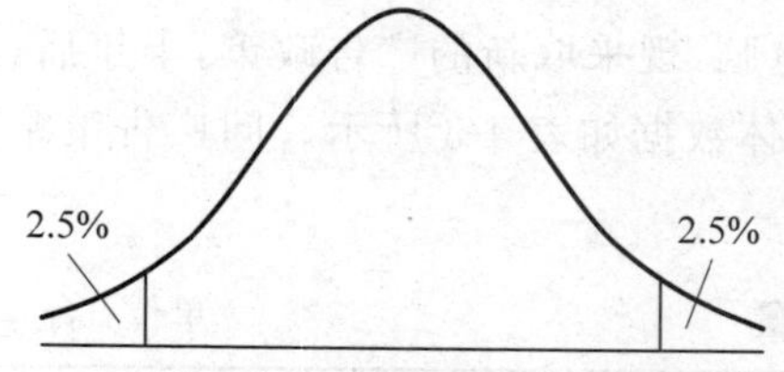

图4-1 z分布左右两边的拒绝区域

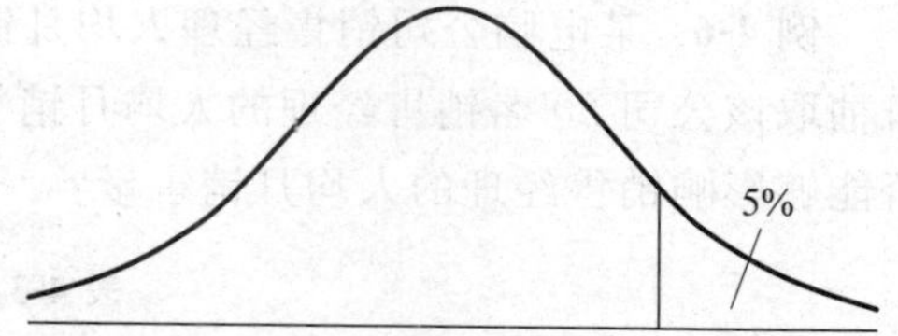

图4-2 z分布右边的拒绝区域

拒绝区域的面积还是等于显著性水平。以$\alpha=0.05$为例,因为只有一块拒绝区域,因此其面积为0.05,可知交界处的数值为1.65。1.65即为关键值。

如果从样本数据中计算得出的检验统计量落在拒绝区域(大于1.65),就拒绝原假设;如果检验统计量没有落在拒绝区域(小于或等于1.65),就不能拒绝原假设。

2) 基于p值和显著性水平的决策规则

在实际中,统计软件经常给出的是p值,可以将p值与显著性水平做比较,以决定拒绝还是不拒绝原假设,这是基于p值和显著性水平的决策规则。

首先来看看p值到底是什么。对于双尾检验,有两个检验统计量,两个统计量两边的面积之和就是p值。因此,每一边的面积是$p/2$,如图4-3所示。

对于单尾检验,只有一个检验统计量,检验统计量边上的面积就是p值,如图4-4所示。

计算p值的目的是与显著性水平做比较。如果p值小于显著性水平,说明检验统计量落在拒绝区域,因此拒绝原假设。如果p值大于等于显著性水平,说明检验统计量没有落在拒绝区域,因此不能拒绝原假设。

p值的定义为:可以拒绝原假设的最小显著性水平。

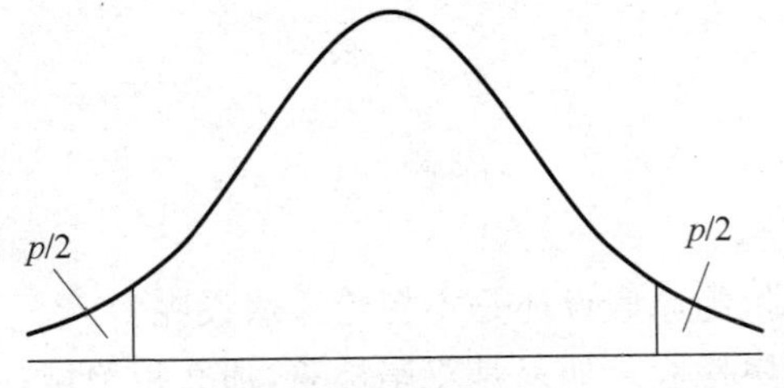

图 4-3　p 值左右两边的拒绝区域

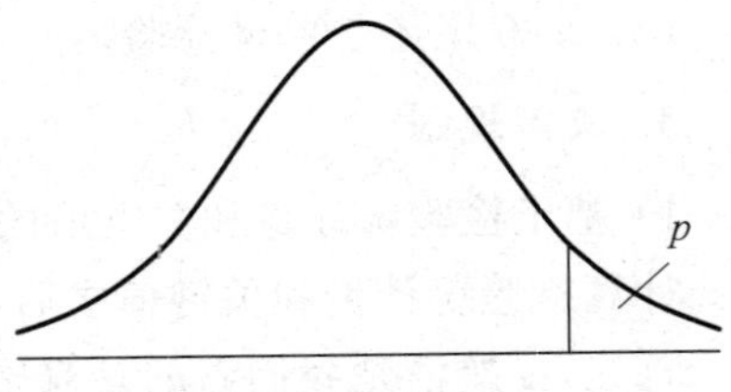

图 4-4　p 值右边的拒绝区域

3）结论的陈述

如果不能拒绝原假设，我们不能说接受原假设，只能说不能拒绝 H_0 或未能拒绝 H_0。

在作出判断之后，还要陈述结论。如果拒绝原假设，那么说总体均值显著地不相等。

4.2.2　单个样本 t 检验的 R 语言应用

单个样本 t 检验是假设检验中最基本也是最常用的方法之一。与所有的假设检验一样，其依据的基本原理也是统计学中的"小概率反证法"原理。通过单个样本 t 检验，可以实现样本均值和总体均值的比较。检验的基本步骤是：首先提出原假设和备择假设，规定好检验的显著性水平；然后确定适当的检验统计量，并计算检验统计量的值；最后依据计算值和临界值的比较做出统计决策。

例 4-6：某电脑公司销售经理人均月销售 500 台电脑，现采取新的广告政策，半年后，随机抽取该公司 20 名销售经理的人均月销售量数据，具体数据如表 4-3 所示。问广告策略是否能够影响销售经理的人均月销售量？

表 4-3　人均月销售量　　单位：台

编号	人均月销售量	编号	人均月销售量
1	506	11	510
2	503	12	504
3	489	13	512
4	501	14	499
5	498	15	487
6	497	16	507
7	491	17	503
8	502	18	488
9	490	19	521
10	511	20	517

在目录 G:\2glkx\data 下建立 al4-1.xls 数据文件后，使用的命令如下：

```
> library(RODBC) # 使用此命令时必须先安装 RODBC,见 3.9.2 节
> z <- odbcConnectExcel("G:/2glkx/data/al4 - 1.xls")
> sq <- sqlFetch(z,"Sheet1")
> sq
```

执行以上 4 行命令后，得到如下结果：

```
  sale
1  506
…
20  517
```

在符号“>”后输入如下命令：

```
> t.test(sq$sale,mu=500)
```

执行上行命令后，得到如下结果：

```
        One Sample t-test
data: sq$sale
t = 0.8309, df = 19, p-value = 0.4163
alternative hypothesis: true mean is not equal to 500
95 percent confidence interval:
  497.266  506.334
sample estimates
mean of x
    501.8
```

通过观察上面的分析结果，可以看出样本均值是501.8，95%的置信区间是[497.266，506.334]，样本的t值为0.8309，自由度为19，p值为0.4163，远大于0.05，因此不能拒绝原假设，也就是说，广告策略不能影响销售经理的人均月销售量。

上面的R语言命令比较简单，分析过程及结果已经达到解决实际问题的要求。但R语言的强大之处在于，它同样提供了更加复杂的命令格式以满足用户更加个性化的需求。

例如，要把显著性水平调到1%，也就是说置信水平为99%，那么操作命令为

```
> t.test(sq$sale,mu=500, conf.level = 0.99)
```

输入完后，按回车键确认，得到如下结果：

```
        One Sample t-test
data: sq$sale
t = 0.8309, df = 19, p-value = 0.4163
alternative hypothesis: true mean is not equal to 500
99 percent confidence interval:
  495.6025  507.9975
sample estimates:
mean of x
    501.8
```

从上面的分析结果中可以看出，置信水平为99%与95%不同的地方在于置信区间得到了进一步的放大，这是正常的结果，因为这是要取得更高置信水平所必须付出的代价。

4.2.3　两个独立样本 t 检验的R语言应用

R语言的独立样本t检验是假设检验中最基本也是最常用的方法之一。与所有的假设检验一样，其依据的基本原理也是统计学中的“小概率反证法”原理。通过独立样本t检验，可以实现两个独立样本的均值比较。两个独立样本t检验的基本步骤是：首先提出原假设

和备择假设,规定好检验的显著性水平；然后确定适当的检验统计量,并计算检验统计量的值；最后依据计算值和临界值的比较做出统计决策。

例 4-7：表 4-4 给出了 a、b 两个基金公司各管理 40 支基金的价格。试用独立样本 t 检验方法研究两个基金公司所管理的基金价格之间有无明显的差别(设定显著性水平为 5%)。

表 4-4　a、b 两个基金公司各管理基金的价格　　单位：元

编号	基金 a 价格	基金 b 价格
1	145	101
2	147	98
3	139	87
4	138	106
5	145	101
⋮	⋮	⋮
38	138	105
39	144	99
40	102	108

虽然这里两支基金的样本相同,但要注意的是：两个独立样本 t 检验并不需要两个样本数相同。

在目录 G:\2glkx\data 下建立 al4-2. xls 数据文件后,使用的命令如下：

```
> library(RODBC)                    # 使用此命令时必须先安装 RODBC,见 3.9.2 节
> z <- odbcConnectExcel("G:/2glkx/data/al4 - 2.xls")
> sq <- sqlFetch(z,"Sheet1")
> sq
```

执行以上 4 行命令后,得到如下结果：

```
fa  fb
1   145  101
…
40  102  108
```

在符号">"后输入如下命令：

```
> t.test(sq $ fa,sq $ fb,var.equal = TRUE)
```

输入以上命令并按回车键进行确认,结果如下：

```
        Two Sample t - test
data: sq $ fa and sq $ fb
t = 14.0498, df = 78, p - value < 2.2e - 16
alternative hypothesis: true difference in means is not equal to 0
95 percent confidence interval:
  25.94213  34.50787
sample estimates:
mean of x mean of y
  135.175  104.950
```

通过观察上面的分析结果，可以看出自由度为 78，其中变量 funda 包括 40 个样本，样本均值是 135.175，变量 fundb 包括 40 个样本，样本均值是 104.95。p 值远小于 0.05，因此拒绝原假设，也就是说，两家基金公司被调查的基金价格之间存在明显的差别。

例如，要把显著性水平调到 1%，也就是说置信水平为 99%，那么操作命令为

```
> t.test(sq$fa,sq$fb,var.equal = TRUE, conf.level = 0.99)
```

输入以上命令并按回车键进行确认，结果如下：

```
        Two Sample t - test
data: sq$fa and sq$fb
t = 14.0498, df = 78, p - value < 2.2e - 16
alternative hypothesis: true difference in means is not equal to 0
99 percent confidence interval:
  24.54489 35.90511
sample estimates:
mean of x mean of y
    135.175 104.950
```

从上面的分析结果中可以看出，置信水平为 99% 与 95% 不同的地方在于置信区间得到了进一步的放大，这是正常的结果，因为这是要取得更高置信水平所必须付出的代价。

上面的检验过程是假设两个样本代表的总体有相同的方差，如果假设两个样本代表的总体之间的方差并不相同，那么操作命令可以相应地修改为

```
> t.test(sq$fa,sq$fb, paired = FALSE, var.equal = FALSE, conf.level = 0.99)
```

输入以上命令并按回车键进行确认，结果如下：

```
        Welch Two Sample t - test
data: sq$fa and sq$fb
t = 14.0498, df = 63.405, p - value < 2.2e - 16
alternative hypothesis: true difference in means is not equal to 0
99 percent confidence interval:
  24.51203  35.93797
sample estimates:
mean of x mean of y
    135.175  104.950
```

4.2.4　配对样本 t 检验的 R 语言应用

R 语言的配对样本 t 检验过程也是假设检验中的方法之一。与所有的假设检验一样，其依据的基本原理也是统计学中的“小概率反证法”原理。通过配对样本 t 检验，可以实现对配对数据的样本均值比较。与独立样本 t 检验的区别是：配对样本的两个样本来自同一总体，而且数据的顺序不能调换。配对样本 t 检验的基本步骤是：首先提出原假设和备择假设，规定好检验的显著性水平；然后确定适当的检验统计量，并计算检验统计量的值；最后依据计算值和临界值的比较做出统计决策。

例 4-8：为了研究一种政策的效果，特抽取了 50 支股票进行了试验，实施政策前后股票的价格如表 4-5 所示。试用配对样本 t 检验方法判断该政策能否引起研究的股票价格的明

显变化(设定显著性水平为5%)。

表 4-5 政策实施前后的股票价格

单位：元

编号	政策前价格	政策后价格
1	88.60	75.60
2	85.20	76.50
3	75.20	68.20
⋮	⋮	⋮
48	82.70	78.10
49	82.40	75.30
50	75.60	69.90

在目录 G:\2glkx\data 下建立 al4-3.xls 数据文件后,使用的命令如下:

```
> library(RODBC)                    # 使用此命令时必须先安装 RODBC,见 3.9.2 节
> z <- odbcConnectExcel("G:/2glkx/data/al4-3.xls")
> sq <- sqlFetch(z,"Sheet1")
> sq
```

执行以上 4 行命令后,得到如下结果:

```
    qian  hou
1   88.6  75.6
…
50  75.6  69.9
```

在符号">"后输入如下命令:

```
> t.test(sq$qian,sq$hou, paired = TRUE, conf.level = 0.95)
```

输入以上命令后,按回车键确认,得到如下结果:

```
Paired t-test
data: sq$qian and sq$hou
t = 12.4305, df = 49, p-value < 2.2e-16
alternative hypothesis: true difference in means is not equal to 0
95 percent confidence interval:
  6.958186  9.641813
sample estimates:
mean of the differences
            8.299999
```

通过观察上面的分析结果可以看出,$t=12.4305$,自由度为49,两者差异的95%置信区间是[6.958186,9.641813]。p 值远小于0.05,因此需要拒绝原假设,也就是说,该政策能引起股票价格的明显变化。

与单一样本 t 检验类似,如果要把显著性水平调到1%,也就是说置信水平为99%,那么命令可以相应地修改为

```
> t.test(sq$qian,sq$hou, paired = TRUE, conf.level = 0.99)
```

输入以上命令后，按回车键确认，得到如下结果：

```
    Paired t - test
data: sq $ qian and sq $ hou
t = 12.4305, df = 49, p - value < 2.2e - 16
alternative hypothesis: true difference in means is not equal to 0
99 percent confidence interval:
  6.510568  10.089430
sample estimates:
mean of the differences
              8.299999
```

从上面的分析结果中可以看出，置信水平为 99%与 95%不同的地方在于置信区间得到了进一步的放大，这是正常的结果，因为这是要取得更高置信水平所必须付出的代价。

4.2.5 单样本方差假设检验的 R 语言应用

方差用来反映波动情况，经常用在金融市场波动等情形。单一总体方差的假设检验的基本步骤是：首先提出原假设和备择假设，规定好检验的显著性水平；然后确定适当的检验统计量，并计算检验统计量的值；最后依据计算值和临界值的比较做出统计决策。

例 4-9：为了研究某支基金的收益率波动情况，某课题组对该支基金连续 50 天的收益率情况进行了调查研究，调查得到的数据经整理后如表 4-6 所示。试对该数据资料方差是否等于 1 进行假设检验(设定显著性水平为 5%)。

表 4-6 某支基金的收益率波动情况

编号	收益率
1	0.564409196
2	0.264802098
3	0.947742641
4	0.276915401
5	0.118015848
⋮	⋮
48	−0.967873454
49	0.582328379
50	0.795299947

在目录 G:\2glkx\data 下建立 al4-4.xls 数据文件后，使用的命令如下：

```
> library(RODBC)                        # 使用此命令时必须先安装 RODBC,见 3.9.2 节
> z <- odbcConnectExcel("G:/2glkx/data/al4 - 4.xls")
> sq <- sqlFetch(z,"Sheet1")
> sq
```

执行以上 4 行命令后，得到如下结果：

```
   bh  syl
1   1  0.56440920
   ⋮
```

```
50  50  0.79529995
```

由于在R语言中没有求方差检验的内置函数，因此需要自己编写R语言程序，我们编写的R语言程序如下：

```
> chisq.var.test <- function(x,var,alpha){
      n <- length(x)
      s2 <- var(x)
      chi2 <- (n - 1) * s2/var
      p <- pchisq(chi2,n - 1)
      p.value <- p
      p.value
}
> chisq.var.test(sq$syl,1,0.05)
```

输入以上命令后，按回车键，得到如下的分析结果：

```
[1] 2.194693e-09
```

通过观察上面的分析结果可以看出，p 值远小于0.05，因此需要拒绝原假设，也就是说，该股票的收益率方差不显著等于1。

4.2.6 双样本方差假设检验的R语言应用

双样本方差的假设检验用来判断两个样本的波动情况是否相同，在金融市场领域应用研究中相当广泛。其基本步骤是：首先提出原假设和备择假设，规定好检验的显著性水平；然后确定适当的检验统计量，并计算检验统计量的值；最后依据计算值和临界值的比较做出统计决策。

例4-10：为了研究某两支基金的收益率波动情况是否相同，某课题组对该两支基金的连续20天的收益率情况进行了调查研究，调查得到的数据经整理后如表4-7所示。试使用Stata12.0对该数据资料进行假设检验其方差是否相同(设定显著性水平为5%)。

表4-7 某两支基金的收益率波动情况

编号	基金A收益率	基金B收益率
1	0.424156	0.261075
2	0.898346	0.165021
3	0.521925	0.760604
4	0.841409	0.37138
5	0.211008	0.379541
⋮	⋮	⋮
18	0.564409	0.967873
19	0.264802	0.582328
20	0.947743	0.7953

在目录G:\2glkx\data下建立al4-5.xls数据文件后，使用的命令如下：

```
> library(RODBC)                    #使用此命令时必须先安装RODBC,见3.9.2节
> z <- odbcConnectExcel("G:/2glkx/data/al4 - 5.xls")
```

```
> sq <- sqlFetch(z,"Sheet1")
> sq
```

执行以上 4 行命令后，得到如下结果：

```
    returnA      returnB
1   0.42415571   0.2610746
      ⋮
20  0.94774264   0.7952999
```

R 语言中的 var.test()函数可完成两样本的 F 检验，即双样本方差的假设检验。

在符号“>”后输入如下命令：

```
> var.test(sq$returnA, sq$returnB)
```

输入以上命令后，按回车键，得到的分析结果如下：

```
> var.test(sq$returnA, sq$returnB)
            F test to compare two variances
  data: sq$returnA and sq$returnB
  F = 0.973, num df = 19, denom df = 19, p-value = 0.953
  alternative hypothesis: true ratio of variances is not equal to 1
  95 percent confidence interval:
   0.3851107   2.4581437
  sample estimates:
  ratio of variances
        0.9729632
```

通过观察上面的分析结果，可以看出：F＝0.973，自由度为 19，两者结合的置信区间是[0.3851107，2.4581437]；p 值＝0.953，远大于 0.05，因此需要接受原假设，也就是说，两支基金的收益率方差（波动）显著相同。

与单一样本 t 检验类似，例如要把显著性水平调到 1％，也就是说，置信水平为 99％，那么操作命令可以相应地修改为

```
> var.test(sq$returnA, sq$returnB,conf.level = 0.99)
```

输入以上命令后，按回车键确认，得到的结果如下：

```
        F test to compare two variances
data: sq$returnA and sq$returnB
F = 0.973, num df = 19, denom df = 19, p-value = 0.953
alternative hypothesis: true ratio of variances is not equal to 1
99 percent confidence interval:
  0.2835181   3.3389665
sample estimates:
ratio of variances
    0.9729632
```

从上面的分析结果中可以看出，此结果与 95％的置信水平不同的地方在于置信区间得到了进一步的放大，这是正常的结果，因为这是要取得更高置信水平所必须付出的代价。

练习题

1. 针对例4-6、例4-7、例4-8、例4-9和例4-10的Excel数据文件使用R语言重新操作一遍，并理解命令结果的统计意义。

2. 某车床加工的缸套外径尺寸为$X\sim N(\mu,\sigma^2)$，下面是测得的10个加工后的某种缸外径尺寸(mm)：90.01，90.01，90.02，90.03，89.99，89.98，89.97，90.00，90.01，89.99。

用Excel软件计算：

(1) μ和σ^2的无偏估计；

(2) μ的置信度为95%的置信区间；

(3) μ的置信度为95%的单侧置信下限；

(4) σ^2的置信度为95%的置信区间；

(5) σ^2的置信度为95%的单侧置信上限。

3. 设甲型号显像管的使用寿命为$X\sim N(\mu,\sigma^2)$，现随机抽取16只作加速寿命试验，测得数据如下：

17380，18820，14580，12475，15800，16428，11965，19268，16390，13680，20248，15450，14740，24610，13975，9520

求：(1) 该显像管平均寿命的置信度为95%的置信区间；

(2) 寿命方差的置信度为95%的置信区间。

4. 继第3题，已测得乙型号显像管的10只的寿命数据如下：

13250，15438，17190，18570，19236，20480，22800，18450，16300，10520

(1) 求甲、乙两种型号显像管平均寿命之差的95%置信区间；

(2) 求两种显像管寿命方差比的90%置信区间。

5. 在水平$\alpha=0.05$下检验第3题中甲型号显像管的期望寿命是否显著高于15000小时。

6. 在水平$\alpha=0.05$下检验第3、4题中甲、乙型号显像管的期望寿命是否存在显著差异。

7. 在水平$\alpha=0.02$下检验第3、4题中甲、乙型号显像管寿命是否是同方差的。

8. 为提高某种金属材料的抗拉强度，试验了新的热处理工艺。对新旧工艺处理的各13批材料进行了抗拉强度试验，测得数据如下：

新工艺：31，34，30，27，33，35，38，34，30，36，31，32，35

原工艺：28，24，26，29，30，31，28，27，29，28，30，25，26

设两总体服从同方差正态分布，在给定显著性水平$\alpha=0.01$下，检验：

(1) 新旧工艺处理材料的平均抗拉强度之间是否有显著差异？

(2) 新工艺生产的材料抗拉强度是否比原工艺有显著提高？

(3) 在水平$\alpha=0.02$下，关于两总体方差相等的假定是否成立？

9. 设新车的首次故障行驶里程数服从正态分布，现在测量得到甲、乙两种品牌轿车首次故障行驶里程的数据如下：

甲品牌：1200，1400，1580，1700，1900

乙品牌：1100，1300，1800，2000，2400

(1) 在水平 $\alpha=0.02$ 下,检验两种轿车的首次故障行驶里程是否是同方差的;

(2) 在水平 $\alpha=0.05$ 下,检验乙品牌轿车的平均首次故障行驶里程是否显著高于甲品牌轿车。

10. 为分析体育疗法对治疗高血压的效果,对10个高血压患者分别测定了他们在进行体育疗法前后的舒张压,测得数据如下:

患者编号	1	2	3	4	5	6	7	8	9	10
治疗前	112	113	134	110	125	117	108	120	119	138
治疗后	104	96	130	90	108	119	92	90	102	121

在水平 $\alpha=0.01$ 下,检验体育疗法对高血压患者是否有显著疗效。

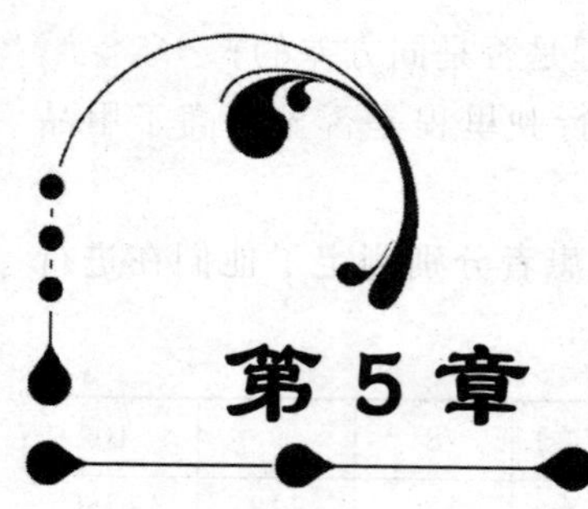

第5章 线性回归分析的R语言应用

在现实世界中，一个事物的运动变化总是与其他事物相关联，有的存在因果关系。这种因果关系有的是线性的，有的是非线性的。当预测对象与其影响的关系是线性的，且只有一个影响因素时，则可用一元线性回归方法建立其一元线性回归预测模型，来表述和分析其因果关系；当有两个或多个影响因素同时作用于一个预测对象时，则用多元线性回归法建立多元线性回归预测模型。

5.1 一元线性回归分析基本理论

5.1.1 一元线性回归分析的OLS估计

一元线性回归预测模型是最基本的回归模型，其数学表达式是

$$\hat{y} = \beta_0 + \beta_1 x + \varepsilon \tag{5-1}$$

式中：$\hat{y}$——预测对象，因变量或被解释变量的预测值；

x——影响因素，自变量或解释变量的相应值；

β_0、β_1——待估计的参数，称为回归系数；

ε——偏差，或估计误差，或残差，有些书用 e 表示。

为了估计参数 β_0、β_1，最常用的方法是最小二乘法。首先，要收集预测对象 y 及相关因素 x 的数据样本 n 对(实际值)：

$$(y_1, x_1), (y_2, x_2), \cdots, (y_n, x_n)$$

再将其描绘在坐标图上(x 为横轴，y 为纵轴)，当这 n 对数据点近似呈直线分布时，则可以用一元线性回归模型(见式(5-1))，式中 $\beta_0+\beta_1 x=y$ 应是预测对象的实际值，因而对应样本中的每一个 x_i 都有一个 y_i 的估计值$\hat{y}_i$，$i=1,2,\cdots,n$；y_i 与$\hat{y}_i$ 之间存在一个偏差 ε_i，于是有

$$\varepsilon_i = y_i - \hat{y}_i = y_i - \beta_0 - \beta_1 x_i$$

设

$$Q = \sum_{i=1}^{n} \varepsilon_i^2 = \sum_{i=1}^{n} (y_i - \beta_0 - \beta_1 x_i)^2$$

可见，Q 是参数 β_0、β_1 的函数。为了求 Q 的最小值，可利用极值原理：

$$\frac{\partial Q}{\partial \beta_0} = 0, \quad \frac{\partial Q}{\partial \beta_1} = 0$$

即

$$\begin{cases} \dfrac{\partial Q}{\partial \beta_0} = -2\sum_{i=1}^{n}(y_i-\beta_0-\beta_1 x_i) = 2\sum_{i=1}^{n}(\beta_0+\beta_1 x_i - y_i) = 0 \\ \dfrac{\partial Q}{\partial \beta_1} = -2\sum_{i=1}^{n}x_i(y_i-\beta_0-\beta_1 x_i) = 2\sum_{i=1}^{n}x_i(\beta_0+\beta_1 x_i - y_i) = 0 \end{cases}$$

求解此联立方程可得

$$\beta_1 = \frac{n\sum_{i=1}^{n}x_i y_i - \sum_{i=1}^{n}x_i\sum_{i=1}^{n}y_i}{n\sum_{i=1}^{n}x_i^2 - \left(\sum_{i=1}^{n}x_i\right)^2}, \quad \beta_0 = \frac{1}{n}\sum_{i=1}^{n}y_i - \frac{\beta_1}{n}\sum_{i=1}^{n}x_i$$

令

$$\bar{x} = \frac{1}{n}\sum_{i=1}^{n}x_i, \quad \bar{y} = \frac{1}{n}\sum_{i=1}^{n}y_i$$

简记 $\sum_{i=1}^{n}$ 为 $\sum$，则有

$$\beta_1 = \frac{\sum x_i y_i - \bar{x}\sum y_i}{\sum x_i^2 - \bar{x}\sum x_i}$$

$$\beta_0 = \bar{y} - \beta_1\bar{x}$$

例 5-1：某地某工业部门近 8 年来专门人才数 y（百人）与职工人数 x（万人）的数据如表 5-1 所示。

表 5-1　近 8 年来专门人才数（百人）与职工人数（万人）数据

序号	x_i	y_i	x_i^2	y_i^2	$x_i\,y_i$
1	1.30	4.88	1.6900	23.8144	6.3440
2	1.34	5.19	1.7956	26.9361	6.9546
3	1.40	6.74	1.9600	45.4276	9.4360
4	1.41	7.31	1.9881	53.4361	10.3071
5	1.42	8.23	2.0164	67.7329	11.6866
6	1.53	10.41	2.3409	108.3681	15.9273
7	1.55	11.10	2.4025	123.2100	17.2050
8	1.60	11.80	2.5600	139.2400	18.8800
合计	11.55	65.66	16.7537	588.1652	96.7406

按表 5-1 中的数据可算得，$\bar{x}=1.4438$，$\bar{y}=8.2075$。

$$\beta_1 = \frac{\sum x_i y_i - n\overline{xy}}{\sum x_i^2 - n\bar{x}^2} = \frac{96.7406 - 8\times1.4438\times8.2075}{16.7535 - 8\times1.4438^2} = 24.863$$

$$\beta_0 = \bar{y} - \beta_1\bar{x} = 8.2075 - 24.863\times1.4438 = -27.688$$

则得一元线性回归模型为：

$$\hat{y} = -27.688 + 24.863x \tag{5-2}$$

5.1.2　一元线性回归模型的统计检验

回归模型建立以后，它与实际数据拟合如何？模型的线性关系显著性如何？模型的

有效性如何？要解答这些问题，必须进行数理统计和经济意义的检验。常规的统计检验如下。

1. 标准离差检验

一般用标准离差 s 来检验回归模型预测的精度，算式为

$$s=\sqrt{\frac{1}{n-2}\sum(y_i-\hat{y}_i)^2}$$

希望 s 值愈小愈好，一般要求 $s/\bar{y}<10\%$，根据实际情况可适当放宽到 15%。

对表 5-1 所示的数据，可算得 $s/\bar{y}=0.0479=4.79\%<10\%$，故可认为所得模型式(5-2)有较好的精度。

2. 相关系数检验

可以用相关系数 r 来检验 y 与 x 两变量之间的线性相关的显著程度，其算式为

$$r=\frac{\sum(x_i-\bar{x})(y_i-\bar{y})}{\sqrt{\sum(x_i-\bar{x})^2\sum(y_i-\bar{y})^2}} \tag{5-3}$$

在数学上可以证明：$-1\leqslant r\leqslant 1$，即 $|r|\leqslant 1$，于是有：

- 当 $|r|=1$ 时，实际 y_i 完全落在回归直线上，y 与 x 完全线性相关。
- 当 $0<r<1$ 时，y 与 x 有一定的正线性相关，愈接近 1 则愈好。
- 当 $-1<r<0$ 时，y 与 x 有一定的负线性相关，愈接近 -1 则愈好。

实际的检验操作方法如下：

(1) 按式(5-3)算出相关系数 r 的值。

(2) 拟定显著性水平 α(一般取 $\alpha=0.05$，即 95%的置信度)，再查相关系数表，查表时取自由度 $v=n-2$，得相关系数临界值 r_α。

(3) 判别如下：

- 当 $|r|\geqslant r_\alpha$ 时，y 与 x 在 α 显著水平下显著相关，检验通过。
- 当 $|r|<r_\alpha$ 时，y 与 x 的线性关系不显著，检验未通过。

也可以通过如下途径解决：

要对相关系数的显著性进行检验，首先提出原假设 $H_0:\rho=0$(总体相关系数为 0，表示总体的两变量之间线性相关性不显著)，备择假设 $H_1:\rho\neq 0$(总体相关系数不为 0，表示总体的两变量之间线性相关性显著)。可以证明，当原假设 $H_0:\rho=0$ 成立时，统计量 t 是服从自由度为 $n-2$ 的 t 分布，即

$$t=r\sqrt{n-2}/\sqrt{1-r^2}\sim t(n-2)$$

对于给定的显著性水平 α，查 t 分布表得临界值 $t_{\alpha/2}(n-2)$，将 t 值与临界值进行比较：

- 当 $|t|<t_{\alpha/2}(n-2)$，接受 H_0，表示总体的两变量之间线性相关性不显著。
- 当 $|t|\geqslant t_{\alpha/2}(n-2)$，拒绝 H_0，表示总体的两变量之间线性相关性显著(即样本相关系数的绝对值接近 1，并不是由于偶然机会所致)。

以如表 5-2 所示的数据为例，检验能源消耗量与工业总产值之间的线性相关性是否显著($\alpha=0.05$)。

表 5-2　某地能源消耗量与工业总产值的相关表

能源消耗量(十万吨)	工业总产值(亿元)	能源消耗量(十万吨)	工业总产值(亿元)
35	24	62	41
38	25	64	40
40	24	65	47
42	28	68	50
49	32	69	49
52	31	71	51
54	37	72	48
59	40	76	58

由表 5-2 的数据计算出的相关系数为

$$r=\frac{S_{xy}}{S_xS_y}=\frac{\sum(x-\overline{x})(y-\overline{y})/n}{\sqrt{\sum(x-\overline{x})^2/n}\sqrt{\sum(y-\overline{y})^2/n}}$$

$$=\frac{n\sum xy-\sum x\sum y}{\sqrt{n\sum x^2-\left(\sum x\right)^2}\sqrt{n\sum y^2-\left(\sum y\right)^2}}=0.9757$$

式中，S_{xy} 是变量 x、y 的样本协方差，S_x、S_y 分别为变量 x、y 的样本标准差。

提出原假设和备择假设：

$$H_0:\rho=0 \quad H_1:\rho\neq 0$$

当 $H_0:\rho=0$ 成立时，则统计量为

$$t=r\sqrt{n-2}/\sqrt{1-r^2}\sim t(n-2)$$

实际计算如下：

$$t=0.9757\sqrt{16-2}/\sqrt{1-(0.9757)^2}=16.6616$$

对于给定的 α，查 t 分布表得临界值：

$$t_{\alpha/2}(n-2)=t_{0.025}(14)=2.1448$$

$$|t|=16.6616>t_{0.025}(14)=2.1448$$

所以拒绝原假设，表示总体的两变量之间线性相关性显著，即说明能源消耗量与工业总产值之间存在显著的线性相关关系，所拟合的线性回归方程具有 95% 的置信概率。

3. *F* 检验

F 检验用来检验 y 与 x 之间是否存在显著的线性统计关系。F 检验值用下式计算：

$$F=\frac{\sum_{i=1}^{n}(\hat{y}_i-\overline{y}_i)^2}{\sum_{i=1}^{n}(\hat{y}_i-\overline{y}_i)/(n-2)} \tag{5-4}$$

或

$$F=\frac{r^2}{(1-r^2)/(n-2)} \tag{5-5}$$

检验操作方法如下：

(1) 按式(5-4)、式(5-5)算出 F 的值。

(2) 拟定显著性水平 α(一般取 $\alpha=0.05$,即95%的置信度),取自由度 $v=n-2$,查 F 检验表,得 F 临界值 F_α。

(3) 判别如下:

- 当 $F>F_\alpha$ 时,y 与 x 在 α 显著水平下存在线性统计关系,检验通过,所建模型有效。
- 当 $F<F_\alpha$ 时,检验未通过,所建模型无效。

5.1.3 一元线性回归模型预测的置信区间

一元线性回归模型经过以上检验通过后可用于预测,一般将各项检验值 r、F、DW 注在回归模型之下,以示通过检验的结果。预测时,可将新的自变量 x_0(例如计划值或者由其他模型获得的数值)代入回归计算得出相应的预测值 y_0,但由于预测值有一定的误差,亦即预测结果有一定的波动范围,此范围称为置信区间,其计算方法如下:

(1) 按 $S=\sqrt{\frac{1}{n-2}\sum(y_i-\hat{y}_i)^2}$ 算出标准差 S 的值。

(2) 求算置信区间。

当样本量较大($n\geqslant30$),并取置信度为 $100\times(1-\alpha)$ 时,则置信区间为

$$\hat{y}\pm t_{\alpha/2}S$$

式中,$t_{\alpha/2}$——显著性水平 α,自由度 $n-2$ 时的 t 统计量,可查 t 检验表取得。

当样本量比较小时($n<30$),首先应对标准差进行修正,其修正系数 c_0 按下式计算:

$$c_0=\sqrt{1+\frac{1}{n}+\frac{(x_0-\bar{x})^2}{\sum(x_0-\bar{x})^2}}$$

然后计算置信区间:

$$\hat{y}\pm t_{\alpha/2}c_0S$$

5.2 一元线性回归分析的R语言应用

例5-2:某公司为研究销售人员数量对新产品销售额的影响,从其下属多家公司中随机抽取10个子公司,这10个子公司当年新产品销售额和销售人员数量统计数据如表5-3所示。试用简单回归分析方法研究销售人员数量对新产品销售额的影响。

表5-3 新产品销售额和销售人员数量统计数据

地区	新产品销售额/万元	销售人员数量/人
1	385	17
2	251	10
3	701	44
4	479	30
5	433	22
6	411	15
7	355	11
8	217	5
9	581	31
10	653	36

在目录G:\2glkx\data下建立al5-1.xls数据文件后,使用的命令如下:

```
> library(RODBC)  #使用此命令时必须先安装RODBC,见3.9.2节
> z<- odbcConnectExcel("G:/2glkx/data/al5-1.xls")
> sq<- sqlFetch(z,"Sheet1")
> close(z)
> sq
```

执行以上5行命令后,得到如下结果:

```
    dq  xse  rs
1   1   385  17
⋮
10  10  653  36
```

1. 对数据进行描述性分析

在符号">"后输入如下命令:

```
> y<- sq$xse; x<- sq$rs
> d<- data.frame(y,x)
> summary(d)  #这些命令是对年份、通货膨胀率、失业率等变量进行详细描述性分析
```

输入以上3行命令后,按回车键,得到如下分析结果。

```
         y               x
Min.    :217.0   Min.    : 5.00
1st Qu. :362.5   1st Qu. :12.00
Median  :422.0   Median  :19.50
Mean    :446.6   Mean    :22.10
3rd Qu. :555.5   3rd Qu. :30.75
Max.    :701.0   Max.    :44.00
```

通过观察上面的结果,可以得到很多信息,包括2个最小值、2个第一百分位数、2个中位数、2个平均值、2个最大值等。信息描述如下。

(1) 最小值(Smallest)。

变量xse的最小值是217.0。

变量rs的最小值是5.00。

(2) 百分位数。

可以看出,变量xse的第1个四分位数(25%)是362.5,第3个四分位数(75%)是555.5。变量rs的第1个四分位数(25%)是12.00,第3个四分位数(75%)是30.75。

(3) 中位数(median)。

变量xse的中位数是422.0。

变量unwork的中位数是19.50。

(4) 平均值(Mean)。

变量xse的平均值是446.6。

变量rs的平均值是22.10。

(5) 最大值(Largest)。

变量 xse 的最大值是 701.0。

变量 rs 的最大值是 44.00。

2. 对数据进行相关分析

在符号“>”后输入如下命令：

```
> cor(y,x)   # 本命令是对新产品销售额、销售人员人数等变量进行相关性分析
```

输入完后，按回车键，得到如下分析结果：

```
[1]  0.9699062
```

通过观察上面的结果，可以看出 xse 和 rs 之间的相关系数为 0.9699062，这说明两个变量之间存在很强的正相关关系，所以可以对其进行回归分析。

3. 对数据进行回归分析

在符号“>”后输入如下命令：

```
> lm.reg <- lm(y~1 + x)   # 本命令是对 xse、rs 等变量进行简单回归分析
> summary(lm.reg)
```

每输入完一行命令后，按回车键，最后得到如下分析结果：

```
Call:
lm(formula = y ~ 1 + x)
Residuals:
    Min       1Q      Median     3Q       Max
 -64.225  -18.702   -5.799   33.678   51.240
Coefficients:
             Estimate Std. Error t value Pr(>|t|)
(Intercept) 176.295   27.327    6.451   0.000198 ***
x            12.231    1.086   11.267   3.46e-06 ***
---
Signif. codes: 0 '***' 0.001 '**' 0.01 '*' 0.05 '.' 0.1 ' ' 1
Residual standard error: 41.38 on 8 degrees of freedom
Multiple R-squared: 0.9407, Adjusted R-squared: 0.9333
F-statistic: 126.9 on 1 and 8 DF, p-value: 3.46e-06
```

通过观察上面的结果，可以看出模型的 F 值=126.9，p 值为 0，说明该模型整体上是非常显著的。模型的可决系数 R-squared=0.9407，修正的可决系数 Adjusted R-squared=0.9333，说明模型的解释能力是很强的。

模型的回归方程是

$$xse = 12.231 \times rs + 176.295 \quad (\text{其中 xse 表示新产品的销售额})$$

变量 rs 的系数标准误是 1.086，t 值为 11.267，p 值为 0.00，系数是非常显著的。常数项的系数标准误是 27.327，t 值为 6.451，p 值为 0.000198，变量 x 的系数是非常显著的。

4. 求参数的置信区间

R 语言软件可以用函数 confint()求参数的置信区间。

```
> confint(lm.reg,level = 0.95)
```

执行以上命令后，得到如下结果：

```
                2.5 %     97.5 %
(Intercept)  113.279335  239.31107
x              9.727714   14.73426
```

5. 预测分析

若要求 rs=40 时相应 xse 的置信水平为 0.95 的预测值和预测区间，可用 predict()函数求预测值和预测区间。

```
> point <- data.frame(x = 40)
> lm.pred <- predict(lm.reg,point,interval = "prediction",level = 0.95)
> lm.pred
```

执行以上 3 行命令后，得到如下结果：

```
       fit      lwr      upr
1 665.5347 555.8868 775.1825
>q()          #退出 R 语言
```

注意：

(1) 对线性的第一种解释是指 y 是 x 的线性函数，比如，$y=\alpha+\beta x$。

(2) 对线性的第二种解释是指 y 是参数的一个线性函数，它可以不是变量 x 的线性函数。比如，$y=\alpha+\beta x^2$ 就是一个线性回归模型，但 $y=\alpha+\sqrt{\beta}x$ 则不是。

(3) 这里线性回归一词总是指参数 β 为线性的一种回归(即参数只以一次方出现)，对解释变量 x 则可以是或不是线性的。

(4) 有些模型看起来不是线性回归模型，但经过一些基本代数变换可以转换成线性回归模型。例如，$y_t=Ax_t^\beta e^{ut}$，通过做对数变换，可以转化为线性回归模型。

5.3　多元线性回归分析基本理论

5.3.1　多元线性回归模型假设

当预测对象 y 同时受到多个解释变量 $x_1,x_2,\cdots,x_m$ 影响，且各个 $x_j(j=1,2,\cdots,m)$ 与 y 都近似地表现为线性相关时，则可建立多元线性回归模型来进行预测和分析，模型为

$$\hat{y}=\hat{\beta}_0+\hat{\beta}_1x_1+\hat{\beta}_2x_2+\cdots+\hat{\beta}_mx_m+\varepsilon_i \tag{5-6}$$

对 $i(i=1,2,\cdots,n)$ 个样本均可写出

$$y=\beta_0+\beta_1x_{1i}+\beta_2x_{2i}+\cdots+\beta_mx_{mi}+\varepsilon_i,\quad i=1,2,\cdots,n \tag{5-7}$$

式中，$\beta_0,\beta_1,\cdots,\beta_m$——模型的回归系数；

ε——随机干扰误差。

模型(5-6)可以用最小二乘法来估计其参数，也可用矩阵解法。

此模型的基本假定如下：

假定 1：解释变量 X 不是随机变量。在一个样本中，X 的值不能完全相同。

假定 2：误差项的均值为 0，即 $E(\varepsilon_i|X_i)=0$。

假定 3：误差项同方差，即 $\text{Var}(\varepsilon_i|X_i)=\sigma^2, i=1,2,\cdots,n$。

假定 4：误差项无序列相关，即 $\text{Cov}(\varepsilon_i,\varepsilon_j)|X_iX_j)=0, i\neq j$。

假定 5：解释变量之间没有完全的多重共线性(仅适用于多元模型)。

说明：违反第一条假定，即 X 是随机变量且同时和随机误差项相关，即出现了随机解释变量问题，就会违反第三条假定，即出现了异方差性，也就会违反第四条和第五条假定，即出现了序列相关性和多重共线性。

另外，在模型估计时，在前述 5 条假定的基础上还可以加上以下的一些假定：

假定 6：回归模型对参数是线性的。

假定 7：样本容量必须大于待估计的参数个数。

假定 8：模型设定是正确的。

假定 9：$\text{cov}(\varepsilon_t,x_t)=0$，即误差与变量是独立的。

假定 10：随机误差项服从正态分布。

5.3.2 多元线性回归模型的矩阵解法

当已知 n 组自变量 $x_j(j=1,2,\cdots,m)$ 和因变量 y 的观测值时，则可写出 n 个方程式的方程组，其中未知数为 $m+1$ 个回归系数。该方程组可写成矩阵形式：

$$\boldsymbol{Y}=\boldsymbol{X\beta}+\varepsilon$$

$$\boldsymbol{Y}=\begin{bmatrix} y_1 \\ y_2 \\ \vdots \\ y_n \end{bmatrix},\quad \boldsymbol{X}=\begin{bmatrix} 1 & x_{11} & \cdots & x_{m1} \\ 1 & x_{12} & \cdots & x_{m2} \\ \vdots & \vdots & \ddots & \vdots \\ 1 & x_{1n} & \cdots & x_{mn} \end{bmatrix},\quad \boldsymbol{\beta}=\begin{bmatrix} \beta_0 \\ \beta_1 \\ \vdots \\ \beta_m \end{bmatrix},\quad \boldsymbol{\varepsilon}=\begin{bmatrix} \varepsilon_1 \\ \varepsilon_2 \\ \vdots \\ \varepsilon_n \end{bmatrix}$$

因为 $\boldsymbol{X}$ 矩阵中一般 $n\neq m$，故 $\boldsymbol{X}$ 无法求逆；为求解 $\boldsymbol{\beta}$ 可两边左乘 $\boldsymbol{X}^{\mathrm{T}}$，得

$$\boldsymbol{X}^{\mathrm{T}}\boldsymbol{Y}=\boldsymbol{X}^{\mathrm{T}}\boldsymbol{X\beta}$$

而 $\boldsymbol{X}^{\mathrm{T}}\boldsymbol{X}$ 为方阵，可求逆，则可得

$$\boldsymbol{\beta}=(\boldsymbol{X}^{\mathrm{T}}\boldsymbol{X})^{-1}\boldsymbol{X}^{\mathrm{T}}\boldsymbol{Y}=\begin{bmatrix} \beta_0 \\ \beta_1 \\ \vdots \\ \beta_m \end{bmatrix}$$

5.3.3 多元线性回归模型的统计检验

1. 标准离差检验

(1) 因变量标准差 S 检验。

$$S=\sqrt{\frac{\boldsymbol{Y}^{\mathrm{T}}\boldsymbol{Y}-\boldsymbol{\beta}^{\mathrm{T}}\boldsymbol{X}^{\mathrm{T}}\boldsymbol{Y}}{n-m-1}} \tag{5-8}$$

(2) 各个回归系数标准差 $S_{\beta i}(i=0,1,2,\cdots,m)$ 的检验。

$$S_{\beta i}=\sqrt{C_{ii}}S(i=0,1,\cdots,m) \tag{5-9}$$

式中 C_{ii}——$(\boldsymbol{X}^{\mathrm{T}}\boldsymbol{X})^{-1}$ 矩阵主对角线上的第 i 项的值。

2. 相关系数检验

$$R=\sqrt{\frac{\boldsymbol{\beta}^{\mathrm{T}}\boldsymbol{X}^{\mathrm{T}}\boldsymbol{Y}-n\bar{y}^2}{\boldsymbol{Y}^{\mathrm{T}}\boldsymbol{Y}-n\bar{y}^2}} \tag{5-10}$$

R 值愈接近 1 愈好，可查相关系数检验表。

为了说明多元线性回归线对样本观测值的拟合情况，可以考察在 $\boldsymbol{Y}$ 的总变差中有多个解释变量做出了解释的那部分变差的比重，即回归平方和与总离差平方和的比重，在多元回归中这一比重称为多重可决系数，用 R^2 表示。

1）变差

$$\sum(y_i-\bar{y})^2=\sum(\hat{y}_i-\bar{y})^2+\sum(y_i-\hat{y})^2$$

模型所要解释的是 y 相对于其均值的波动性。

总离差平方和 = 回归平方和 + 残差平方和

TSS = RSS + ESS

2）自由度

$$n-1=(n-k)+(k-1)$$

定义

$$R^2=\frac{\mathrm{ESS}}{\mathrm{TSS}}$$

$$R^2=\frac{\mathrm{TSS}-\mathrm{RSS}}{\mathrm{TSS}}=1-\frac{\mathrm{RSS}}{\mathrm{TSS}}=1-\frac{\sum e_i^2}{\sum(y_i-\bar{y})^2}$$

多重可决系数可用矩阵表示，因为

$$\mathrm{TSS}=Y'Y-n\bar{y}^2$$

$$\mathrm{ESS}=\hat{\beta}X'Y-n\bar{y}^2$$

所以

$$R^2=\frac{\mathrm{ESS}}{\mathrm{TSS}}=\frac{\hat{\beta}X'Y-n\bar{y}^2}{Y'Y-n\bar{y}^2}$$

由此可知：

$$R^2=\frac{\hat{\beta}X'Y-n\bar{y}^2}{Y'Y-n\bar{y}^2}=\frac{\hat{\beta}_2\sum x_{2i}y_i+\hat{\beta}_3\sum x_{3i}y_i+\cdots+\hat{\beta}_k\sum x_{ki}y_i}{\sum y_i^2}$$

可见多重可决系数是模型中解释变量个数的不减函数，也就是说，随着模型中解释变量的增加，多重可决系数 R^2 的值会增大。当被解释变量相同而解释变量个数不同时，会给运用多重可决系数比较两个模型的拟合程度带来缺陷。这时模型的解释变量个数不同，不能简单地直接对比多重可决系数。可决系数只涉及变差，没有考虑自由度(可自由变化的样本观测个数，等于所用样本观测值的个数减去对观测值的约束个数)。显然，如果用自由度去校正所计算的变差，可以纠正解释变量个数不同引起的对比困难。因为在样本容量一定的情况下，增加解释变量必定使得待估参数的个数增加，从而会损失自由度，为此可以用自由度去修正多重可决系数中的残差平方和与回归平方和，有：

$$R^2=1-\frac{\sum e_i^2/(n-k)}{\sum(y_i-\bar{y})^2/(n-1)}=1-\frac{n-1}{n-k}\frac{\sum e_i^2}{\sum(y_i-\bar{y})^2}$$

修正可决系数与可决系数的关系如下：

$$\bar{R}^2 = 1-(1-R^2)\frac{n-1}{n-k}$$

可见：$k>1$ 时，$\bar{R}^2<R^2$，这意味着随着解释变量的增加，$\bar{R}^2<R^2$，若 $\bar{R}^2$ 为负数时，规定 $\bar{R}^2=0$。

3. *F* 检验

F 检验用来检验多元线性回归模型的总体效果。

$$F=\frac{\boldsymbol{\beta}^{\mathrm{T}}\boldsymbol{X}^{\mathrm{T}}Y}{mS^2}=\frac{\mathrm{ESS}/m}{\mathrm{RSS}/(n-m-1)}\sim F(m,n-m-1) \tag{5-11}$$

计算出 F 值后，再查 F 检验表得 F_α，当 $F\geqslant F_\alpha$ 时，检验通过，模型有效。

4. *t* 检验

t 检验用来检验回归系数 $\hat{\beta}_1,\hat{\beta}_2,\cdots,\hat{\beta}_m$ 的统计意义，即检验自变量 $x_1,x_2,\cdots,x_m$ 对 y 的影响显著与否。

$$t_{\beta i}=\hat{\beta}_i/S_{\beta i}(i=1,2,\cdots,m)\sim t(n-m-1)$$

按此式算出 $t_{\beta i}$ 值后，再查 t 检验表得 $t_{\alpha/2}$。$t_{\beta i}>t_{\alpha/2}$ 时，检验通过；否则，应剔除相应的自变量。

5. 预测置信区间的确定

按正态分布理论，当取置信度为95%时，预测值置信区间为

$$\hat{y}=\bar{y}_0\pm 2S$$

要注意的是，在多元线性回归模型的构建中，可能会遇到多重共线性的问题。多重共线性是指自变量之间存在线性关系或接近线性关系。如果它们完全相关，则 $(\boldsymbol{X}^{\mathrm{T}}\boldsymbol{X})^{-1}$ 不存在，最小二乘法就失效了；应用最小二乘法估计回归系数的一个重要条件就是自变量之间为不完全的线性相关。如果这种相关程度较低，其影响可以忽略；但若高度相关，则回归系数无效或无意义，因而所建模型无效。这时应选择其他新的自变量以替换相关的变量或采用其他方法来建立模型。关于这部分内容，将在后面的章节讨论。

5.4 多元线性回归分析的R语言应用

例 5-3：为了检验美国电力行业是否存在规模经济，Nerlove(1963)搜集了1955年145家美国电力企业的总成本(TC)、产量(Q)、工资率(PL)、燃料价格(PF)及资本租赁价格(PK)的数据，如表5-4所示。试以总成本为因变量，以产量、工资率、燃料价格和资本租赁价格为自变量，利用多元线性回归分析方法研究它们之间的关系。

表 5-4 美国电力行业数据

编号	TC/百万美元	Q/千瓦时	PL/美元/千瓦时	PF/美元/千瓦时	PK/美元/千瓦时
1	0.082	2	2.09	17.9	183
2	0.661	3	2.05	35.1	174
3	0.99	4	2.05	35.1	171
4	0.315	4	1.83	32.2	166

续表

编号	TC/百万美元	Q/千瓦时	PL/美元/千瓦时	PF/美元/千瓦时	PK/美元/千瓦时
5	0.197	5	2.12	28.6	233
6	0.098	9	2.12	28.6	195
⋮	⋮	⋮	⋮	⋮	⋮
143	73.05	11796	2.12	28.6	148
144	139.422	14359	2.31	33.5	212
145	119.939	16719	2.3	23.6	162

在目录 G:\2glkx\data 下建立 al5-2.xls 数据文件后，使用的命令如下：

```
> library(RODBC)  # 使用此命令时必须先安装 RODBC,见 3.9.2 节
> z <- odbcConnectExcel("G:/2glkx/data/al5 - 2.xls")
> sq <- sqlFetch(z,"Sheet1")
> close(z)
> sq
```

执行以上 5 行命令后，得到如下结果：

```
      TC       Q    PL    PF   PK
1    0.082     2   2.09  17.9  183
⋮
145 119.939 16719  2.30  23.6  162
```

1. 对数据进行描述性分析

在符号“>”后输入如下命令：

```
> y <- sq$TC; x1 <- sq$Q; x2 <- sq$PL; x3 <- sq$PF; x4 <- sq$PK
> d <- data.frame(y,x1,x2,x3,x4)
> summary(d)
# 这些命令的含义是对总成本(TC)、产量(Q)、工资率(PL)、燃料价格(PF)及资本租赁价格(PK)等变量进行详细的描述性分析
```

输入以上 3 行命令后，按回车键，得到如下分析结果：

```
       y                 x1                x2                x3
Min.   :  0.082   Min.   :    2   Min.   : 1.450   Min.   : 10.30
1st Qu.:  2.382   1st Qu.:  279   1st Qu.: 1.760   1st Qu.: 21.30
Median :  6.754   Median : 1109   Median : 2.040   Median : 26.90
Mean   : 12.976   Mean   : 2133   Mean   : 1.972   Mean   : 26.18
3rd Qu.: 14.132   3rd Qu.: 2507   3rd Qu.: 2.190   3rd Qu.: 32.20
Max.   :139.422   Max.   :16719   Max.   : 2.320   Max.   : 42.80
      x4
Min.   :138.0
1st Qu.:162.0
Median :170.0
Mean   :174.5
3rd Qu.:183.0
Max.   :233.0
```

通过观察上面的结果，可以得到很多信息，如5个最小值、第一百分位数、中位数、平均值、最大值等。更多的信息描述如下。

(1) 5个最小值(Smallest)。

总成本(TC)最小值是0.082。

产量(Q)最小值是2。

工资率(PL)最小值是1.450。

燃料价格(PF)最小值是10.30。

资本租赁价格(PK)最小值是138.0。

(2) 百分位数。

5个变量的第一百分位数分别是2.382，279，1.760，21.30，162.0。

5个变量的第三百分位数分别是14.132，2507，2.190，32.20，233.0。

(3) 5个中位数(median)。

5个变量的中位数分别是6.754，1109，2.040，26.90，170.0。

(4) 5个平均值(Mean)。

5个变量的平均值分别是12.976，2133，1.972，26.18，174.5。

(5) 5个最大值(Largest)。

5个变量的最大值分别是139.422，16719，2.320，42.80，233.0。

2. 对数据进行相关分析

在符号"＞"后输入如下命令：

```
> d <- data.frame(y,x1,x2,x3,x4)
> cor(d)
```

输入完以上2行命令后，按回车键，得到如下分析结果。

```
            y            x1           x2           x3            x4
y   1.00000000   0.952503699   0.2513375   0.03393519   0.027202000
x1  0.95250370   1.000000000   0.1714499  -0.07734943   0.002869139
x2  0.25133754   0.171449901   1.0000000   0.31370293  -0.178145470
x3  0.03393519  -0.077349434   0.3137029   1.00000000   0.125428217
x4  0.02720200   0.002869139  -0.1781455   0.12542822   1.000000000
```

通过观察上面的结果，可以看到变量TC与各个变量之间的相关关系还是可以接受的，可以进行下面的回归分析。

3. 对数据进行回归分析

在符号"＞"后输入如下命令：

```
> lm.reg <- lm(y~1 + x1 + x2 + x3 + x4)
#本命令是对总成本(TC)、产量(Q)、工资率(PL)、燃料价格(PF)及资本租赁价格(PK)等变量进行多元回归分析
> summary(lm.reg)
```

每输入完一条命令后，按回车键，最后得到如下分析结果：

```
Call:
lm(formula = y ~ 1 + x1 + x2 + x3 + x4)
Residuals:
   Min       1Q     Median     3Q      Max
-17.814   -1.609   -0.092   2.231   43.761
   Coefficients:
              Estimate Std. Error t value Pr(>|t|)
(Intercept)  -2.222e+01  6.587e+00  -3.373  0.000961  ***
x1            6.395e-03  1.629e-04  39.258  < 2e-16   ***
x2            5.655e+00  2.176e+00   2.598  0.010366  *
x3            2.078e-01  6.410e-02   3.242  0.001482  **
x4            2.844e-02  2.650e-02   1.073  0.285088
---
Signif. codes: 0 '***' 0.001 '**' 0.01 '*' 0.05 '.' 0.1 ' ' 1
Residual standard error: 5.579 on 140 degrees of freedom
Multiple R-squared: 0.9228, Adjusted R-squared: 0.9206
F-statistic: 418.1 on 4 and 140 DF, p-value: < 2.2e-16
```

通过观察上面的分析结果,可以看出:模型的 F 值=418.12,p 值=0.0000,说明模型整体上是非常显著的。模型的可决系数 R-squared=0.9228,修正的可决系数 Adjusted R-squared =0.9206,说明模型的解释能力是可以的。

模型的回归方程是

$$TC=0.006395Q+5.655PL+0.2078PF+0.02844PK-22.22$$

变量 Q 系数标准误是 0.0001629,t 值为 39.258,p 值为 0.000,系数是非常显著的。变量 PL 系数标准误是 2.176,t 值为 2.598,p 值为 0.010,系数是非常显著的。变量 PF 系数标准误是 0.06410,t 值为 3.242,p 值为 0.001,系数是非常显著的。变量 PK 系数标准误是 0.0265,t 值为 1.073,p 值为 0.285,系数是非常不显著的。常数项的系数标准误是 22.22,t 值为 −3.373,p 值为 0.000961,系数是非常显著的。

综合上面的分析,可以看出:美国电力企业的总成本(TC)受到产量(Q)、工资率(PL)、燃料价格(PF)、资本租赁价格(PK)的影响,美国电力行业存在规模经济特征。

应注意上面的模型中 PK 的系数是不显著的,下面把该变量剔除后重新进行回归分析,命令如下:

```
> lm.reg<-lm(y~1+x1+x2+x3)
> summary(lm.reg)
```

输入完以上 2 行命令后,按回车键,则得到如下分析结果:

```
Call:
lm(formula = y ~ 1 + x1 + x2 + x3)
Residuals:
    Min      1Q    Median     3Q      Max
 -17.290  -1.503   -0.385   2.179   44.779
Coefficients:
              Estimate Std.   Error     t value   Pr(>|t|)
 Intercept)  -1.654e+01  3.928e+00   -4.212   4.48e-05   ***
x1            6.406e-03  1.627e-04   39.384   < 2e-16    ***
x2            5.098e+00  2.115e+00    2.411   0.017208   *
x3            2.217e-01  6.283e-02    3.528   0.000565   ***
```

```
---
Signif. codes: 0 '***' 0.001 '**' 0.01 '*' 0.05 '.' 0.1 '' 1
Residual standard error: 5.582 on 141 degrees of freedom
Multiple R-squared: 0.9221, Adjusted R-squared: 0.9205
F-statistic: 556.5 on 3 and 141 DF, p-value: < 2.2e-16
> q()     # 退出 R
```

从上面分析结果可见，模型整体依旧是非常显著的。模型的可决系数以及修正的可决系数变化不大，说明模型的解释能力几乎没有变化。其他变量(含常数项的系数)都非常显著，模型接近完美。可以把回归结果作为最终的回归模型方程，即

$$TC=0.006406Q+5.098PL+0.2217PF-16.54$$

从上面的分析可以看出，美国电力企业的总成本受到产量、工资率、燃料价格的影响。总成本随着这些变量值的升高而升高、降低而降低。

值得注意的是：产量的增加引起总成本的相对变化是很小的，所以，从经济意义上说，美国电力行业存在规模经济特征。

5.5 稳健线性回归分析的R语言应用

5.5.1 线性回归中的几个术语

先介绍几个线性回归(linear regression)中的术语。

(1) 残差(residual)：基于回归方程的预测值与观测值的差。

(2) 离群点(outlier)：线性回归中的离群点是指对应残差较大的观测值。也就是说，当某个观测值与基于回归方程的预测值相差较大时，该观测值即可视为离群点。离群点的出现一般是因为样本自身较为特殊或者数据录入错误导致的，当然也可能是其他问题。

(3) 杠杆率(leverage)：当某个观测值所对应的预测值为极端值时，该观测值称为高杠杆率点。杠杆率衡量的是独立变量对自身均值的偏异程度。高杠杆率的观测值对于回归方程的参数有重大影响。

(4) 影响力点(influence)：若某观测值的剔除与否对回归方程的系数估计有显著影响，则该观测值是具有影响力的，称为影响力点。影响力是高杠杆率和离群情况引起的。

(5) Cook 距离(Cook's distance)：综合了杠杆率信息和残差信息的统计量。

使用最小二乘回归时，有时候会遇到离群点和高杠杆率点。此时，若认定离群点或者高杠杆率点的出现并非因为数据录入错误或者该观测值来自另外一个总体的话，使用最小二乘回归会变得很棘手，因为数据分析者因为没有充分的理由剔除离群点和高杠杆率。此时稳健回归是极佳的替代方案。稳健回归在剔除离群点或者高杠杆率点和保留离群点或高杠杆率点并像最小二乘法那样平等使用各点之间找到了一个折中。其在估计回归参数时，根据观测值的稳健情况对观测值进行赋权。简言之，稳健回归是加权最小二乘回归，或称稳健最小二乘回归。

MASS 包中的 rlm 命令提供了不同形式的稳健回归拟合方式。接下来，以基于 Huber 方法和 bisquare 方法下的 M 估计为例来进行演示。这是两种最为基本的 M 估计方法。在 M 估计中，要做的事情是在满足约束 $\sum_{i=1}^{n} w_i(y_i-x'b)x'_i=0$ 时，求出使得 $\sum_{i=1}^{n} w_i^2 e_i^2$ 最小的参

数。由于权重的估计依赖于残差,而残差的估计又反过来依赖于权重。因此,需用迭代重复加权最小二乘(Iteratively Reweighted Least Squares,IRLS)来估计参数。举例来说,第 j 次迭代得到的系数矩阵为 $\boldsymbol{B}_j=[\boldsymbol{X}'w_{j-1}\boldsymbol{X}]^{-1}\boldsymbol{X}'w_{j-1}\boldsymbol{Y}$,这里下标表示求解过程中的迭代次数,而不是通常的行标或者列标,持续这一过程,直到结果收敛为止。在 Huber 方法下,残差较小的观测值被赋予的权重为 1,残差较大的观测值的权重随着残差的增大而递减。而在 bisquare 方法下,所有的非 0 残差所对应的观测值的权重都是递减的。

5.5.2 数据描述

下面用到的数据是 Alan Agresti 和 Barbara Finlay 所著的 *Statistical Methods for Social Sciences*(Third Edition,Prentice Hall, 1997)中的 crime 数据集。该数据集的变量分别是

```
state id (sid),
state name (state),
violent crimes per 100,000 people (crime),
murders per 1,000,000 (murder),
the percent of the population living in metropolitan areas (pctmetro),
the percent of the population that is white (pctwhite),
percent of population with a high school education or above (pcths),
percent of population living under poverty line (poverty),
percent of population that are single parents (single).
```

该数据集共有 51 个观测值。接下来用数据集中的 poverty 和 single 变量来预测 crime:

```
> ibrary(foreign)
> cdata <- read.dta("http://www.ats.ucla.edu/stat/data/crime.dta")
> summary(cdata)
```

执行以上 3 行命令后,得到如下结果:

```
      sid             state               crime              murder
Min.   :  1.0   Length:          51   Min.   :  82.0   Min.   : 1.600
1st Qu.: 13.5   Class :   character   1st Qu.: 326.5   1st Qu.: 3.900
Median : 26.0   Mode  :   character   Median : 515.0   Median : 6.800
Mean   : 26.0                         Mean   : 612.8   Mean   : 8.727
3rd Qu.: 38.5                         3rd Qu.: 773.0   3rd Qu.: 10.350
Max.   : 51.0                         Max.   : 2922.0  Max.   : 78.500
    pctmetro          pctwhite          pcths            poverty
Min.   : 24.00   Min.   : 31.80   Min.   : 64.30   Min.   : 8.00
1st Qu.: 49.55   1st Qu.: 79.35   1st Qu.: 73.50   1st Qu.: 10.70
Median : 69.80   Median : 87.60   Median : 76.70   Median : 13.10
Mean   : 67.39   Mean   : 84.12   Mean   : 76.22   Mean   : 14.26
3rd Qu.: 83.95   3rd Qu.: 92.60   3rd Qu.: 80.10   3rd Qu.: 17.40
Max.   : 100.00  Max.   : 98.50   Max.   : 86.60   Max.   : 26.40
     single
Min.   : 8.40
1st Qu.:10.05
```

```
Median :10.90
Mean   :11.33
3rd Qu.:12.05
Max.   :22.10
```

5.5.3 普通最小二乘(OLS)回归的 R 语言应用

先对数据进行普通最小二乘(OLS)回归,重点观察回归结果中的残差、拟合值、Cook 距离和杠杆率。

```
> ols <- lm(crime~poverty + single, data = cdata)
> summary(ols)
```

执行以上 2 行命令后,得到如下结果:

```
Call:
lm(formula = crime ~ poverty + single, data = cdata)
Residuals:
   Min        1Q     Median      3Q      Max
 -811.14   -114.27   -22.44   121.86   689.82
Coefficients:
               Estimate  Std. Error  t value  Pr(>|t|)
(Intercept)   -1368.189    187.205   -7.308   2.48e-09   ***
poverty           6.787      8.989    0.755   0.454
single          166.373     19.423    8.566   3.12e-11   ***
---
Signif. codes: 0 '***' 0.001 '**' 0.01 '*' 0.05 '.' 0.1 '' 1
Residual standard error: 243.6 on 48 degrees of freedom
Multiple R-squared: 0.7072, Adjusted R-squared: 0.695
F-statistic: 57.96 on 2 and 48 DF, p-value: 1.578e-13
```

执行以下命令:

```
> opar <- par(mfrow = c(2,2),oma = c(0, 0, 1.1, 0))
> plot(ols, las = 1)
```

得到如图 5-1 所示的结果。

从图 5-1 中可以看出,第 9、第 25 和第 51 个观测值可能是离群点,看看这些观测值所属的是美国的哪些州。

```
> cdata[c(9, 25, 51), 1:2]
```

执行以上命令后,得到如下结果:

```
   sid state
9    9  fl
25  25  ms
51  51  dc
```

可以猜测,DC、Florida 和 Mississippi 这三个州所对应的观测值可能具有较大的残差或者杠杆率。

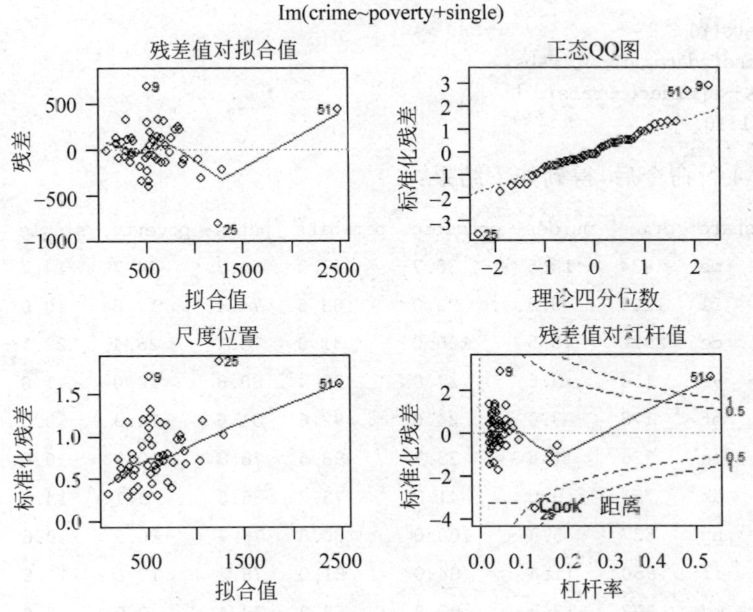

图 5-1　残差、拟合值、Cook 距离和杠杆率

下面观察 Cook 距离较大的观测值有哪些。在判断 Cook 距离大小的时候，通常采用的经验分界点是 Cook 距离序列的 $4/n$ 处，其中 n 是观测值的个数。

```
> library(MASS)
> d1 <- cooks.distance(ols)
> r <- stdres(ols)
> a <- cbind(cdata, d1, r) a[d1 > 4/51, ]
```

执行以上 4 行命令后，得到如下结果：

```
错误：意外的符号 in "a <- cbind(cdata, d1, r) a"
> a <- cbind(cdata,d1,r)
> a[d1 > 4/51,]
```

执行以上 2 行命令后，得到如下结果：

```
   sid  state  crime  murder  pctmetro  pctwhite  pcths  poverty  single         d1
1    1     ak    761     9.0      41.8      75.2   86.6      9.1    14.3  0.1254750
9    9     fl   1206     8.9      93.0      83.5   74.4     17.8    10.6  0.1425891
25  25     ms    434    13.5      30.7      63.3   64.3     24.7    14.7  0.6138721
51  51     dc   2922    78.5     100.0      31.8   73.1     26.4    22.1  2.6362519
            r
1   -1.397418
9    2.902663
25  -3.562990
51   2.616447
```

本来应当先删除 DC 所对应的观测值，因为 DC 对应的并不是州。然而，由于 DC 所对应的 Cook 距离较大，所以保留 DC 有助于观察。

下面生成一个 absr1 变量，其对应的为残差序列的绝对值，取出残差绝对值较大的观测值：

```
> rabs <- abs(r)
> a <- cbind(cdata, d1, r, rabs)
> asorted <- a[order( - rabs), ]
> asorted[1:10, ]
```

执行以上4行命令后，得到如下结果：

```
    sid  state  crime  murder  pctmetro  pctwhite  pcths  poverty  single          d1
25   25     ms    434    13.5      30.7      63.3   64.3     24.7    14.7  0.61387212
9     9     fl   1206     8.9      93.0      83.5   74.4     17.8    10.6  0.14258909
51   51     dc   2922    78.5     100.0      31.8   73.1     26.4    22.1  2.63625193
46   46     vt    114     3.6      27.0      98.4   80.8     10.0    11.0  0.04271548
26   26     mt    178     3.0      24.0      92.6   81.0     14.9    10.8  0.01675501
21   21     me    126     1.6      35.7      98.5   78.8     10.7    10.6  0.02233128
1     1     ak    761     9.0      41.8      75.2   86.6      9.1    14.3  0.12547500
31   31     nj    627     5.3     100.0      80.8   76.7     10.9     9.6  0.02229184
14   14     il    960    11.4      84.0      81.0   76.2     13.6    11.5  0.01265689
20   20     md    998    12.7      92.8      68.9   78.4      9.7    12.0  0.03569623
             r      rabs
25   - 3.562990  3.562990
9      2.902663  2.902663
51     2.616447  2.616447
46   - 1.742409  1.742409
26   - 1.460885  1.460885
21   - 1.426741  1.426741
1    - 1.397418  1.397418
31     1.354149  1.354149
14     1.338192  1.338192
20     1.287087  1.287087
```

5.5.4 稳健回归的R语言应用

现在转向稳健回归。

再解释一下，稳健回归是通过迭代重复加权最小二乘(IRLS)来完成的。其对应的R语言函数是MASS包中的rlm()。IRLS对应的有多个权重函数(weighting functions)，首先演示一下Huber方法。演示过程中，重点关注IRLS过程得出的权重结果。

```
> rr.huber <- rlm(crime ~ poverty + single, data = cdata)
> summary(rr.huber)
```

执行以上2行命令，得到如下结果：

```
Call: rlm(formula = crime ~ poverty + single, data = cdata)
Residuals:
     Min        1Q    Median       3Q      Max
 - 846.09   - 125.80   - 16.49   119.15   679.94
Coefficients:
                  Value   Std. Error    t value
(Intercept)   - 1423.0373   167.5899   - 8.4912
poverty           8.8677      8.0467     1.1020
single          168.9858     17.3878     9.7186
```

```
Residual standard error: 181.8 on 48 degrees of freedom

> hweights <- data.frame(state = cdata $ state, resid = rr.huber $ resid, weight = rr.huber
$ w)
> hweights2 <- hweights[order(rr.huber $ w), ]
> hweights2[1:15, ]
```

执行“>”符号后的 3 行命令后，得到如下结果：

```
      state      resid      weight
25    ms   - 846.08536  0.2889618
9     fl     679.94327  0.3595480
46    vt   - 410.48310  0.5955740
51    dc     376.34468  0.6494131
26    mt   - 356.13760  0.6864625
21    me   - 337.09622  0.7252263
31    nj     331.11603  0.7383578
14    il     319.10036  0.7661169
1     ak   - 313.15532  0.7807432
20    md     307.19142  0.7958154
19    ma     291.20817  0.8395172
18    la   - 266.95752  0.9159411
2     al     105.40319  1.0000000
3     ar      30.53589  1.0000000
4     az    - 43.25299  1.0000000
```

容易看出，观测值的残差绝对值越大，其被赋予的权重越小。结果表明：Mississippi 所对应的观测值被赋予的权重是最小的，其次是 Florida 所对应的观测值，而所有未被展示的观测值的权重均为 1。由于 OLS 回归中所有观测值的权重都为 1，因此，稳健回归中权重为 1 的观测值越多，则稳健回归与 OLS 回归的分析结果越相近。

接下来，用 bisquare 方法来实现稳健回归过程。

```
> rr.bisquare <- rlm(crime ~ poverty + single, data = cdata, psi = psi.bisquare)
> summary(rr.bisquare)
```

执行以上 2 行命令后，得到如下结果：

```
Call: rlm(formula = crime ~ poverty + single, data = cdata, psi = psi.bisquare)
Residuals:
    Min       1Q.   Median     3Q      Max
 - 905.59  - 140.97  - 14.98  114.65  668.38
Coefficients:
                  Value     Std. Error   t value
(Intercept)   - 1535.3338   164.5062   - 9.3330
poverty          11.6903      7.8987     1.4800
single          175.9303     17.0678    10.3077
Residual standard error: 202.3 on 48 degrees of freedom

> biweights <- data.frame(state = cdata $ state, resid = rr.bisquare $ resid, weight = rr.
```

```
bisquare$w)
> biweights2 <- biweights[order(rr.bisquare$w), ]
> biweights2[1:15, ]
```

执行以上3行命令后,得到如下结果:

```
    state      resid      weight
25     ms  -905.5931 0.007652565
9      fl   668.3844 0.252870542
46     vt  -402.8031 0.671495418
26     mt  -360.8997 0.731136908
31     nj   345.9780 0.751347695
18     la  -332.6527 0.768938330
21     me  -328.6143 0.774103322
1      ak  -325.8519 0.777662383
14     il   313.1466 0.793658594
20     md   308.7737 0.799065530
19     ma   297.6068 0.812596833
51     dc   260.6489 0.854441716
50     wy  -234.1952 0.881660897
5      ca   201.4407 0.911713981
10     ga  -186.5799 0.924033113
```

与Huber方法相比,bisquare方法下的Mississippi观测值被赋予了极小的权重,并且两种方法估计出的回归参数也相差甚大。通常,当稳健回归与OLS回归的分析结果相差较大时,数据分析者采用稳健回归较为明智。稳健回归和OLS回归的分析结果的较大差异通常暗示着离群点对模型参数产生了较大影响。所有的方法都有长处和短处,稳健回归也不例外。在稳健回归中,Huber方法的短处在于无法很好地处理极端离群点,而bisquare方法的短处在于回归结果不易收敛,以至于经常有多个最优解。

除此之外,两种方法得出的参数结果极为不同,尤其是single变量的系数和截距项(intercept)。不过,一般而言无须关注截距项,除非事先已经对预测变量进行了中心化,此时截距项才显得有些用处。再有,变量poverty的系数在两种方法下都不显著,而变量single则刚好相反,都较为显著。

练习题

1. 为了给今后编制管理费用的预算提供数据,某企业分析了近10年来企业管理费用与产值之间的关系,如表5-5所示。

表5-5 数据表

年份	1	2	3	4	5	6	7	8	9	10
管理费用/百万元	5.9	6.3	6.5	7.3	6.9	7.8	8.5	8.1	9.2	9.4
产值/千万元	5.2	5.8	6.3	6.8	7.5	8.3	9.1	10.0	10.9	11.8

(1) 使用R语言建立该企业管理费用与产值之间的线性回归模型，求出回归方程并进行检验；(2)下一年该企业的产值预计为1.5亿元，使用R语言求管理费用的置信度为95%的预测区间。

2. 某电子集团公司分析企业的劳动生产率和企业在研究与开发(R&D)投入之间的关系，调查了下属14个企业2002年的劳动生产率与R&D投入占销售额的比例数据，如表5-6所示。

表5-6　数据表

R&D投入占销售额比例/%	1.4	1.4	1.5	1.4	1.7	2.0	2.0
劳动生产率/万元/人	6.7	6.9	7.2	7.3	8.4	8.8	9.1
R&D投入占销售额比例/%	2.4	2.5	2.6	2.7	2.8	3.1	3.5
劳动生产率/万元/人	9.8	10.6	10.7	11.1	11.3	12.1	13.0

(1) 劳动生产率与R&D投入比例之间是否呈线性相关关系(使用R语言散点图分析)？若是，使用R语言求它们之间的回归方程；

(2) 该集团企业的R&D投入率为4.6%，使用R语言求该企业劳动生产率的置信度为90%的预测区间。

3. 为了研究深圳市地方预算内财政收入与国内生产总值的关系，得到如表5-7所示的数据。

表5-7　深圳市地方预算内财政收入与国内生产总值

年份	地方预算内财政收入 Y/亿元	国内生产总值(GDP) X/亿元
1990	21.7037	171.6665
1991	27.3291	236.6630
1992	42.9599	317.3194
1993	67.2507	449.2889
1994	74.3992	615.1933
1995	88.0174	795.6950
1996	131.7490	950.0446
1997	144.7709	1130.0133
1998	164.9067	1289.0190
1999	184.7908	1436.0267
2000	225.0212	1665.4652
2001	265.6532	1954.6539

资料来源：《深圳统计年鉴2002》，中国统计出版社。

(1) 使用R语言建立深圳地方预算内财政收入对GDP的回归模型；

(2) 估计所建立模型的参数，解释斜率系数的经济意义；

(3) 对回归结果进行检验；

(4) 若 2005 年的国内生产总值为 3600 亿元，确定 2005 年财政收入的预测值和预测区间($\alpha=0.05$)。

4. 某企业研究与发展经费与利润的数据如表 5-8 所示。

表 5-8 某企业研究与发展经费与利润的数据

年份	1995	1996	1997	1998	1999	2000	2001	2002	2003	2004
研究与发展经费/万元	10	10	8	8	8	12	12	12	11	11
利润额/万元	100	150	200	180	250	300	280	310	320	300

使用 R 语言分析企业研究与发展经费与利润额的相关关系，并作回归分析。

5. 为研究中国的货币供应量(以货币与准货币 M2 表示)与国内生产总值的相互依存关系，分析表 5-9 中 1990—2001 年中国货币供应量和国内生产总值的有关数据。

表 5-9 货币供应量与国内生产总值数据

年份	货币供应量/亿元	国内生产总值/亿元
1990	1529.3	18598.4
1991	19349.9	21662.5
1992	25402.2	26651.9
1993	34879.8	34560.5
1994	46923.5	46670.0
1995	60750.5	57494.9
1996	76094.9	66850.5
1997	90995.3	73142.7
1998	104498.5	76967.2
1999	119897.9	80579.4
2000	134610.3	88228.1
2001	158301.9	94346.4

资料来源：《中国统计年鉴 2002》，第 51 页、第 662 页，中国统计出版社。

使用 R 语言对货币供应量与国内生产总值作相关分析，并说明分析结果的经济意义。

6. 表 5-10 是 16 支公益股票某年的每股账面价值和当年红利。

表 5-10 16 支公益股票某年的每股账面价值和当年红利

公司序号	账面价值/元	红利/元	公司序号	账面价值/元	红利/元
1	22.44	2.4	9	12.14	0.80
2	20.89	2.98	10	23.31	1.94
3	22.09	2.06	11	16.23	3.00
4	14.48	1.09	12	0.56	0.28
5	20.73	1.96	13	0.84	0.84
6	19.25	1.55	14	18.05	1.80
7	20.37	2.16	15	12.45	1.21
8	26.43	1.60	16	11.33	1.07

根据表 5-10 的资料：

(1) 使用 R 语言建立每股账面价值和当年红利的回归方程；

(2) 解释回归系数的经济意义；

(3) 若序号为 6 的公司的股票每股账面价值增加 1 元，估计当年红利可能为多少。

7. 从某工业部门抽取 10 个生产单位进行调查，得到如表 5-11 所示的数据。

表 5-11 某工业部门年产量和工作人数

单位序号	年产量/万吨	工作人员数/千人
1	210.8	7.062
2	210.1	7.031
3	211.5	7.018
4	208.9	6.991
5	207.4	6.974
6	205.3	7.953
7	198.8	6.927
8	192.1	6.302
9	183.2	6.021
10	176.8	5.310

要求：假定年产量与工作人员数之间存在线性关系，试用经典回归估计该工业部门的生产函数及边际劳动生产率。

8. 表 5-12 给出了 1988 年 9 个工业国的名义利率(*Y*)与通货膨胀率(*X*)的数据。

表 5-12 名义利率(*Y*)与通货膨胀率(*X*)的数据

国家	*Y*/%	*X*/%
澳大利亚	11.9	7.7
加拿大	9.4	4.0
法国	7.5	3.1
德国	4.0	1.6
意大利	11.3	4.8
墨西哥	66.3	51.0
瑞典	2.2	2.0
英国	10.3	6.8
美国	7.6	4.4

资料来源：原始数据来自国际货币基金组织出版的《国际金融统计》。

要求：(1) 使用 R 语言，以利率为纵轴、通货膨胀率为横轴做图；

(2) 使用 R 语言进行回归分析；

(3) 如果实际利率不变，则名义利率与通货膨胀率的关系如何？

9. 现代投资分析的特征线涉及如下回归方程：$r_t = \beta_0 + \beta_1 r_{mt} + u_t$；其中，$r$ 表示股票或债券的收益率；r_m 表示有价证券的收益率(用市场指数表示，如标准音尔 500 指数)；t 表示时间。在投资分析中，β_1 被称为债券的安全系数 β，是用来度量市场的风险程度的，即市场的发展对公司的财产有何影响。依据 1956—1976 年间 240 个月的数据，Fogler 和 Ganpathy

得到IBM股票的回归方程；市场指数是在芝加哥大学建立的市场有价证券指数：

$$\hat{r}_t = 0.7264 + 1.0598 r_{mt} \quad r^2 = 0.4710$$
$$(0.3001)\ (0.0728)$$

要求：(1) 解释回归参数的意义；

(2) 如何解释 r^2？

(3) 安全系数 $\beta>1$ 的证券称为不稳定证券，建立适当的零假设及备选假设，并用 t 检验进行检验($\alpha=5\%$)。

10. 在某种钢材的试验中，研究了延伸率 $Y(\%)$ 与含碳量 X_1(单位0.01%)及回火温度 X_2 之间的关系，表5-13给出了15批生产试验数据。

(1) 求延伸率与含碳量、回火温度之间的二元线性回归方程，并分析软件运行输出结果；

(2) 要求以90%的把握将该钢材的延伸率控制在15%以上，问当含碳量为60(单位0.01%)时，应将回火温度控制在哪一范围内？

表 5-13 数 据

Y_i/%	19.25	17.50	18.25	16.25	17.00	16.75	17.00	16.75
X_{i1}/0.01%	57	64	69	58	58	58	58	58
X_{i2}/℃	535	535	535	460	460	460	490	490
Y_i/%	17.25	16.75	14.75	12.00	17.75	17.75	15.50	
X_{i1}/0.01%	58	57	64	69	59	64	69	
X_{i2}/℃	490	460	435	460	490	467	490	

11. 一般认为，一个地区的农业总产值与该地区的农业劳动力、灌溉面积、施用化肥量、农户固定资产以及农业机械化水平诸因素有很大关系。表5-14给出了1985年我国北方地区12个省市的农业总产值与农业劳动力、灌溉面积、化肥用量、户均固定资产、农机动力的调查数据。

表 5-14 我国北方地区农业投入和产出数据

地区	农业总产值/亿元	农业劳动力/万人	灌溉面积/万公顷	化肥用量/万吨	户均固定资产/元	农机动力/万马力
北京	19.61	90.1	33.84	7.5	394.30	435.3
天津	14.40	95.2	34.95	3.9	567.50	450.7
河北	149.90	1639.0	357.26	92.4	706.89	2712.6
山西	55.07	562.6	107.90	31.4	856.37	1118.5
内蒙古	60.85	462.9	96.49	15.4	1282.81	641.7
辽宁	87.48	588.9	72.40	61.6	844.74	1129.6
吉林	73.81	399.7	69.63	36.9	2576.81	647.6
黑龙江	104.51	425.3	67.95	25.8	1237.16	1305.8
山东	276.55	2365.6	456.55	152.3	5812.02	3127.9
河南	200.02	2557.5	318.99	127.9	754.78	2134.5
陕西	68.18	884.2	117.90	36.1	607.41	764.0
新疆	49.12	256.1	260.46	15.1	1143.67	523.3

(1) 建立 1985 年我国北方地区的农业产出线性回归模型,并剔除不显著的变量;

(2) 试解释说明分析结论。

12. 某地区城镇居民人均全年耐用消费品支出、人均年可支配收入及耐用消费品价格指数的统计资料如表 5-15 所示。

表 5-15 某地居民人均全年耐用消费品支出、人均年可支配收入及耐用消费品价格指数

年份	人均耐用消费品支出 Y/元	人均年可支配收入 X_1/元	耐用消费品价格指数 X_2(1990 年为 100)
1991	137.16	1181.4	115.96
1992	124.56	1375.7	133.35
1993	107.91	1501.2	128.21
1994	102.96	1700.6	124.85
1995	125.24	2026.6	122.49
1996	162.45	2577.4	129.86
1997	217.43	3496.2	139.52
1998	253.42	4283.0	140.44
1999	251.07	4838.9	139.12
2000	285.85	5160.3	133.35
2001	327.26	5425.1	126.39

利用表中数据,建立该地区城镇居民人均全年耐用消费品支出关于人均年可支配收入和耐用消费品价格指数的回归模型,进行回归分析,并检验人均年可支配收入及耐用消费品价格指数对城镇居民人均全年耐用消费品支出是否有显著影响。

13. 表 5-16 给出的是 1960—1982 年间 7 个 OECD 国家的能源需求指数(Y)、实际 GDP 指数(X_1)、能源价格指数(X_2)的数据,所有指数均以 1970 年为基准(1970 年为 100)。

表 5-16 7 个 OECD 国家的能源指数数据

年份	能源需求指数 Y	实际 GDP 指数 X_1	能源价格指数 X_2	年份	能源需求指数 Y	实际 GDP 指数 X_1	能源价格指数 X_2
1960	54.1	54.1	111.9	1972	97.2	94.3	98.6
1961	55.4	56.4	112.4	1973	100.0	100.0	100.0
1962	58.5	59.4	111.1	1974	97.3	101.4	120.1
1963	61.7	62.1	110.2	1975	93.5	100.5	131.0
1964	63.6	65.9	109.0	1976	99.1	105.3	129.6
1965	66.8	69.5	108.3	1977	100.9	109.9	137.7
1966	70.3	73.2	105.3	1978	103.9	114.4	133.7
1967	73.5	75.7	105.4	1979	106.9	118.3	144.5
1968	78.3	79.9	104.3	1980	101.2	119.6	179.0
1969	83.3	83.8	101.7	1981	98.1	121.1	189.4
1970	88.9	86.2	97.7	1982	95.6	120.6	190.9
1971	91.8	89.8	100.3				

(1) 建立能源需求与收入和价格之间的对数需求函数 $\ln Y_t=\beta_0+\beta_1\ln X_{1t}+\beta_2\ln X_{2t}+u_t$，解释各回归系数的意义，用 p 值检验所估计回归系数是否显著；

(2) 再建立能源需求与收入和价格之间的线性回归模型 $Y_t=\beta_0+\beta_1X_{1t}+\beta_2X_{2t}+u$，解释各回归系数的意义，用 p 值检验所估计回归系数是否显著；

(3) 比较所建立的两个模型，如果两个模型结论不同，你将选择哪个模型？为什么？

第6章 多重共线性的R语言应用

6.1 多重共线性的概念

所谓多重共线性，是指线性回归模型中的若干解释变量或全部解释变量的样本观测值之间具有某种线性关系。

对多元线性回归模型

$$y_i = \beta_0 + \beta_1 x_{i1} + \beta_2 x_{i2} + \cdots + \beta_p x_{ip} + \varepsilon_i, \quad i = 1,2,\cdots,N$$

即

$$\boldsymbol{Y} = \boldsymbol{X\beta} + \varepsilon$$

其参数 $\boldsymbol{\beta}$ 的最小二乘法估计为

$$\hat{\boldsymbol{\beta}} = (\boldsymbol{X}^{\mathrm{T}}\boldsymbol{X})^{-1}\boldsymbol{X}^{\mathrm{T}}\boldsymbol{Y} \tag{6-1}$$

式(6-1)要求解释变量的观察值矩阵

$$\boldsymbol{X} = \begin{bmatrix} 1 & x_{11} & x_{12} & \cdots & x_{1p} \\ 1 & x_{21} & x_{22} & \cdots & x_{2p} \\ 1 & x_{N1} & x_{N2} & \cdots & x_{Np} \end{bmatrix}, \quad 其中\ n \geqslant p+1$$

必须是满秩的，即要求

$$\mathrm{rank}(\boldsymbol{X}) = p+1 \tag{6-2}$$

也即要求 $\boldsymbol{X}$ 的 $p+1$ 个列向量是线性无关的。

1. 完全多种共线性

若 $\mathrm{rank}(\boldsymbol{X}) < p+1$，即 p 个解释变量的观察值数据之间存在线性关系，就称为完全多重共线性。此时，$\mathrm{rank}(\boldsymbol{X}^{\mathrm{T}}\boldsymbol{X}) < p+1$，$\boldsymbol{X}^{\mathrm{T}}\boldsymbol{X}$ 是奇异矩阵，不存在逆矩阵 $(\boldsymbol{X}^{\mathrm{T}}\boldsymbol{X})^{-1}$，也就是无法由式(6-1)求得 $\boldsymbol{\beta}$ 的最小二乘法估计 $\hat{\boldsymbol{\beta}}$。完全多重共线性的情况在实际样本中是极为罕见的，因此不是本节讨论的重点。

2. 不完全多重线性

在经济计量模型中，比较常见的是各解释变量存在近似的线性关系，即存在一组不全为0的常数 $\lambda_j, j=0,1,2,\cdots,p$，使

$$\lambda_0 + \lambda_1 x_{i1} + \lambda_2 x_{i2} + \cdots + \lambda_p x_{ip} \approx 0, \quad i = 1,2,\cdots,N \tag{6-3}$$

这种情况就称为不完全多重共线性。

完全多重共线性和不完全多重共线性统称为多重共线性。本节主要讨论不完全多重共

线性。

6.2 多重共线性的后果

由式(6-1)可知，当存在完全多重共线性时，是无法得到模型的参数估计的，自然也就无法得到所要的回归方程，但除非在建模时错误地将两个本质上完全相同的经济指标(如价格不变条件下的销售量和销售额)同时引入模型，否则是不大可能出现完全多重共线性情况的。故以下仅讨论不完全多重共线性问题。当样本中的解释变量之间存在较高的线性相关时，就会产生如下严重后果。

(1) 参数 β 虽然是可估计的，但是它们的方差随各 x_j 间的线性相关程度的提高而迅速增大，使估计的精度大大降低。

(2) 参数的估计值 $\hat{\beta}$ 对样本数据非常敏感，所用的样本数据稍有变化，就可能引起 $\hat{\beta}$ 值的较大变化，使得到的回归方程处于不稳定状态，也就失去了应用的价值。

(3) 当解释变量间存在较高程度的线性相关时，必然导致存在不显著的回归系数，这就必须从模型中剔除某个或若干个解释变量。由于计量经济模型中的数据都是被动取得的，人们无法通过不同的试验条件加以控制，被剔除的变量很可能是某个较重要的经济变量，由此会引起模型的设定不当。

(4) 由于参数估计量的方差增大，使预测和控制的精度大大降低，失去应用价值。

6.3 产生多重共线性的原因

多重共线性是计量经济模型中比较普遍存在的问题，其产生的原因主要有以下几个方面。

1. 各经济变量之间存在着相关性

在经济领域中，许多经济变量之间普遍存在着相关性，当同时以某些高度相关的经济变量作为模型的解释变量时，就会产生多重共线性问题。

例如，在研究企业生产函数模型时，资本投入量和劳动投入量是两个解释变量。通常在相同时期的同一行业中，规模大的企业其资本和劳动的投入都会较多，反之亦然，因此所取得的资本和劳动投入的样本数据就可能是高度线性相关的。特别是当样本数据所取自地区的经济发展水平大致相当时，这种情况就更为明显，由此可能产生严重的多重共线性。

又如，在研究农业生产函数时，建立了如下模型

$$Y=\beta_0+\beta_1 X_1+\beta_2 X_2+\beta_3 X_3+\beta_4 X_4+\varepsilon$$

式中：Y——产量；X_1——种植面积；X_2——肥料用量；X_3——劳动力投入；X_4——水利投入。

通常种植面积和肥料用量、劳动力投入之间存在较高的线性相关性。

2. 某些经济变量存在着相同的变动趋势

在时间序列的计量经济模型中，作为解释变量的多个经济变量往往会存在同步增长或同步下降的趋势。例如，在经济繁荣时，各种基本的经济变量，如收入、消费、储蓄、投资、物价、就业、对外贸易等都会呈现同步增长趋势；而在经济衰退期则又会几乎一致地放慢增长

速度，于是这些变量在时间序列的样本数据中就会存在近似的比例关系。当模型中含有多个有相同变化趋势的解释变量时，就会产生多重共线性。

3. 模型中引入了滞后解释变量

在不少计量经济模型中，都需要引入滞后解释变量。例如，居民本期的消费不仅与本期的收入有关，而且和以前各期的收入有很大关系；又如经济的发展速度不仅与本期的投资有关，而且和前期的投资有很大关系。而同一经济变量前后期的数据之间往往是高度相关的，这也会使模型产生多重共线性问题。

6.4 多重共线性的识别和检验

对样本数据是否存在显著的多重共线性，通常可采用以下方法进行识别或检验。

1. 使用简单相关系数进行判别

当模型中仅含有两个解释变量 X_1 和 X_2 时，可计算它们的简单相关系数，记为 r_{12}。

$$r_{12}=\frac{\sum(x_{i1}-\bar{x}_1)(x_{i2}-\bar{x}_2)}{\sqrt{\sum(x_{i1}-\bar{x}_1)^2}\sqrt{\sum(x_{i2}-\bar{x}_2)^2}}$$

其中 N 为样本容量，$\bar{x}_1$、$\bar{x}_2$ 分别为 X_1 和 X_2 的样本均值。简单相关系数$|r|$反映了两个变量之间的线性相关程度。$|r|$越接近1，说明两个变量之间的线性相关程度越高，因此可以用来判别是否存在多重共线性。但这一方法有很大的局限性，原因如下：

(1) 很难根据 r 的大小来判定两个变量之间的线性相关程度到底有多高，因为它还和样本容量 N 有关。不难验证，当 $N=2$ 时，总有$|r|=1$，但这并不能说明两个变量是完全线性相关的。

(2) 当模型中有多个解释变量时，即使所有两两解释变量之间的简单相关系数$|r|$都不大，也不能说明解释变量之间不存在多重共线性。这是因为多重共线性并不仅仅表现为解释变量两两间的线性相关性，还包括多个解释变量之间的线性相关，见式(6-3)。

2. 回归检验法

我们知道，线性回归模型是用来描述变量之间的线性相关关系的，因此可以通过分别以某一解释变量 X_k 对其他解释变量进行线性回归，来检验解释变量之间是否存在多重共线性，也即可以建立如下 p 个 $p-1$ 元的线性回归模型：

$$X_k=b_{0k}+\sum_{j\neq k}b_{jk}X_j+\varepsilon_k,\quad k=1,2,\cdots,p \tag{6-4}$$

并分别对这 p 个回归模型进行逐步回归，若存在显著的回归方程，则说明存在多重共线性。如果有多个显著的回归方程，则取临界显著性水平最高的回归方程，该回归方程就反映了解释变量之间线性相关的具体形式。如果所有回归方程都不显著，则说明不存在多重共线性。

由此可见，如果存在多重共线性，回归检验法还可以确定究竟是哪些变量引起了多重共线性，这对消除多重共线性的影响是有用的。

3. 通过对原模型回归系数的检验来判定

其实，最简单的方法是通过对原模型回归系数的检验结果来判定是否存在多重共线性。如果回归方程检验是高度显著的，但各回归系数检验时 t 统计量的值都偏小，且存在不显著的变量，而且当剔除了某个或若干个不显著变量后对其他回归系数的 t 统计量的值有很大的提高，就可以判定存在多重共线性。这是由于当某些解释变量之间高度线性相关时，其中某个解释变量就可以由其他解释变量近似线性表示。剔除该变量后，该变量在回归中的作用就转移到与它线性相关的其他解释变量上，因此会引起其他解释变量的显著性水平明显提高。但如果在剔除不显著的变量后对其余解释变量回归系数的 t 统计量并无明显影响，则并不能说明原模型中存在多重共线性问题。此时说明被剔除的解释变量与被解释变量之间并无线性关系。

如果经检验所有回归系数都是显著的，则可以判定不存在多重共线性问题。

4. 使用方差膨胀因子的大小来判定

方差膨胀因子(VIF)是指回归系数的估计量由于自变量共线性使得方差增加的一个相对度量。对第 j 个回归系数($j=1,2,\cdots,m$)，它的方差膨胀因子定义为

$$\text{VIF}_j = \text{第 } j \text{ 个回归系数的方差} / \text{自变量不相关时第 } j \text{ 个回归系数的方差}$$
$$= \frac{1}{1-R_j^2} = \frac{1}{\text{TOL}_j}$$

其中 $1-R_j^2$ 是自变量 x_j 对模型中其余自变量线性回归模型的 R 平方，VIF_j 的倒数 TOL_j 也称容限。

一般建议，若 $\text{VIF}_j>10$，表明模型中有很强的共线性问题。

R 语言的 DAAG 程序包中提供了函数为 vif()，其调用格式为

```
vif(lmobj,digits = 5)
```

说明：lmobj 为由 lm()生成的对象。digits 给出小数点位数，默认为 5 位。

6.5 消除多重共线性的方法

通常可以采用以下方法消除多重共线性问题。

1. 剔除引起多重共线性的解释变量

由前述判定是否存在多重共线性的第 3 种方法可知，当存在多重共线性时，最简单的方法就是从模型中剔除不显著的变量，也可以采用逐步回归方法直接得到无多重共线性的回归方程。但采用此方法时应注意结合有关经济理论知识和分析问题的实际经济背景慎重进行。因为有时产生多重共线性的原因是样本数据的来源存在一定问题，而在许多计量经济模型中，人们往往只能被动地获得已有的数据。如果处理不当，就有可能从模型中剔除了对被解释变量有重要影响的经济变量，从而会引起更为严重的模型设定错误，故应注意从模型中剔除的应当是意义相对次要的经济变量。

2. 利用解释变量之间存在的某种关系

有时候，根据经济理论、统计资料或经验，已经掌握了解释变量之间的某种关系，这些关系如能在模型中加以利用就有可能消除多重共线性的影响。

例如，对生产函数模型

$$Y = AK^{\alpha}L^{\beta}e^{\varepsilon} \tag{6-5}$$

式中：Y——产量；

K——资金；

L——劳动。

将其线性化后为

$$\ln Y = \ln A + \alpha \ln K + \beta \ln L + \varepsilon \tag{6-6}$$

前面已经分析过，通常和劳动之间是高度线性相关的，因此 $\ln K$ 和 $\ln L$ 也会存在线性相关性，因此模型(6-6)就可能存在多重共线性。为解决这一问题，可利用经济学中关于规模报酬不变的假定，即

$$\alpha + \beta = 1 \tag{6-7}$$

将它代入式(6-6)中，得到

$$\ln Y = \ln A + \alpha \ln K + (1-\alpha)\ln L + \varepsilon$$

经过整理后，可得到

$$\ln \frac{Y}{L} = \ln A + \alpha \ln \frac{K}{L} + \varepsilon \tag{6-8}$$

令

$$Y^* = \ln \frac{Y}{L}, \quad X^* = \ln \frac{K}{L}, \quad \alpha_0 = \ln A$$

则可以得到无多重共线性的一元线性回归模型：

$$Y^* = \alpha_0 + \alpha_1 X^* + \varepsilon \tag{6-9}$$

显然，以上变换后并没有丢失 K 和 L 的信息。利用 OLS(普通最小二乘法)估计出 $\hat{\alpha}_0$ 和 $\hat{\alpha}$ 后，可由 $\hat{\beta}=1-\hat{\alpha}$ 得到原模型的 $\hat{\beta}$。

3. 改变模型的形式

当回归方程主要是用于预测和控制，而并不侧重于分析每一解释变量对被解释变量的影响程度时，可通过适当改变模型的分析方式以消除多重共线性。

例如，设某商品的需求模型为

$$Y = \beta_0 + \beta_1 X_1 + \alpha_1 Z_1 + \alpha_2 Z_2 + \varepsilon \tag{6-10}$$

式中：Y——需求量；X_1——居民家庭收入水平；Z_1——该商品价格；Z_2——替代商品价格。则在 Z_1 和 Z_2 具有大约相同变化比例的条件下，模型(6-10)就可能存在多重共线性。但实际应用中人们显然更重视两种商品的价格比，因此可令

$$X_2 = Z_1/Z_2 \tag{6-11}$$

从而可将上述需求模型改变为

$$Y = \beta_0 + \beta_1 X_1 + \beta_2 X_2 + \varepsilon \tag{6-12}$$

这样就避免了原来模型中的多重共线性。

又如，设有如下消费模型

$$y_t = \beta_0 + \beta_1 x_t + \beta_2 x_{t-1} + \varepsilon_t \tag{6-13}$$

式中：y_t——t 期的消费支出；x_t——t 期的收入；x_{t-1}——$t-1$ 期的收入。

显然前后期的收入之间是高度相关的，因此模型(6-13)能存在多重共线性。但是如果我们关心的主要不是前期收入对本期消费支出的影响，而是研究收入的增减变化对消费支出的影响，则可令 $\Delta x_t = x_t - x_{t-1}$，原模型就变为如下形式：

$$y_t = b_0 + b_1 x_t + b_2 \Delta x_t + \varepsilon_t \tag{6-14}$$

通常情况下，x_t 与 Δx_t 之间的相关程度要远低于 x_t 和 x_{t-1} 之间的相关程度。因此模型(6-14)基本上可消除多重共线性问题。此外，模型(6-13)与模型(6-14)的参数之间还有如下关系：

$$\beta_1 = b_1 + b_2, \quad \beta_2 = -b_2, \quad \beta_0 = b_0$$

因此求得式(6-14)的参数估计后，也就得到模型(6-13)的参数估计。

再如，设时间序列的计量经济模型为

$$y_t = \beta_0 + \beta_1 x_{t1} + \beta_2 x_{t2} + \varepsilon_t \tag{6-15}$$

设 X_1 和 X_2 是高度线性相关的，由式(6-15)，有

$$y_{t-1} = \beta_0 + \beta_1 x_{t-1,1} + \beta_2 x_{t-1,2} + \varepsilon_{t-1} \tag{6-16}$$

将式(6-16)减去式(6-15)，得

$$y_t - y_{t-1} = \beta_1(x_{t1} - x_{t-1,1}) + \beta_2(x_{t2} - x_{t-1,2}) + \varepsilon_t - \varepsilon_{t-1}$$

作如下差分变换：

$$\begin{cases} y_t^* = y_t - y_{t-1} \\ x_{t1}^* = x_{t1} - x_{t-1,1} \\ x_{t2}^* = x_{t2} - x_{t-1,2} \\ V_t = \varepsilon_t - \varepsilon_{t-1} \end{cases} \tag{6-17}$$

则可得原模型的差分模型

$$y_t^* = \beta_1 x_{t1}^* + \beta_2 x_{t2}^* + V_t, \quad t = 1,2,\cdots,N \tag{6-18}$$

通常，经差分变换后数据的相关程度较低，有可能消除多重共线性。但需要指出的是，经过上述变换后，式(6-18)中的随机误差序列 V_t 可能会产生自相关性。然而，当 ε_t 本身是一阶高度正相关时，即

$$\varepsilon_t = \rho\varepsilon_{t-1} + V_t$$

且 $\rho \approx 1$，则

$$\varepsilon_t - \varepsilon_{t-1} \approx V_t$$

反而比较好地消除了自相关性。

4. 增加样本容量

我们在前面的分析中已经指出，计量经济模型中存在的多重共线性现象有可能是因样本数据来源存在一定的局限性，如果能增加样本容量，就有可能降低甚至消除多重共线性问题。数理统计理论告诉我们，样本容量越大，则参数估计的方差就越小，多重共线性的不良后果都是因参数估计的方差增大所致。因此可以说增加样本容量是解决多重共线性问题的最佳途径。但由于计量经济模型中的许多数据的来源受到很大限制，因此要增加样本容量是有一定难度的。

6.6 多重共线性诊断的R语言应用

例 6-1：企业在技术创新过程中，新产品的利润往往受到开发人力、开发财力和以往的技术水平的影响，以历年专利申请量累计作为技术水平，各项指标的数据如表 6-1 所示。试对自变量的共线性进行诊断。

表 6-1　各项指标的数据

利润/万元	开发人力/人	专利申请/件	开发财力/万元
1178	47	230	49
902	31	164	38
849	24	102	67
386	10	50	38
2024	74	365	63
1566	70	321	129
1756	65	407	72
1287	50	265	96
917	43	221	102
1400	61	327	268
978	39	191	41
749	26	136	32
705	20	85	56
320	8	42	32
1680	61	303	52
1300	58	266	107
1457	54	338	60
1068	42	220	80
761	36	183	85
1162	51	271	222

在目录 G:\2glkx\data 下建立 al6-1.xls 数据文件后，使用的命令如下：

```
> library(RODBC)      # 使用此命令时必须先安装 RODBC,见 3.9.2 节
> z <- odbcConnectExcel("G:/2glkx/data/al6 - 1.xls")
> sq <- sqlFetch(z,"Sheet1")
> close(z)
> sq
> sq
```

执行以上 6 行命令后，得到如下结果：

```
  run z1  z2  z3
1  1178 47 230  49
⋮
20 1162 51 271 222
```

在符号"＞"后输入如下命令：

```
> y <- sq $ run;x1 <- sq $ z1;x2 <- sq $ z2;x3 <- sq $ z3
> lm.reg <- lm(y~1 + x1 + x2 + x3)
> summary(lm.reg)
```

执行以上 3 行命令后，得到如下结果：

```
Call:
lm(formula = y ~ 1 + x1 + x2 + x3)
```

```
Residuals:
      Min        1Q    Median       3Q       Max
 -177.662   -63.558   -3.028   36.176   197.523
Coefficients:
            Estimate Std. Error t value Pr(>|t|)
(Intercept) 185.3854   63.2497   2.931  0.00979 **
x1           18.0136    5.3335   3.377  0.00384 **
x2            1.1559    0.9628   1.201  0.24740
x3           -1.2557    0.4584  -2.739  0.01455 *
---
Signif. codes:  0 '***' 0.001 '**' 0.01 '*' 0.05 '.' 0.1 ' ' 1
Residual standard error: 109.8 on 16 degrees of freedom
Multiple R-squared:  0.9492,    Adjusted R-squared:  0.9396
F-statistic: 99.56 on 3 and 16 DF,  p-value: 1.457e-10
```

由上可见,在0.05的水平下,仅有变量x2的系数是不显著的,其他变量的系数都是显著的。下面看一下x1、x2、x3的方差膨胀因子:

```
> library(DAAG)
> vif(lm.reg,digits=3)
```

执行以上2行命令,得到如下结果:

```
   x1    x2    x3
16.50 16.20  1.25
```

从R语言函数的输出结果可见,x1、x2的方差膨胀因子分别为16.50、16.20,所以模型存在严重的多重共线性。

6.7 多重共线性消除的R语言应用

下面用逐步回归法来解决多种共线性问题。

R提供了函数step()来实现逐步回归。格式如下:

```
> step(object,scope,direction,…)
```

其中,object是线性模型或广义线性模型分析的结果;scope是确定逐步搜索的区域;direction确定逐步搜索的方向,both是一切子集回归法,backward是向后法,forward是向前法,默认值为both,其他参数参见在线帮助。

```
> lm.step <- step(lm.reg)
```

执行以上命令后,回归结果为:

```
Start:  AIC=191.48
y ~ 1 + x1 + x2 + x3
       Df Sum of Sq    RSS    AIC
- x2    1     17377 210279 191.21
<none>              192903 191.48
- x3    1     90462 283365 197.18
- x1    1    137532 330435 200.25
```

```
Step:  AIC = 191.21
y ~ x1 + x3
       Df Sum of Sq     RSS    AIC
<none>                210279  191.21
- x3    1     92601   302881  196.51
- x1    1   3262188  3472467  245.29
```

结论：用全部变量作回归分析时，AIC 统计量的值为 191.48，如果去掉 x2，AIC 统计量的值为 191.21；如果去掉 x3，AIC 统计量的值为 191.48；以此类推。由于去掉 x2，使 AIC 统计量值达到最小，因此 R 语言会自动去掉 x2，进入下一轮计算。在下一轮中，无论去掉哪一个变量，AIC 统计量的值均会升高，因此 R 语言自动终止计算，得到"最优"回归方程。

再用函数 summary()提取相关回归信息：

```
> summary(lm.step)
```

执行以上命令后，得到如下：

```
Call:
lm(formula = y ~ x1 + x3)
Residuals:
    Min       1Q  Median     3Q     Max
-179.28   -78.07   18.37  89.33  175.88

Coefficients:
            Estimate Std.  Error t    value  Pr(>|t|)
(Intercept)    178.1580  63.7745    2.794   0.0125 *
x1              24.1689   1.4883   16.240   8.73e-12 ***
x3              -1.2700   0.4642   -2.736   0.0141 *
---
Signif. codes:  0 '***' 0.001 '**' 0.01 '*' 0.05 '.' 0.1 ' ' 1
Residual standard error: 111.2 on 17 degrees of freedom
Multiple R-squared:  0.9446,    Adjusted R-squared:  0.9381
F-statistic: 144.9 on 2 and 17 DF,  p-value: 2.096e-11
```

结论：回归系数的显著性水平有很大提高，所有的检验均是显著的。由此，得到"最优"的回归方程：

$$y = 178.1580 + 24.1689x_1 - 1.27x_3$$

下面再看方差膨胀因子：

```
> vif(lm.step,digits = 3)
```

执行上行命令后，结果如下：

```
  x1   x3
1.25 1.25
```

两个变量的方差膨胀因子都小于 10，因此通过逐步回归消除了多重共线性的影响。

练习题

1. 根据分析，我国在计划经济时代的钢材产量 Y 主要与以下各因素有关：原油产量 X_1，生铁产量 X_2，原煤产量 X_3，电力产量 X_4，固定资产投资 X_5，国民收入消费额 X_6，铁路运输量 X_7。按表 6-2 所给资料，用 R 语言对以下钢材产量的回归模型进行分析：

$$Y=\beta_0+\beta_1X_1+\beta_2X_2+\beta_3X_3+\beta_4X_4+\beta_5X_5+\beta_6X_6+\beta_7X_7+\varepsilon$$

(1) 对回归模型进行参数估计，并由运行结果判断是否存在多重共线性；

(2) 采用逐步回归方法，求出关于钢材产量的最优回归方程。

表 6-2 我国计划经济时代钢材产量与相关变量数据

年份	钢材/万吨	原油/万吨	生铁/万吨	原煤/亿吨	电力/亿千瓦	固定资产投资/亿元	国民收入消费/亿元	铁路运输/亿吨千米
1975	1622	7706	2449	4.82	1958	544.94	2541	88 955
1976	1466	8716	2233	4.83	2031	523.94	2424	84 066
1977	1633	9364	2505	5.50	2234	548.30	2573	95 309
1978	2208	10405	3479	6.18	2566	668.72	2975	110 119
1979	2497	10615	3673	6.35	2820	699.36	3356	111 893
1980	2716	10595	3802	6.20	3006	745.90	3696	111 279
1981	2670	10122	3417	6.22	3093	667.51	3905	107 673
1982	2920	10212	3551	6.66	3277	945.31	4290	113 532
1983	3072	10607	3738	7.15	3514	951.96	4779	118 784
1984	3372	11461	4001	7.89	3770	1185.18	5701	124 074
1985	3793	12490	4384	8.72	4107	1680.51	7498	130 708
1986	4058	13069	5064	8.94	4495	1978.50	8312	135 636

2. 理论上认为影响能源消费需求总量的因素主要有经济发展水平、收入水平、产业发展、人民生活水平高低、能源转换技术等因素。为此，收集了中国能源消费总量 Y(万吨标准煤)、国内生产总值(亿元)X_1(代表经济发展水平)、国民总收入(亿元)X_2(代表收入水平)、工业增加值(亿元)X_3、建筑业增加值(亿元)X_4、交通运输邮电业增加值(亿元)X_5(代表产业发展水平及产业结构)、人均生活电力消费（千瓦小时)X_6(代表人民生活水平高低)、能源加工转换效率(%)X_7(代表能源转换技术)等在 1985－2002 年期间的统计数据，具体如表 6-3 所示。

表 6-3 统 计 数 据

年份	能源消费	GDP	国民总收入	工业	建筑业	交通运输邮电	人均生活电力消费	能源加工转换效率
	Y	X_1	X_2	X_3	X_4	X_5	X_6	X_7
1985	76 682	8989.1	8964.4	3448.7	417.9	406.9	21.3	68.29
1986	80 850	10 201.4	10 202.2	3967.0	525.7	475.6	23.2	68.32
1987	86 632	11 954.5	11 962.5	4585.8	665.8	544.9	26.4	67.48
1988	92 997	14 922.3	14 928.3	5777.2	810.0	661.0	31.2	66.54

续表

年份	能源消费	GDP	国民总收入	工业	建筑业	交通运输邮电	人均生活电力消费	能源加工转换效率
	Y	X_1	X_2	X_3	X_4	X_5	X_6	X_7
1989	96 934	16 917.8	16 909.2	6484.0	794.0	786.0	35.3	66.51
1990	98 703	18 598.4	18 547.9	6858.0	859.4	1147.5	42.4	67.20
1991	103 783	21 662.5	21 617.8	8087.1	1015.1	1409.7	46.9	65.90
1992	109 170	26 651.9	26 638.1	10 284.5	1415.0	1681.8	54.6	66.00
1993	115 993	34 560.5	34 634.4	14 143.8	2284.7	2123.2	61.2	67.32
1994	122 737	46 670.0	46 759.4	19 359.6	3012.6	2685.9	72.7	65.20
1995	131 176	57 494.9	58 478.1	24 718.3	3819.6	3054.7	83.5	71.05
1996	138 948	66 850.5	67 884.6	29 082.6	4530.5	3494.0	93.1	71.50
1997	137 798	73 142.7	74 462.6	32 412.1	4810.6	3797.2	101.8	69.23
1998	132 214	76 967.2	78 345.2	33 387.9	5231.4	4121.3	106.6	69.44
1999	130 119	80 579.4	82 067.5	35 087.2	5470.6	4460.3	118.1	70.45
2000	130 297	88 254.0	89 468.1	39 047.3	5888.0	5408.6	132.4	70.96
2001	134 914	95 727.9	97 314.8	42 374.6	6375.4	5968.3	144.6	70.41
2002	148 222	103 935.3	105 172.3	45 975.2	7005.0	6420.3	156.3	69.78

要求：

(1) 建立对数线性多元回归模型；

(2) 如果决定用表中全部变量作为解释变量，你预料会遇到多重共线性的问题吗？为什么？

(3) 如果有多重共线性，你准备怎样解决这个问题？明确你的假设并说明全部计算。

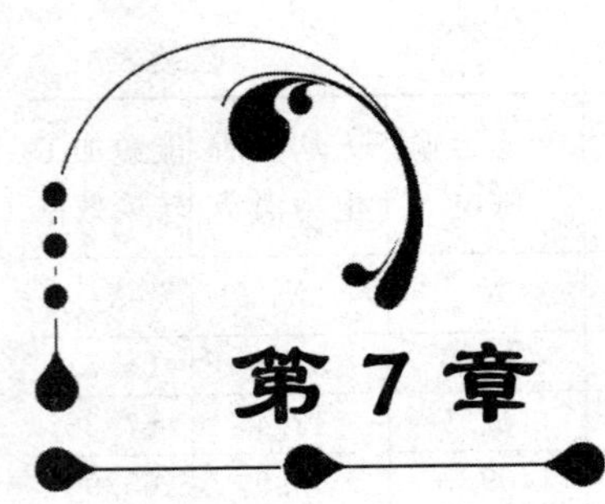

第7章 异方差问题的R语言应用

7.1 异方差的概念

设线性回归模型为

$$y_i = \beta_0 + \beta_1 x_{i1} + \beta_2 x_{i2} + \cdots + \beta_p x_{ip} + \varepsilon_i, \quad i = 1,2,\cdots,N$$

假定模型中的随机误差项序列满足

$$\varepsilon_i = N(0,\sigma^2)\text{,且相互独立,} \quad i = 1,2,\cdots,N$$

即要求各 ε_i 是同方差的。

例如,储蓄与收入的关系模型为 $y_i=\beta_1+\beta_2 x_i+\varepsilon_i$,其中 y_i 是储蓄,x_i 是收入。该模型如图 7-1 所示。

但在计量模型中经常会出现违背上述同方差假定的情况,即

$$\varepsilon_i = N(0,\sigma_i^2)\text{,且相互独立,} \quad i = 1,2,\cdots,N$$

其中各 σ_i^2 不完全相同,此时就称该回归模型具有异方差性,如图 7-2 所示。

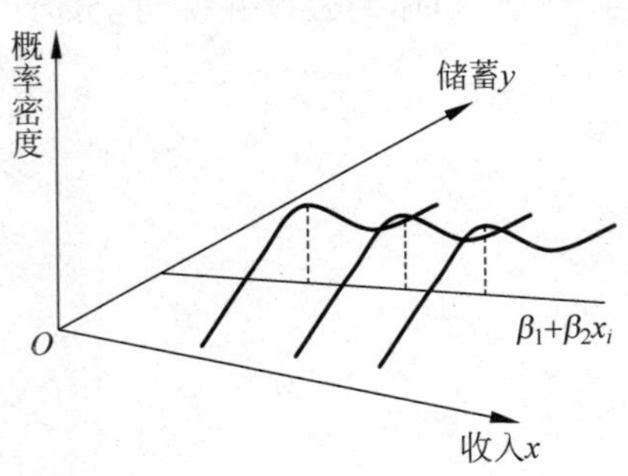

图 7-1　同方差的关系模型

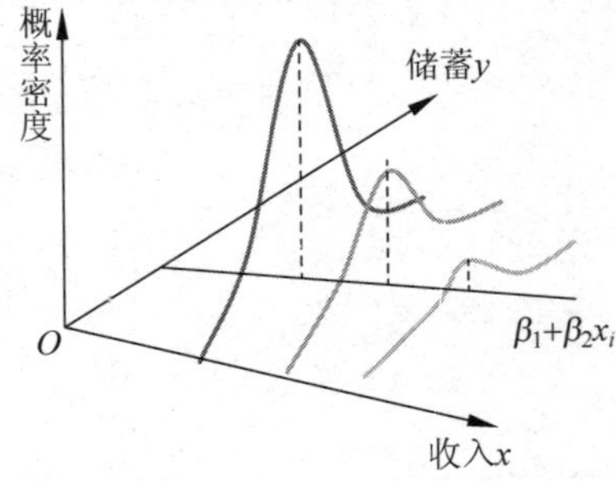

图 7-2　异方差的关系模型

例 7-1:使用横截面资料(指同一时期)研究居民家庭的储蓄模型

$$y_i = \beta_0 + \beta_1 x_i + \varepsilon_i, \quad i = 1,2,\cdots,N$$

其中:y_i 为第 i 个家庭的年储蓄额;x_i 为第 i 个家庭的年可支配收入;ε_i 为除收入外影响储蓄的其他因素,如家庭人口及其构成情况、消费观念和偏好、文化背景、过去的收入水平、对将来的收入预期和支出预期、社会的经济景气状况、存款利率、股市状况、社会保险和社会福利状况对储蓄的影响。

显然在这一模型中,关于随机误差项 ε_i 序列是同方差的假定无法满足。这是因为对于高收入家庭而言,在满足基本生活费支出后,尚有很大剩余,因此在改善生活质量方面有很

大的可选择余地。其中有些家庭倾向于购置高档商品住宅，购买家庭轿车、高档家用电器和生活用品，以及出门旅游，上餐馆，玩保龄球，上舞厅、夜总会，听歌剧、音乐会等文化娱乐活动，也有的热衷于证券投资等。这些高收入家庭的储蓄额占其收入的比例就相对较低，甚至通过贷款途径达到超前消费。而另一些高收入家庭则或者由于工作繁忙，或者由于文化素质较高、生活上一贯俭朴等原因，因而很少涉足高消费领域，他们的储蓄额就必然较高。由此可见，收入越高的家庭，家庭储蓄之间的差异也就必然越大，反映在模型中就是 ε_i 的方差越大。而对于低收入家庭，其收入除去必要的生活费开支之外就所剩无几，为了预防或准备今后的特殊需要而参加储蓄，故储蓄较有规律，差异必然较小，即 ε_i 的方差较小。

例 7-2：以某一时间截面上不同地区的数据为样本，研究某行业的产出随投入要素的变化关系，建立如下的生产函数模型：

$$y_i = f(K_i, L_i) + \varepsilon_i, \quad i = 1,2,\cdots,N$$

其中：ε_i 包含了除资本 K 与劳动 L 以外的其他因素对产出 y_i 的影响，如采用的技术水平、管理水平、创新能力、地理交通条件、市场信息、人才素质以及政府的政策因素等。显然，对资本规模 K 比较大的企业，其在采用的工艺装备水平、R&D(研究与开发)的投入及管理水平、营销网络等方面都会存在较大的差异。因而其产出也就必然存在较大的差异性，反映在模型中随机误差项 ε_i 的方差通常就会随 K_i 的增大而增加，产生异方差性。

例 7-3：在以分组的平均值作为各组的样本数据时，如果对不同组别的抽样数 $n_i(i=1,2,\cdots,N)$ 不完全相同，则由于样本均值方差的性质可知，数据量多的组的平均值的方差就越小。设 y_{ij} 为第 i 组中抽取的第 j 个观察值，并设各 y_{ij} 是同方差的，即 $D(y_{ij})=\sigma^2, i=1,2,\cdots,N, j=1,2,\cdots,n$，则 $D(\bar{y}_i) = D\left(\frac{1}{n}\sum_{i=1}^{n_i} y_{ij}\right) = \frac{\sigma^2}{n_i}$，故在以组内平均值作为样本数据时，如果各组所含观察值数量不相同，也会导致异方差性。

7.2 异方差产生的原因

了解异方差产生的原因，就可以在研究计量经济模型时，有针对性地对样本数据进行检验，发现存在异方差后，采取有效措施消除模型中的异方差，使模型的参数估计更精确，显著性检验结果更具有说服力，预测和控制分析更有使用价值。

异方差产生的原因主要有以下几个方面。

1. 由问题的经济背景所产生的异方差

如前面的例 7-1 和例 7-2 所举的例子，就是产生异方差最主要的原因。

2. 模型中忽略了某些重要的解释变量

例如，假定实际问题的回归模型应当为

$$y_i = \beta_0 + \beta_1 x_{i1} + \beta_2 x_{i2} + \beta_3 x_{i3} + \varepsilon_i, \quad i = 1,2,\cdots,N$$

但在建立模型时忽略了对 Y 有重要影响的解释变量 x_3，所建模型为

$$y_i = \beta_0 + \beta_1 x_{i1} + \beta_2 x_{i2} + \varepsilon_i, \quad i = 1,2,\cdots,N$$

则随机误差项 ε_i 中就含有 x_3 的不同取值 x_{i3} 对 y_i 的影响部分，当对应于各样本数据中的 x_3 呈现有规律的变化时，随机误差项 ε_i 也就会呈现相应的有规律的变化，使 ε_i 出现异方差现象。

3. 因模型的函数形式设定不当而产生的异方差

例如，假定两个变量之间正确的相关关系为指数函数形式，回归模型应设定为

$$y_i = \beta_0 e^{\beta_1 x_i} \varepsilon_i, \quad i = 1,2,\cdots,N$$

但在建立模型时错误地将其设为线性模型：

$$y_i = \beta_0 + \beta_1 x_i + \varepsilon_i, \quad i = 1,2,\cdots,N$$

则用线性回归方程对样本数据进行拟合时将产生系统性偏差，从而导致异方差现象。

4. 经济结构的变化所引起的异方差性

由于经济结构的变化，使经济变量之间的关系在不同时期有较大差异。例如，设经济变量 y 和 x 在计划经济时期和市场经济时期的关系有所不同，应分别建立两个模型：

$$y_i = \beta_0^{(1)} + \beta_1^{(1)} x_t + \varepsilon_t^{(1)}, \quad 1 \leqslant t \leqslant t_0$$

$$y_i = \beta_0^{(2)} + \beta_1^{(2)} x_t + \varepsilon_t^{(2)}, \quad t_0 \leqslant t \leqslant T$$

即使两个模型中的随机误差项 $\varepsilon_t^{(1)}$ 和 $\varepsilon_t^{(2)}$ 是同方差的，但若将它们统一在一个模型中处理，也会引起异方差现象。

7.3 异方差的后果

当存在异方差时，如果仍使用普通最小二乘法(OLS)估计模型中的参数，将会引起以下后果。

1. 参数的 OLS 估计不再具有最小方差性

由于在异方差条件下，OLS 不再具有最小方差性，因此也就不是参数 β 的优良估计。如果仍使用 OLS 进行参数估计，就将导致估计的误差增大。

2. 显著性检验失效

在建立回归模型时，我们是在各 $\varepsilon_i \sim N(0,\sigma^2)$ 且相互独立的条件下，得到用以检验回归方程的 F 统计量和检验回归系数的 t 统计量的分布。当存在异方差时，在原假设为真时统计量就不再服从原来的分布，从而使假定的显著性检验方法失效。

3. 预测的精度降低

由于异方差使普通最小二乘法估计所得到的 $\hat{\beta}_j(j=0,1,2,\cdots,p)$ 的方差增大，估计精度降低，因此在使用由 OLS 方法所得回归方程进行预测时，必然降低点预测和区间预测的精度，使预测结果变得不可靠，也就失去了应用价值。基于同样原因，在将回归方程应用于控制时，也会产生同样的不良后果。

7.4 异方差的识别检验

由于异方差的存在导致上述不良后果，所以对于计量经济模型，在进行参数估计之前就应当对是否存在异方差进行识别。若确实存在异方差，就需要采取措施消除数据中的异方差性。异方差的识别与检验主要有以下几类方法。

7.4.1 根据问题的经济背景，分析是否可能存在异方差

如前面 7.1 节的例 7-1 和例 7-2，就是运用经济常识来判断模型中将会出现的异方差。

这通常是判断是否存在异方差的第一个步骤，具体确认还需要进一步借助以下方法。

7.4.2　图示法

通常可以借助以下两种图示法判断是否存在异方差。

1. 分别对各解释变量 $x_j(j=1,2,\cdots,p)$，作出 (x_j,y) 的散点图

这一方法可以分析异方差与哪些解释变量有关。如果 y_i 的离散程度基本上不随 x_j 的取值不同而改变，则说明同异方差；如果 y_i 的离散程度随 x_j 的取值不同而呈现有规律性的变化，则说明存在异方差。

2. 分别作出各解释变量 x_j 与残差平方 (x_j,e_i^2) 的散点图

其中 $e_i^2=(y_i-\hat{y}_i)^2$ 称为残差平方项，可将残差平方项 e_i^2 视为 σ_i^2 的估计，具体步骤如下：

(1) 用 OLS 对模型进行参数估计，求出回归方程，并计算各残差平方项 $e_i^2=(y_i-\hat{y}_i)^2$。

(2) 作 (x_j,e_i^2) 的散点图。

如果残差平方项的大小基本上不随 x_j 的取值不同而变化，则说明不存在异方差；如果残差平方项的大小随 x_j 的增减而呈现有规律性的变化，则可以判定存在异方差。

图示法简单直观，在 SPSS 软件中能很方便地根据要求作出各种散点图。但图示法也有其局限性。在多元回归模型中，在考察 σ_i^2 是否随某一解释变量 x_j 而变化的上述图示法中，当 x_j 取不同值时，其他解释变量的取值也会变化，因而显示的异方差性并不一定就是该 x_j 所引起的。此外图示法也难以反映由于两个或多个解释变量的共同作用所产生的异方差。

7.4.3　统计检验方法

检验是否存在异方差最有效的方法是统计检验方法，以下介绍的两种检验方法的基本思想是相同的。所谓异方差，是指对不同的样本观察值，ε_i 具有不同的方差 σ_i^2，即随机误差项 ε_i 与某些解释变量之间存在着相关性。各种统计检验方法都是检验 σ_i^2 与解释变量是否存在显著的相关性。由于 σ_i^2 未知，故都采用其点估计残差平方项 e_i^2 近似替代 σ_i^2 进行检验。

1. Park(伯克)检验

Park 认为，如果存在异方差，则 σ_i^2 应是某个解释变量的函数，因而可以假定

$$\sigma_i^2=\sigma^2 x_{ij}^{\beta}\mathrm{e}^{V_i},\quad i=1,2,\cdots,N \tag{7-1}$$

将其线性化后，可得

$$\ln\sigma_i^2=\ln\sigma^2+\beta\ln x_{ij}+V_i,\quad i=1,2,\cdots,N \tag{7-2}$$

由于 σ_i^2 未知，可用其估计值 e_i^2 代替。具体检验步骤如下：

(1) 用 OLS 对原模型进行回归，并求得各 e_i^2（统计软件都有返回残差 e_i 的功能）。

(2) 将 e_i^2 对各解释变量分别进行如下一元回归：

$$\ln e_i^2=\ln\sigma^2+\beta\ln x_{ij}+V_i=\alpha+\beta x_{ij},\quad i=1,2,\cdots,N \tag{7-3}$$

(3) 检验假设 $H_0:\beta=0$。若结果为显著的，则判定存在异方差；如果有多个显著的回归方程，则取临界显著性水平最高的作为 σ_i^2 与解释变量之间的相关关系，并由此得到 σ_i^2 的具

体形式。

由式(7-1)可知，Park 检验所采取的函数形式可以是解释变量的任意次幂，因此适用性很广，同时还可得到 σ_i^2 的具体形式

$$\sigma_i^2 = \sigma^2 f(x_{ij}) \tag{7-4}$$

这对消除异方差将是非常有用的。

2. White(怀特)检验

这一方法是由 H. White 在 1980 年提出的，其步骤如下：

(1) 用 OLS 对原模型进行回归，并求得各 e_i^2。

(2) 将 e_i^2 对各解释变量、它们的平方项及交叉乘积项进行一元线性回归，并检验各回归方程的显著性。

(3) 若存在显著的回归方程，则认为存在异方差，并取临界显著水平最高的回归方程作为 σ_i^2 与解释变量之间的相关关系。

例如，设原模型为

$$y_i = \beta_0 + \beta_1 x_{i1} + \beta_2 x_{i2} + \beta_3 x_{i3} + \varepsilon_i$$

则将 e_i^2 分别对 $x_{i1}, x_{i2}, x_{i3}, x_{i1}^2, x_{i2}^2, x_{i3}^2, x_{i1}x_{i2}, x_{i1}x_{i3}, x_{i2}x_{i3}$ 进行一元回归。White 检验可适用于 σ_i^2 与两个解释变量同时相关的情况。

3. Spearman 等级相关系数检验

检验模型是否存在异方差问题，除了使用残差图外，Spearman 等级相关系数也是常用的检验方法，Spearman 等级相关系数的检验步骤如下：

(1) 使用最小二乘法对回归模型进行拟合，求出残差 $\varepsilon_i, i=1,2,\cdots,n$。

(2) 针对每个 X_i，将 X_i 的 n 个观察值和 ε_i 的绝对值按照递增或递减顺序求出相对应的秩。

(3) 针对每个 X_i，计算 Spearman 等级相关系数 $r_i^s, i=1,2,\cdots,p$。

(4) 检验 Spearman 等级相关系数 r_i^s 的显著性，$i=1,2,\cdots,p$。

若在 $r_i^s(i=1,2,\cdots,p)$ 中存在一个 r_i^s 显著相关，则回归方程存在异方差。

除了以上介绍的检验方法外，还有其他检验异方差的方法，在此不作一一介绍了。

7.5 消除异方差的方法

当使用某种方法确定存在异方差后，就不能简单地采用 OLS 进行参数估计了，否则将产生严重的后果。

如果是由于模型设定不当而产生的异方差现象，则应根据问题的经济背景和有关经济学理论，重新建立更为合理的回归模型，否则即使采用了以下介绍的方法进行处理，从表面上对现有的样本数据消除了异方差，但由于模型自身存在的缺陷，所得到的回归方程仍不可能正确反映经济变量之间的关系，用它来进行预测和控制仍会产生较大的误差。以下介绍的消除异方差的方法是以模型设定正确为前提的。

1. 模型(数据)变换法

设原模型存在异方差，为

$$y_i = \beta_0 + \beta_1 x_{i1} + \beta_2 x_{i2} + \cdots + \beta_p x_{ip} + \varepsilon_i \tag{7-5}$$

$\varepsilon_i \sim N(0,\sigma_i^2)$，且相互独立，$i=1,2,\cdots,N$。

如果经由Park检验或其他方法已经得到 σ_i^2 随解释变量变化的基本关系：

$$\sigma_i^2 = \sigma^2 f(x_{i1}, x_{i2}, \cdots, x_{ip}) = \sigma^2 z_i \tag{7-6}$$

其中 $z_i = f(x_{i1}, x_{i2}, \cdots, x_{ip}) > 0$，$\sigma^2$ 为常数。用 $\sqrt{z_i}$ 去除式(7-5)两边，得

$$\frac{y_i}{\sqrt{z_i}} = \beta_0 \frac{1}{\sqrt{z_i}} + \beta_1 \frac{x_{i1}}{\sqrt{z_i}} + \beta_2 \frac{x_{i2}}{\sqrt{z_i}} + \cdots + \beta_p \frac{x_{ip}}{\sqrt{z_i}} + \frac{\varepsilon_i}{\sqrt{z_i}} \tag{7-7}$$

显然式(7-7)与式(7-5)是等价的。令

$$\begin{cases} y'_i = y_i / \sqrt{z_i}, & x'_{i0} = 1/\sqrt{z_i} \\ x'_{ij} = x_{ij} / \sqrt{z_i}, & j = 1,2,\cdots,p \\ V_i = \varepsilon_i / \sqrt{z_i} \end{cases} \tag{7-8}$$

则式(7-7)可以表示为

$$y'_i = \beta_0 x'_{i0} + \beta_1 x'_{i1} + \beta_2 x'_{i2} + \cdots + \beta_p x'_{ip} + V_i, \quad i = 1,2,\cdots,N \tag{7-9}$$

此时

$$D(V_i) = D(\varepsilon_i / \sqrt{Z_i}) = \frac{1}{Z_i} D(\varepsilon_i) = \frac{1}{Z_i} \sigma^2 Z_i = \sigma^2, \quad i = 1,2,\cdots,N \tag{7-10}$$

式(7-10)说明模型(7-7)或式(7-9)已是同方差的，因此可以用普通最小二乘法(OLS)进行参数估计，得到线性回归方程

$$\hat{y}'_i = \hat{\beta}_0 x'_0 + \hat{\beta}_1 x'_1 + \hat{\beta}_2 x'_2 + \cdots + \hat{\beta}_p x'_p \tag{7-11}$$

若对式(7-11)的回归方程和回归系数显著性检验结果都是显著的，就可以用来进行预测和控制。但要指出的是，在进行预测和控制时，必须将数据按式(7-8)进行变换后使用式(7-11)的回归方程，得到预测或控制结论后再由式(7-8)的关系变换为原来的数值。

2. 加权最小二乘法(WLS)

对于多元回归模型

$$Y_i = \beta_0 + \beta_1 X_{i1} + \cdots + \beta_p X_{ip} + \varepsilon_i, \quad i = 1,2,\cdots,n$$

最小二乘法是寻找参数 $\beta_0, \beta_1, \cdots, \beta_p$ 的估计值 $\hat{\beta}_0, \hat{\beta}_2, \cdots, \hat{\beta}_p$，使离差平方和达到最小值，并找出 $\hat{\beta}_0, \hat{\beta}_1, \cdots, \hat{\beta}_p$，满足 $Q(\hat{\beta}_0, \hat{\beta}_1, \cdots, \hat{\beta}_p) = \sum_{i=1}^{n} (y_i - \hat{\beta}_0 - \hat{\beta}_1 x_{i1} - \cdots - \hat{\beta}_p x_{ip})^2 = \min$。

当模型存在异方差问题时，上述平方和中每一项的地位是不同的，随机误差 ε_i 方差较大的项在平方和中的作用较大。为了调整各平方和的作用，使其对离差平方和的贡献基本相同，常采用加权的方法，即对每个样本的观察值构造一个权 w_k，$k=1,2,\cdots,n$，即找出 $\hat{\beta}_{w0}$，$\hat{\beta}_{w1}, \cdots, \hat{\beta}_{wp}$，满足 $Q(\hat{\beta}_{w0}, \hat{\beta}_{w1}, \cdots, \hat{\beta}_{wp}) = \sum_{i=1}^{n} w_i (y_i - \hat{\beta}_0 - \hat{\beta}_1 x_{i1} - \cdots - \hat{\beta}_p x_{ip})^2 = \min$。

令 $\hat{\beta}_w = (\hat{\beta}_{w0}, \hat{\beta}_{w1}, \cdots, \hat{\beta}_{wp})'$，$W = \mathrm{diag}(w_1, w_2, \cdots, w_n)$，则 $\hat{\beta}_w = (\hat{\beta}_{w0}, \hat{\beta}_{w1}, \cdots, \hat{\beta}_{wp})'$ 的加权最小二乘估计公式为

$$\hat{\beta}_w = (x'Wx)^{-1} x'Wy$$

如何确定权系数呢？检验异方差时，计算Spearman等级相关系数的 r_i^s，$i=1,2,\cdots,p$，选取最大的 r_i^s，$i=1,2,\cdots,p$ 对应的变量 X_i 所对应的观察值序列 $x_{i1}, x_{i2}, \cdots, x_{in}$ 构造权数，

即令 $w_k = 1/x_{ik}^m$，其中 m 为待定参数。

7.6 异方差诊断的R语言应用

例 7-4：随机抽取15家企业的人力和财力投入对企业产值的影响，具体数据如表7-1所示。

表 7-1 企业产值、人力和财力投入数据

产值 y_1/万元	人力 z_1/人	财力 z_2/万元
244	170	287
123	136	73
51	41	61
1035	6807	169
418	3570	133
93	48	54
540	3618	232
212	510	94
52	272	70
128	1272	54
1249	5610	272
205	816	65
75	190	42
365	830	73
1291	503	287

在目录 G:\2glkx\data 下建立 al7-1.xls 数据文件后，使用的命令如下：

```
> library(RODBC)
> z <- odbcConnectExcel("G:/2glkx/data/al7 - 1.xls")
> sq <- sqlFetch(z,"Sheet1")
> close(z)
> sq
```

执行以上5行命令后，得到如下结果：

```
     y1   z1  z2
1   244  170 287
⋮
15 1291  503 287
```

在符号“>”后输入如下命令：

```
> y <- sq $ y1;x1 <- sq $ z1;x2 <- sq $ z2
> lm.reg <- lm(y~1 + x1 + x2)
> y.res <- residuals(lm.reg)
> cc <- abs(y.res)
> d <- data.frame(x1,x2,cc)
> cor(d)
```

执行以上 6 行命令后，得到如下结果：

```
              x1          x2          cc
x1 1.00000000 0.4399801 0.02981016
x2 0.43998014 1.0000000 0.82297373
cc 0.02981016 0.8229737 1.00000000
```

根据上面 R 语言软件的输出结果，财力投入 z2 和残差绝对值 cc 相关系数显著，因此该回归模型存在异方差问题。

7.7 异方差消除的 R 语言应用

根据相关系数，我们选取 z2 构造权重矩阵，假定 $m=2.5$（可以从 $m=1$ 开始，每次将 m 增加 0.5，依次计算加权回归，选择 R^2 值最大的 m 作为权重的指数）。

在符号"＞"后输入如下命令：

```
> wk <- 1/x2 ^2.5
> lm.reg <- lm(y~1 + x1 + x2,weight = wk)
> summary(lm.reg)
```

执行以上 3 行命令后，得到如下结果：

```
Call:
lm(formula = y ~ 1 + x1 + x2, weights = wk)
Weighted Residuals:
      Min         1Q      Median      3Q       Max
 - 0.42144   - 0.31103  - 0.01519  0.17582  0.81897
Coefficients:
                Estimate Std.   Error t     value  Pr(>|t|)
(Intercept)     - 59.03487   53.82151   - 1.097   0.2942
x1                0.08145    0.03010     2.706   0.0191 *
x2                2.48872    0.93144     2.672   0.0203 *
---
Signif. codes:  0 '***' 0.001 '**' 0.01 '*' 0.05 '.' 0.1 ' ' 1
Residual standard error: 0.3814 on 12 degrees of freedom
Multiple R - squared:  0.7485,    Adjusted R - squared:  0.7065
F - statistic: 17.85 on 2 and 12 DF,  p - value: 0.0002533
```

根据上面 R 语言的输出结果，变量 x1、x2 的系数显著。异方差问题得到解决。

练习题

1. 表 7-2 是对某地区 1998 年 30 个家庭的人均年收入 X 与人均年服装费支出 Y 的调查数据。

表 7-2 人均收入与人均服装费支出数据　　单位：元

人均收入	人均服装费	人均收入	人均服装费	人均收入	人均服装费
1280	418	6500	860	18 600	1260
1300	522	7900	910	20 000	880

续表

人均收入	人均服装费	人均收入	人均服装费	人均收入	人均服装费
3480	480	8950	850	22 300	1580
3890	640	9700	760	25 000	1120
4050	590	11 500	1320	26 750	1800
4189	760	12 300	915	28 000	1200
4560	720	14 800	735	29 000	1050
5260	886	15 400	876	30 000	860
5890	890	16 500	1100	35 500	2200
6250	820	17 200	930	38 000	3450

现建立该地区人均服装费支出 y_t 与人均年收入 x_t 之间的线性回归模型如下：

$$y_i = \beta_0 + \beta_1 x_i + \varepsilon,\quad i = 1,2,\cdots,30$$

使用R语言对该模型进行如下分析：

(1) 用图示法判断该模型是否存在异方差；

(2) 用Park检验法检验该模型是否存在异方差；

(3) 若存在异方差，则以残差序列 e_i^2 项作为加权变量，采用加权最小二乘法对原模型进行参数估计；

(4) 比较WLS与OLS两种方法的参数估计精度（即比较两种方法的 $\sqrt{D(\hat{\beta}_0)}$ 和 $\sqrt{D(\hat{\beta}_1)}$ 的大小）。

2. 表7-3给出某年我国北方几个省（直辖市、自治区）农业总产值、农业劳动力、灌溉面积、化肥用量、户均固定资产以及农机动力数据，要求：

(1) 试建立我国北方地区农业产出线性模型；

(2) 选用适当的方法检验模型中是否存在异方差；

(3) 如果存在异方差，采用适当的方法加以修正。

表7-3 某年我国北方几个省（直辖市、自治区）农业方面的数据

地区＼因素	农业总产值/亿元	农业劳动力/万人	灌溉面积/万公顷	化肥用量/万吨	户均固定资产/元	农机动力/万马力
北京	19.64	90.1	33.84	7.5	394.3	435.3
天津	14.4	95.2	34.95	3.9	567.5	450.7
河北	149.9	1639.0	357.26	92.4	706.89	2712.6
山西	55.07	562.6	107.9	31.4	856.37	1118.5
内蒙古	60.85	462.9	96.49	15.4	1282.81	641.7
辽宁	87.48	588.9	72.4	61.6	844.74	1129.6
吉林	73.81	399.7	69.63	36.9	2576.81	647.6
黑龙江	104.51	425.3	67.95	25.8	1237.16	1305.8
山东	276.55	2365.6	456.55	152.3	5812.02	3127.9
河南	200.02	2557.5	318.99	127.9	754.78	2134.5
陕西	68.18	884.2	117.9	36.1	607.41	764
新疆	49.12	256.1	260.46	15.1	1143.67	523.3

第8章 自相关问题的R语言应用

8.1 自相关的概念

在经典回归模型中,假定随机误差项满足

$$\varepsilon_i \sim N(0,\sigma^2),\text{且相互独立},\quad i=1,2,\cdots,N$$

但在实际问题中,若各 ε_i 之间不独立,即

$$\operatorname{cov}(\varepsilon_i,\varepsilon_j)\neq 0,\quad i\neq j,\quad i,j=1,2,\cdots,N \tag{8-1}$$

则称随机误差项 ε_i 序列之间存在自相关,也称为序列相关。

在计量经济模型中,自相关现象是普遍存在的。如果模型中存在自相关,则用普通最小二乘法进行参数估计同样会产生严重的不良后果。因此在研究计量经济模型时必须对自相关现象进行有效的识别,并采取适当方法消除模型中的自相关性。

8.2 产生自相关的原因

了解自相关产生的原因,有助于我们在研究计量经济模型时,有针对性地对样本数据进行识别和检验,避免自相关性对分析结果的不良影响。产生自相关的原因主要有以下几个方面。

1. 经济惯性所导致的自相关

由于许多经济变量的发展变化往往在时间上存在一定的趋势性,使某些经济变量在前后期之间存在明显的相关性,因此在以时间序列数据为样本建立计量经济模型时,就可能存在自相关性。例如:

(1) 在时间序列的消费模型中,由于居民的消费需求与以往的消费水平有很大关系,因此本期的消费量与上期消费量之间会存在正相关性。

(2) 在以时间序列数据研究投资规模的计量经济模型时,由于大量基本建设投资是需要跨年度实施的,因此本期投资规模不仅与本期的市场需求、利率以及宏观经济景气指数等因素有关,而且与前期甚至前几期的投资规模有关,这就会导致各期投资规模之间的自相关性。

(3) 在以时间序列数据研究农业生产函数的计量经济模型中,由于当期许多农产品的价格在很大程度上取决于前期这些农产品的产量,从而会影响当期该农产品的播种面积。因此当期农产品产量必然会受到前期农产品产量的负面影响,使某些农产品产量在前后之间出现负相关性。

(4) 在宏观经济领域中，由于社会经济发展过程中不可避免地存在着周期性发展趋势，从而使国民生产总值、价格指数、就业水平等宏观经济指标也就必然存在周期性的前后相关性。因此在时间序列的许多宏观计量经济模型中会产生自相关性。

经济惯性是使时间序列的计量经济模型产生自相关性的最主要的原因。因此对于这类模型要特别注意识别是否存在显著的自相关性。自相关的线性回归模型通常表示为

$$\begin{aligned} &y_t = \beta_0 + \beta_1 x_{t1} + \beta_2 x_{t2} + \cdots + \beta_p x_{tp} + \varepsilon_t \\ &\mathrm{cov}(\varepsilon_t, \varepsilon_{t-s}) \neq 0, \quad t = 1,2,\cdots,N, \quad s = 1,2,\cdots,t-1 \end{aligned} \tag{8-2}$$

2. 由于模型设定不当而产生的自相关

1) 模型中遗漏了重要的解释变量

例如，在实际问题的正确模型应当为

$$\begin{aligned} &y_t = \beta_0 + \beta_1 x_{t1} + \beta_2 x_{t2} + \varepsilon_t \\ &\mathrm{cov}(\varepsilon_t, \varepsilon_{t-s}) \neq 0, \quad t = 1,2,\cdots,N, \quad s = 1,2,\cdots,t-1 \end{aligned}$$

但建立模型时仅考虑了一个解释变量：

$$y_t = \beta_0 + \beta_1 x_{t1} + V_t$$

这样 $V_t = \beta_2 x_{t2} + \varepsilon_t$，使解释变量 x_2 对 y 产生的影响归入了随机误差项 V_t 中，此时如果 x_2 在不同时期之间的值是高度相关的，就会导致上述模型中的 V_t 出现自相关性。例如在时间序列的生产函数模型中，设 x_2 为劳动量的投入，则无论是对单个企业还是多个行业或地区，劳动要素的投入量在相邻年份之间是高度相关的。

2) 模型的数学形式设定不当

例如，设正确的模型应当为

$$\begin{aligned} &y_t = \beta_0 + \beta_1 x_t + \beta_2 x_t^2 + \varepsilon_t \\ &\mathrm{cov}(\varepsilon_t, \varepsilon_{t-s}) \neq 0, \quad t = 1,2,\cdots,N, \quad s = 1,2,\cdots,t-1 \end{aligned}$$

但建立模型时却将 y 与 x 之间的相关关系表示为线性模型

$$y_t = \beta_0 + \beta_1 x_t + V_t$$

则 $V_t = \beta_2 x_t^2 + \varepsilon_t$，$V_t$ 中含有 x_t^2 项对 y_t 产生的影响，随着 t 的变化，x_t^2 项会引起 V_t 呈现某种系统性的变化趋势，导致该线性回归模型出现自相关现象。

3. 某些重大事件所引起的自相关

通常在建立计量经济模型时，往往将一些难以定量化的环境因素对被解释变量的影响都归入随机误差项中。但当发生重大自然灾害、战争、地区或全球性的经济金融危机以及政府的重大经济政策调整时，这些环境因素对被解释变量的影响通常会在同一方向上延续很长时期。当以时间序列为样本数据的计量经济模型中含有发生重大事件年份中的数据时，就会使随机误差项产生自相关。例如 20 世纪 90 年代末的亚洲金融危机就对亚洲各国经济产生了长期影响。

8.3 自相关的后果

与存在异方差的情况类似，当模型中存在自相关时，若仍使用普通最小二乘法进行参数估计，同样会产生严重的不良后果。

(1) 参数的 OLS 估计不再具有最小方差性，从而不再是参数 β 的有效估计，使估计的

精度大大降低。

(2) 显著性检验方法失效。这是由于第 1 章给出的对回归方程和回归系数的显著性检验的统计量分布时,是以各 $\varepsilon_i \sim N(0,\sigma^2)$ 且相互独立为依据的。当存在自相关时,各 ε_i 之间不再独立,因而原来导出的统计量的分布就不再成立。

(3) 预测和控制的精度降低。由于 OLS 估计不再具有最小方差性,使参数估计的误差增大,就必然导致预测和控制的精度降低,失去应用价值。

8.4　自相关的识别和检验

当存在自相关时,就不能再用 OLS 进行参数估计,否则会产生严重的不良后果。因此,对时间序列的计量经济模型,应特别注意模型中是否存在自相关性。识别和检验自相关性主要有以下方法。

1. 图示法

由于 ε_t 是不可观察的随机误差,与检验异方差类似,可以利用残差序列 e_t 来分析 ε_t 之间是否存在自相关,方法如下:

(1) 用 OLS 对原模型进行回归,求出残差 $e_t(t=1,2,\cdots,N)$。

(2) 作关于 (e_{t-1},e_t), $t=2,3,\cdots,N$ 或 (t,e_t), $t=1,2,\cdots,N$ 的散点图。

在 (e_{t-1},e_t) 的散点图中,如果 (e_{t-1},e_t) 的大部分点落在 1、3 象限中,就说明 e_t 与 e_{t-1} 之间存在正相关性;若大部分点落在 2、4 象限中,则说明 e_t 与 e_{t-1} 之间存在负相关性;若各点比较均匀地散布于 4 个象限中,则说明不存在自相关。

在 (t,e_t) 的散点图中,如果 e_t 随时间 t 呈某种周期性的变化趋势,则说明存在正相关;若呈现锯齿形的震荡变化规律,则说明存在负相关。

2. DW(Durbin-Watson)检验法

检验模型是否存在自相关问题,除了使用残差图外,DW 检验是常用的检验方法。DW 检验方法的基本思想如下:

DW 检验适用于检验随机误差项之间是否存在一阶自相关的情况。所谓一阶自相关,是指 ε_t 序列之间有如下相关关系:

$$\varepsilon_t = \rho\varepsilon_{t-1} + V_t,\quad t = 2,3,\cdots,N \tag{8-3}$$

其中 $|\rho| \leqslant 1$ 为自相关系数,它反映了 ε_t 与 ε_{t-1} 之间的线性相关程度。$\rho>0$ 为正相关,$\rho<0$ 为负相关,$\rho=0$ 为无自相关。V_t 是满足经典假设条件的随机误差项,即 $V_t \sim N(0,\sigma_V^2)$ 且相互独立,而且 $\mathrm{cov}(\varepsilon_{t-1},V_t)=0$。由式(8-3)可知,要检验是否存在一阶自相关,即要检验假设

$$H_0:\rho = 0,\quad H_1:\rho \neq 0$$

Durbin 和 Watson 构造了检验一阶自相关的统计量 DW:

$$\mathrm{DW} = \frac{\sum_{t=2}^{N}(e_t - e_{t-1})^2}{\sum_{t=1}^{N} e_t^2} \tag{8-4}$$

为什么式(8-4)能检验 ε_t 的一阶自相关性呢? 从直观上分析,如果存在一阶正自相关,则相邻两个样本点的 $(e_t-e_{t-1})^2$ 就较小,从而 DW 值也就较小;若存在一阶负相关,则 $(e_t-$

$e_{t-1})^2$ 就较大，DW 值也就较大；若无自相关，则 e_t 与 e_{t-1} 之间就呈随机关系，DW 值就应采取一个较为适中的值。可以证明

$$DW \approx 2(1-\hat{\rho}) \tag{8-5}$$

其中

$$\hat{\rho}=\frac{\sum_{t=2}^{N} e_t e_{t-1}}{\sum_{t=1}^{N} e_t^2} \tag{8-6}$$

由式(8-5)可知：

(1) 若存在一阶完全正自相关，即 $\hat{\rho}\approx 1$，则 $DW\approx 0$。

(2) 若存在一阶完全负自相关，即 $\hat{\rho}\approx -1$，则 $DW\approx 4$。

(3) 若不存在自相关，即 $\hat{\rho}\approx 0$，则 $DW\approx 2$。

以上分析说明，DW 值越接近 2，ε_t 序列的自相关性就越小；DW 值越接近 0，ε_t 序列就越呈现正相关；DW 值越接近 4，ε_t 序列就越呈现负相关。DW 检验法根据不同的样本容量 N 和解释变量的个数 P，在给定的不同显著性水平 α 下，建立了 DW 统计量的下临界值 d_L 和上临界值 d_U 的 DW 统计量临界值表。

检验方法如下：

(1) $DW<d_L$，则在水平 α 下判定存在正自相关。

(2) $DW>4-d_L$，则在水平 α 下判定存在负自相关。

(3) $d_U<DW<4-d_U$，则在水平 α 下判定不存在自相关。

(4) $d_L<DW<d_U$ 或 $4-d_U<DW<4-d_L$，则在水平 α 下不能判定是否存在自相关。

可以证明 DW 的取值范围为 $0\leqslant DW\leqslant 4$。根据样本容量 n，指标数量 p、显著水平 α 和 DW 统计分布表，可以确定临界值的上界和下界 d_L、d_U，然后根据表 8-1 可以确定回归模型的自相关情况。

表 8-1 使用 DW 统计量判断自相关

DW 范围	残差项存在正相关关系
$0\leqslant DW\leqslant d_L$	存在正相关
$d_L\leqslant DW\leqslant d_U$ 或 $4-d_U\leqslant DW\leqslant 4-d_L$	无法确定
$d_U<DW<4-d_U$	不存在相关
$4-d_L\leqslant DW\leqslant 4$	存在负相关

DW 检验具有计算简单的优点，因而是最常用的自相关检验方法，但在应用时存在一定的局限性。这主要是由于 DW 统计量的精确分布未知，DW 是用某种 β 分布加以近似的，因此运用时需要满足一定的条件。

(1) 只适用于一阶自相关检验，不适合具有高阶自相关的情况。

(2) 存在两个不能判定的区域。当样本容量 N 较小时，这两个区域就较大，反之这两个区域就较小。例如，当 $P=1, N=15, \alpha=0.05$ 时，$d_L=1.08, d_U=1.36$；而当 $N=50$ 时，$d_L=1.50, d_U=1.59$。故当 DW 落在不能判定区域时，如能增加样本容量，通常就可以得到解决。

(3) 当模型中含有滞后被解释变量时,DW 检验失效。例如:

$$y_t = \beta_0 + \beta_1 x_t + \beta_2 y_{t-1} + \varepsilon_t$$

(4) 需要比较大的样本容量($N \geqslant 15$)。

在 R 语言中,提供了求 DW 统计量值的函数 dwtest()。

3. 回归检验法

由于自相关就是模型中的随机误差项之间存在某种相关关系,而回归分析就是用来研究变量之间相关关系的方法,因此可以用回归分析方法来检验随机误差项之间是否存在自相关。虽然 ε_t 是不可观察的,但可以用残差序列 e_t 来近似代替。回归检验法的步骤如下:

(1) 用 OLS 对原模型进行参数估计,并求出各个 e_t。

(2) 根据经验或通过对残差序列的分析,采用相应的回归模型对自相关的形式进行拟合,常用的模型有

$$e_t = \rho e_{t-1} + V_t$$
$$e_t = \rho e_{t-1}^2 + V_t$$
$$e_t = \rho_1 e_{t-1} + \rho_2 e_{t-2} + V_t$$
$$\vdots$$

以上第一个模型就是一阶线性自回归模型,而第三个模型就是二阶线性自回归模型。

(3) 对所有自回归方程及其回归系数进行显著性检验。若存在显著性的回归形式,则可以认为存在自相关;当有多个形式的回归均为显著时,则取最优的拟合形式(临界显著性水平最高者)作为自相关的形式。若各个回归形式都不显著,则可以判定原模型不存在自相关。

由上可知,回归检验方法比 DW 检验方法的适用性要广,它适用于各种自相关的情况,而且检验方法也具理论依据,但计算量要大些。

8.5 自相关的处理方法

如果是由于模型设定不当而产生的自相关现象,则应根据问题的经济背景和有关经济理论知识,重新建立更为合理的计量经济模型。以下介绍的消除模型中的自相关的方法是以模型设定正确为前提的。

由前所述,如果模型的随机误差项间存在自相关,就不能直接使用 OLS 进行参数估计,否则将产生严重的不良后果。此时必须采用适当方法消除模型中的自相关性。

1. 广义差分法

设原模型存在一阶自相关

$$y_t = \beta_0 + \beta_1 x_t + \varepsilon_t, \quad t = 1,2,\cdots,N \tag{8-7}$$

$$\varepsilon_t = \rho\varepsilon_{t-1} + V_t, \quad V_t \sim N(0,\sigma_V^2), \quad \text{且相互独立}$$

其中相关系数 ρ 为已知(可用式(8-6)估计,或由回归检验法得到),由式(8-7)可得

$$\rho y_{t-1} = \rho\beta_0 + \rho\beta_1 x_{t-1} + \rho\varepsilon_{t-1} \tag{8-8}$$

将式(8-7)减去式(8-8),得

$$\begin{aligned} y_t - \rho y_{t-1} &= \beta_0(1-\rho) + \beta_1(x_t - \rho x_{t-1}) + \varepsilon_t - \rho\varepsilon_{t-1} \\ &= \beta_0(1-\rho) + \beta_1(x_t - \rho x_{t-1}) + V_t, \quad t = 2,3,\cdots,N \end{aligned} \tag{8-9}$$

作如下广义差分变换，令

$$\begin{cases} y_t^* = y_t - \rho y_{t-1} \\ x_t^* = x_t - \rho x_{t-1} \end{cases}, \quad t = 2,3,\cdots,N \tag{8-10}$$

则式(8-9)可改写为

$$y_t^* = \beta_0(1-\rho) + \beta_1 x_t^* + V_t \tag{8-11}$$

$$V_t \sim N(0,\sigma_V^2)\text{，且相互独立，}\quad t = 2,3,\cdots,N$$

式(8-9)或式(8-11)就称为广义差分模型。由于模型中的随机误差项 V_t 满足经典假设条件，不存在自相关，因此可以用 OLS 进行参数估计。上述通过对原模型进行广义差分变换后再进行参数估计的方法就称为广义差分法。

由于式(8-9)和式(8-11)中的 t 是从 2 开始的，故经过广义差分变换后将损失一个观察值，为了不减少自由度，可对 y_1 和 x_1 作如下变换，令

$$y_1^* = \sqrt{1-\rho^2}\, y_1, \quad x_1^* = \sqrt{1-\rho^2}\, x_1 \tag{8-12}$$

则式(8-11)

$$y_t^* = \beta_0(1-\rho) + \beta_1 x_t^* + V_t, \quad t = 1,2,3,\cdots,N \tag{8-13}$$

以上是以一元线性回归模型为例来讨论的。对于多元线性回归模型，处理方法是完全相同的。

2. 杜宾两步法

广义差分法要求 ρ 是已知的，但实际应用中 ρ 往往是未知的。杜宾两步法的基本思想是：先求出 ρ 的估计值 $\hat{\rho}$，然后再用广义差分法求解，其步骤如下：

(1) 将式(8-9)改写为

$$y_t = \beta_0(1-\rho) + \rho y_{t-1} + \beta_1 x_t - \beta_1 \rho x_{t-1} + V_t \tag{8-14}$$

令 $b_0=\beta_0(1-\rho)$，$b_1=\beta_1$，$b_2=-\beta_1\rho$，则式(8-14)可改写为

$$y_t = b_0 + \rho y_{t-1} + b_1 x_t + b_2 x_{t-1} + V_t, \quad t = 2,3,\cdots,N \tag{8-15}$$

则 OLS 对式(8-15)进行参数估计，求得 ρ 的估计值 $\hat{\rho}$。

(2) 用 $\hat{\rho}$ 代替 ρ，对原模型作广义差分变换，令

$$\begin{cases} y_t^* = y_t - \hat{\rho} y_{t-1} \\ x_t^* = x_t - \hat{\rho} x_{t-1}, \quad t = 2,3,\cdots,N \\ y_1^* = \sqrt{1-\hat{\rho}^2}\, y_1, \quad x_1^* = \sqrt{1-\hat{\rho}^2}\, x_1 \end{cases}$$

得广义差分模型

$$y_t^* = b_0 + \beta_1 x_t^* + V_t, \quad t = 1,2,\cdots,N \tag{8-16}$$

用 OLS 求得式(8-16)的参数估计 $\hat{b}_0$ 和 $\hat{\beta}_1$，再由 $\hat{\beta}_0=\hat{b}/(1-\hat{\rho})$ 求得 $\hat{\beta}_0$。

杜宾两步法的优点是还能应用于高阶自相关的场合，例如：

$$\varepsilon_t = \rho_1 \varepsilon_{t-1} + \rho_2 \varepsilon_{t-2} + V_t \tag{8-17}$$

完全类似地，可以先求得 $\hat{\rho}_1$ 和 $\hat{\rho}_2$，然后再用广义差分法求得原模型的参数估计。

由式(8-5)，还可以得到

$$\hat{\rho} \approx 1 - \mathrm{DW}/2 \tag{8-18}$$

它也可以替代杜宾两步法中的第一步作为 ρ 的估计，并应用于广义差分模型。

3. 科克兰内-奥克特(Cochrance-Orcutt)法

以上介绍的各种求 $\hat{\rho}$ 的方法的缺点是精度较低，有可能无法完全消除广义差分模型中的自相关性。科克兰内-奥克特提出的方法实际上是一种迭代的广义差分方法，它能有效地消除自相关性，其步骤如下：

(1) 用 OLS 对原模型进行参数估计，求得残差序列 $e_t^{(1)}, t=1,2,\cdots,N$。

(2) 对残差的一阶自回归模型

$$e_t^{(1)} = \rho e_{t-1}^{(1)} + V_t, \quad t = 2,3,\cdots,N \tag{8-19}$$

用 OLS 进行参数估计，得到 ρ 的初次估计值 $\hat{\rho}^{(1)}$。

(3) 用 $\hat{\rho}^{(1)}$ 对原模型进行广义差分模型变换，得广义差分模型

$$y_t^* = b_0 + \beta_1 x_t^* + \varepsilon_t^* \tag{8-20}$$

其中 $b_0 = \beta_0(1-\hat{\rho}^{(1)})$。

(4) 用 OLS 对式(8-20)进行参数估计，得到 $\hat{\beta}_0^{(1)}, \hat{\beta}_1^{(1)}, \hat{y}_t^{(1)}$；并计算残差序列

$$e_t^{(2)}, e_t^{(2)} = y_t - \hat{y}_t^{(1)}, \quad t = 1,2,\cdots,N$$

(5) 利用 $e_t^{(2)}$ 序列对模型式(8-20)进行自相关检验。若无自相关，则迭代结束，已得原模型的一致最小方差无偏估计 $\hat{\beta}_0^{(1)}, \hat{\beta}_1^{(1)}$；若仍存在自相关，则进行第二次迭代，返回步骤(2)，用 $e_t^{(2)}$ 代替式(8-19)中的 $e_t^{(1)}$，求得 ρ 的第二次估计值 $\hat{\rho}^{(2)}$，再利用 $\hat{\rho}^{(2)}$ 对原模型进行广义差分变换，并进而用 OLS 求得 $\hat{\beta}_0^{(2)}, \hat{\beta}_1^{(2)}$，并计算残差序列 $e_t^{(3)}$ 后再次进行自相关检验，如仍存在自相关，则再重复上述迭代过程，直至消除自相关为止。

通常情况下，只需进行二次迭代即可消除模型中的自相关性，故科克兰内-奥克特法又称为二步迭代法。该方法能有效地消除自相关性，提高模型参数估计的精度。

8.5 自相关性诊断的 R 语言应用

例 8-1：某公司 1991—2005 年的开发经费和新产品利润数据如表 8-2 所示。利用回归分析开发经费对新产品利润的影响。

表 8-2 开发经费和新产品利润数据

开发费用/万元	新产品利润/万元	Δy	Δx_{i1}
35	690	—	—
38	734	3	44
42	788	4	54
45	870	3	82
52	1038	7	168
65	1280	13	242
72	1434	7	154
81	1656	9	222
103	2033	22	377
113	2268	10	235
119	2451	6	183
133	2819	14	368

续表

开发费用/万元	新产品利润/万元	Δy	Δx_{i1}
159	3431	26	612
198	4409	39	978
260	5885	62	1476

在目录 G:\2glkx\data 下建立 al8-1. xls 数据文件后，使用的命令如下：

```
> library(RODBC)
> z <- odbcConnectExcel("G:/2glkx/data/al8 - 1.xls")
> sq <- sqlFetch(z,"Sheet1")
> close(z)
> sq
```

执行以上 5 行命令后，得到如下结果：

```
   kf   lr cc dy   dx
1   35  690 NA NA   NA
⋮
15 260 5885 NA 62 1476
```

在符号“>”后输入如下命令：

```
> y <- sq $ lr;x <- sq $ kf
> lm.reg <- lm(y~1 + x)
> summary(lm.reg)
```

执行以上 3 行命令后，得到如下结果：

```
Call:
lm(formula = y ~ 1 + x)
Residuals:
      Min          1Q    Median       3Q        Max
 - 132.150   - 30.931   - 2.238   51.439   102.346
Coefficients:
                Estimate Std.   Error t     value   Pr(>|t|)
(Intercept)     - 208.1174  36.8566   - 5.647   7.97e - 05  ***
x                  23.0414   0.3097    74.400   < 2e - 16  ***
---
Signif. codes:  0 '***'0.001 '**'0.01 '*'0.05 '.'0.1 ''1
Residual standard error: 75.5 on 13 degrees of freedom
Multiple R - squared:  0.9977,     Adjusted R - squared:  0.9975
F - statistic:  5535 on 1 and 13 DF,   p - value: < 2.2e - 16
```

下面再看看 DW 值。

注意：下列命令需先用命令>install. packages("lmtest")安装，用 R 语言的程序包菜单先加载后才能使用。

```
> library(lmtest)
> dwtest(lm.reg)
```

执行以上2行命令后，得到如下结果：

```
        Durbin - Watson test
data:  lm.reg
DW = 0.4799, p - value = 1.497e - 05
alternative hypothesis: true autocorrelation is greater than 0
```

从R语言的输出结果可以看出，DW统计量为0.4799，所以存在自相关。

8.7 自相关消除的R语言应用

下面使用差分法来解决自相关问题。

当模型存在自相关问题时，可以采用差分法来解决自相关问题。差分法的具体计算过程如下：

令 $\Delta y_i = y_i - y_{i-1}$，$\Delta x_{ij} = x_{ij} - x_{i-1j}$，$i=1,2,\cdots,n$，$j=1,2,\cdots,p$。利用 Δy_i 和 Δx_{ij} 数据 采取最小二乘法对下述回归模型的参数进行拟合，可以求出经验回归参数 β_j，$j=1,2,\cdots,p$。

$$\Delta y_i = \beta_0 + \beta_1 \Delta x_{i1} + \cdots + \beta_p \Delta x_{ip} + \varepsilon_i, \quad i = 1,2,\cdots,n$$

接8.6节的内容，在符号“>”后输入如下命令：

```
> y1 <- sq $ dy;x1 <- sq $ dx
> y2 <- y1[ - (1:1)]    # 去掉表 8-1 第 3 列的第 1 行数据
> x2 <- x1[ - (1:1)]    # 去掉表 8-1 第 4 列的第 1 行数据
> lm.reg1 <- lm(y2~1 + x2)
> dwtest(lm.reg1)
```

执行以上5行命令后，得到如下结果：

```
        Durbin - Watson test
data:  lm.reg1
DW = 2.1945, p - value = 0.5331
alternative hypothesis: true autocorrelation is greater than 0
```

从R语言的输出结果可见，DW统计量值为2.1945，自相关问题消除，说明采取差分法能够解决自相关问题。

练习题

1. 表8-3给出了我国1953—1985年的工业总产值 y_t 和固定资产总额 x_t 的统计资料。

表8-3 工业总产值和固定资产投资　　单位：万元

年份	固定资产投资	工业总产值	年份	固定资产投资	工业总产值
1953	91.59	450	1959	368.02	1483
1954	102.68	515	1960	416.58	1637
1955	105.24	534	1961	156.06	1067
1956	160.84	642	1962	87.28	920
1957	151.23	704	1963	116.66	993
1958	279.06	1083	1964	165.89	1164

续表

年份	固定资产投资	工业总产值	年份	固定资产投资	工业总产值
1965	216.9	1402	1976	523.94	3158
1966	254.8	1624	1977	548.3	3578
1967	187.72	1382	1978	668.72	4067
1968	151.57	1285	1979	699.36	4483
1969	246.92	1665	1980	745.9	4897
1970	368.08	2080	1981	667.51	5120
1971	417.31	2375	1982	845.31	5506
1972	412.81	2517	1983	951.96	6088
1973	438.12	2741	1984	1185.18	7042
1974	436.19	2730	1985	1680.51	8756
1975	544.94	3124			

对我国工业总产值 Y 和固定资产投资 X 之间的如下线性回归模型：

$$y_t = b_0 + b_1 x_t \quad t = 1953, 1954, \cdots, 1985$$

试用R语言进行分析：

(1) 用DW检验法检验该模型是否存在自相关。

(2) 若存在自相关，用公式 $\hat{\rho}=1-\mathrm{DW}/2$ 求出相关系数的估计值 $\hat{\rho}$，利用广义差分方法对原模型进行广义差分变换并进行参数估计和DW检验，是否能够消除自相关性？

(3) 试用科克兰内-奥克特迭代法处理原模型中的自相关性，问能否消除模型中的自相关性(迭代3次为止)？

(4) 若对原来模型作如下变换，令

$$x_t^* = x_t / x_{t-1} \quad (\text{固定资产投资指数})$$

$$y_t^* = y_t / y_{t-1} \quad (\text{工业总产值指数})$$

得新模型

$$y_t^* = b_0 + b_1 x_t^* + V_t, \quad t = 2, 3, \cdots, 33$$

试用OLS方法对该模型进行参数估计并检验是否存在自相关。

2. 表8-4给出了美国1960—1995年36年间个人实际可支配收入 X 和个人实际消费支出 Y 的数据。

表8-4 美国个人实际可支配收入和个人实际消费支出 单位：100亿美元

年份	个人实际可支配收入 X	个人实际消费支出 Y	年份	个人实际可支配收入 X	个人实际消费支出 Y
1960	157	143	1967	220	196
1961	162	146	1968	230	207
1962	169	153	1969	237	215
1963	176	160	1970	247	220
1964	188	169	1971	256	228
1965	200	180	1972	268	242
1966	211	190	1973	287	253

续表

年份	个人实际可支配收入 X	个人实际消费支出 Y	年份	个人实际可支配收入 X	个人实际消费支出 Y
1974	285	251	1985	396	357
1975	290	257	1986	409	371
1976	301	271	1987	415	382
1977	311	283	1988	432	397
1978	326	295	1989	440	406
1979	335	302	1990	448	413
1980	337	301	1991	449	411
1981	345	305	1992	461	422
1982	348	308	1993	467	434
1983	358	324	1994	478	447
1984	384	341	1995	493	458

注：资料来源于 *Economic Report of the President*，数据为 1992 年价格。

要求：

(1) 用普通最小二乘法估计收入-消费模型：

$$Y_t = \beta_1 + \beta_2 X_2 + u_t$$

(2) 检验收入-消费模型的自相关状况(5%显著水平)。

(3) 用适当的方法消除模型中存在的问题。

3. 在研究生产中劳动所占份额的问题时，古扎拉蒂采用如下模型：

$$\text{模型 1：} Y_t = \alpha_0 + \alpha_1 t + u_t$$

$$\text{模型 2：} Y_t = \alpha_0 + \alpha_1 t + \alpha_2 t^2 + u_t$$

其中 Y 为劳动投入，t 为时间。据 1949—1964 年数据，对初级金属工业得到如下结果：

$$\text{模型 1：} \hat{Y}_t = 0.4529 - 0.0041t$$
$$t = \quad (-3.9608)$$
$$R^2 = 0.5284 \qquad DW = 0.8252$$

$$\text{模型 2：} \hat{Y}_t = 0.4786 - 0.0127t + 0.0005t^2$$
$$t = \quad (-3.2724)(2.7777)$$
$$R^2 = 0.6629 \qquad DW = 1.82$$

其中，括号内的数字为 t 统计量。

问：(1) 模型 1 和模型 2 中是否有自相关？

(2) 如何判定自相关的存在？

(3) 怎样区分虚假自相关和真正的自相关？

4. 表 8-5 是北京市连续 19 年城镇居民家庭人均收入与人均支出的数据。

表 8-5　北京市 19 年城镇居民家庭收入与支出数据

年份顺序	人均收入/元	人均生活消费支出/元	商品零售物价指数/%	人均实际收入/元	人均实际支出/元
1	450.18	359.86	100.00	450.18	359.86
2	491.54	408.66	101.50	484.28	402.62
3	599.40	490.44	108.60	551.93	451.60
4	619.57	511.43	110.20	562.22	464.09
5	668.06	534.82	112.30	594.89	476.24
6	716.60	574.06	113.00	634.16	508.02
7	837.65	666.75	115.40	725.87	577.77
8	1158.84	923.32	136.80	847.11	674.94
9	1317.33	1067.38	145.90	902.90	731.58
10	1413.24	1147.60	158.60	891.07	723.58
11	1767.67	1455.55	193.30	914.47	753.00
12	1899.57	1520.41	229.10	829.14	663.64
13	2067.33	1646.05	238.50	866.81	690.17
14	2359.88	1860.17	258.80	911.85	718.77
15	2813.10	2134.65	280.30	1003.60	761.56
16	3935.39	2939.60	327.70	1200.91	897.04
17	5585.88	4134.12	386.40	1445.62	1069.91
18	6748.68	5019.76	435.10	1551.06	1153.70
19	7945.78	5729.45	466.90	1701.82	1227.13

要求：(1) 建立居民收入-消费函数。

(2) 检验模型中存在的问题，并采取适当的补救措施予以处理。

(3) 对模型结果进行经济解释。

5. 表 8-6 给出了日本工薪家庭实际消费支出与可支配收入数据。

表 8-6　日本工薪家庭实际消费支出与实际可支配收入　　单位：1000 日元

年份	个人实际可支配收入 X	个人实际消费支出 Y	年份	个人实际可支配收入 X	个人实际消费支出 Y
1970	239	300	1983	304	384
1971	248	311	1984	308	392
1972	258	329	1985	310	400
1973	272	351	1986	312	403
1974	268	354	1987	314	411
1975	280	364	1988	324	428
1976	279	360	1989	326	434
1977	282	366	1990	332	441
1978	285	370	1991	334	449
1979	293	378	1992	336	451
1980	291	374	1993	334	449
1981	294	371	1994	330	449
1982	302	381			

注：资料来源于日本银行《经济统计年报》数据为 1990 年价格。

要求：

(1) 建立日本工薪家庭的收入-消费函数。

(2) 检验模型中存在的问题，并采取适当的补救措施予以处理。

(3) 对模型结果进行经济解释。

6. 表 8-7 给出了中国实际国内生产总值(X)和实际进口额(Y)的数据。

表 8-7　1985—2003 年中国实际 GDP 和实际进口额　　单位：亿元

年份	实际 GDP(X)	实际进口额(Y)
1985	8964.40	2543.2
1986	9753.27	2983.4
1987	10884.65	3450.1
1988	12114.62	3571.6
1989	12611.32	3045.9
1990	13090.55	2950.4
1991	14294.88	3338.0
1992	16324.75	4182.2
1993	18528.59	5244.4
1994	20863.19	6311.9
1995	23053.83	7002.2
1996	25267.00	7707.2
1997	27490.49	8305.4
1998	29634.75	9301.3
1999	31738.82	9794.8
2000	34277.92	10842.5
2001	36848.76	12125.6
2002	39907.21	14118.8
2003	43618.58	17612.2

注：表中数据来源于《中国统计年鉴 2004》光盘。实际 GDP 和实际进口额均为 1985 年可比价指标。

要求：

(1) 检测进口需求模型 $Y_t=\beta_1+\beta_2 X_t+u_t$ 的自相关性。

(2) 采用科克兰内-奥克特迭代法处理模型中的自相关问题。

7. 表 8-8 给出了某地区 1980—2000 年的地区生产总值(Y)与固定资产投资额(X)的数据。

表 8-8　某地区生产总值(Y)与固定资产投资额(X)　　单位：亿元

年份	地区生产总值 Y	固定资产投资额 X	年份	地区生产总值 Y	固定资产投资额 X
1980	1402	216	1985	2030	368
1981	1624	254	1986	2375	417
1982	1382	187	1987	2517	412
1983	1285	151	1988	2741	438
1984	1665	246	1989	2730	436

续表

年份	地区生产总值 Y	固定资产投资额 X	年份	地区生产总值 Y	固定资产投资额 X
1990	3124	544	1996	5120	667
1991	3158	523	1997	5506	845
1992	3578	548	1998	6088	951
1993	4067	668	1999	7042	1185
1994	4483	699	2000	8756	1180
1995	4897	745			

要求：

(1) 使用对数线性模型 $\mathrm{Ln}Y_t=\beta_1+\beta_2\mathrm{Ln}X_t+u_t$ 进行回归，并检验回归模型的自相关性。

(2) 采用广义差分法处理模型中的自相关问题。

(3) 令 $X_t^*=X_t/X_{t-1}$（固定资产投资指数），$Y_t^*=Y_t/Y_{t-1}$（地区生产总值增长指数），使用模型 $\mathrm{Ln}Y_t^*=\beta_1+\beta_2\mathrm{Ln}X_t^*+v_t$，该模型中是否有自相关？

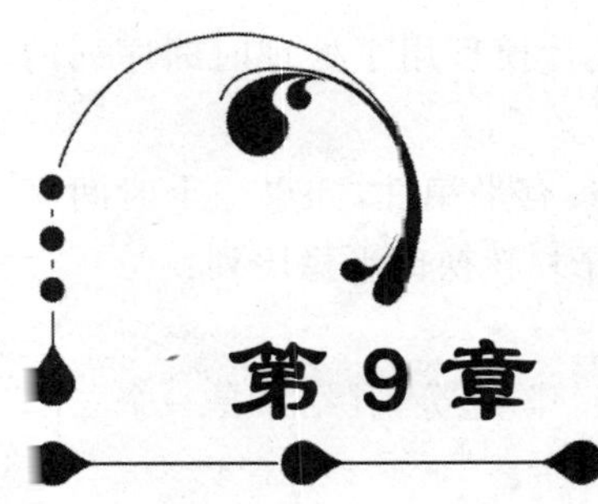

第9章 时间序列分析ARIMA模型预测的R语言应用

9.1 ARIMA模型

ARIMA模型全称为差分自回归移动平均模型，是由博克斯(Box)和詹金斯(Jenkins)于20世纪70年代初提出的一种著名的时间序列预测方法，所以又称为Box-Jenkins模型、博克斯-詹金斯法。其中ARIMA(p,d,q)称为差分自回归移动平均，p为自回归项数；q为移动平均项数，d为时间序列成为平稳时所做的差分次数。所谓ARIMA模型，是指将非平稳时间序列转化为平稳时间序列，然后将因变量仅对它的滞后值以及随机误差项的现值和滞后值进行回归所建立的模型。

ARIMA模型可分为3种：

(1) 自回归模型(简称AR模型)，即时间序列y_t是它的前期值和随机项的线性函数，可表示为

$$y_t = \phi_1 y_{t-1} + \phi_2 y_{t-2} + \cdots + \phi_p y_{t-p} + \varepsilon_t$$

其中随机项ε_t是相互独立的白噪声序列，服从均值为0，方差为σ_ε^2的正态分布。ε_t与滞后变量不相关。

(2) 移动平均模型(简称MA模型)，即时间序列y_t是它的当期和前期随机项的线性函数，可表示为

$$y_t = \varepsilon_t + \theta_1 \varepsilon_{t-1} + \theta_2 \varepsilon_{t-2} + \cdots + \theta_q \varepsilon_{t-q}$$

(3) 自回归移动平均模型(简称ARMA模型)，即时间序列y_t是它的当期和前期随机项以及前期值的线性函数，可表示为

$$y_t = \phi_0 + \phi_1 y_{t-1} + \phi_2 y_{t-2} + \cdots + \phi_p y_{t-p} + \varepsilon_t + \theta_1 \varepsilon_{t-1} + \theta_2 \varepsilon_{t-2} + \cdots + \theta_q \varepsilon_{t-q} \qquad (9\text{-}1)$$

ARIMA模型的基本思想是：将预测对象随时间推移而形成的数据序列视为一个随机序列。以时间序列的自相关分析为基础，用一定的数学模型来近似描述这个序列。这个模型一旦被识别后，就可以从时间序列的过去值及现在值来预测未来值。ARIMA模型在经济预测过程中既考虑了经济现象在时间序列上的依存性，又考虑了随机波动的干扰性，对于经济运行短期趋势的预测准确率较高，是近年应用比较广泛的方法之一。

指数平滑法对于预测来说是非常有帮助的，而且它对时间序列上面连续的值之间相关性没有要求。但是，如果想使用指数平滑法计算出预测区间，那么预测误差必须是不相关的，而且必须是服从零均值、方差不变的正态分布。即使指数平滑法对时间序列连续数值之间的相关性没有要求，在某种情况下，我们可以通过考虑数据之间的相关性来创建更好的

预测模型。自回归移动平均模型(ARIMA)包含一个确定的统计模型用于处理时间序列的不规则部分,它也允许不规则部分可以自相关。

将方程(9-1)应用于时间序列之前,必须保证该时间序列具有平稳性,如果一个时间序列是非平稳的,必须首先对方程中的变量进行差分,将非平稳序列转换成平稳序列:

$$y_t^* = \Delta y_t = y_t - y_{t-1}$$

如果取一阶差分后仍然是非平稳的,可以再对一阶差分取一阶差分,其结果是一个二阶差分变换:

$$y_t^{**} = \Delta y_t^* = y_t^* - y_{t-1}^* = \Delta y_t - \Delta y_{t-1}$$

总之,就是连续进行差分直到序列是平稳的。在序列达到平稳之前所取差分的次数以字母 d 来表示。例如,假设 GDP 每年以相当一致的数量增长,则 GDP 对于时间轴的曲线将表现为一个非平稳序列,但是 GDP 的一阶差分则表现为一个平稳序列。此时 $d=1$,因为从非平稳转换为平稳序列只需要进行一次一阶差分。

方程(9-1)中的被解释变量必须是平稳的,所以这个方程中的 y 有可能是 y 本身(即 y 是平稳的),也有可能是 y_t^*,甚至可能是 y_t^{**}。如果已经得到了 y_t^* 或者 y_t^{**} 的预测值,那么在应用这一结果之前,必须首先将其变换为 y 的形式。例如,如果 $d=1$,则有

$$\hat{y}_{T+1} = y_T + \hat{y}_{T+1}^*$$

这一变换过程类似于数学中的积分,所以 ARIMA 模型中的"I"代表求积。因而 ARIMA 也叫自回归求积移动平均,如果原始序列是平稳的,则 $d=0$,那么 ARIMA 模型就是 ARMA 模型。

作为简称,具有 p、d、q 设定的 ARIMA 模型通常表示为 ARIMA(p,d,q),其中 p、d、q 为整数。例如 ARIMA(2,1,1)表示模型含有两个自回归项、一次一阶差分、一个移动平均项:

$$y_t^* = \phi_0 + \phi_1 y_{t-1}^* + \phi_2 y_{t-2}^* + \varepsilon_t + \theta_1 \varepsilon_{t-1}$$

式中 $y_t^* = \Delta y_t = y_t - y_{t-1}$。

下面给出 ARIMA 模型用于时间序列周期性季节性预测的一个实例。

9.2 通过差分得到平稳时间序列

例 9-1:每年女人裙子边缘的直径做成的时间序列数据从 1866—1911 年在平均值上是不平稳的。随着时间增加,数值变化很大。

```
> skirts <- scan("http://robjhyndman.com/tsdldata/roberts/skirts.dat",skip = 5)
Read 46 items
> skirtsts <- ts(skirts,start = c(1866))  ##生成时间序列
> skirtsts
```

执行">"后的以上 3 行命令后,得到如下时间序列数据:

```
Time Series:
Start = 1866
End = 1911
Frequency = 1
 [1]  608  617  625  636  657  691  728  784  816  876  949  997 1027 1047
```

```
[15] 1049 1018 1021 1012 1018  991  962  921  871  829  822  820  802  821
[29]  819  791  746  726  661  620  588  568  542  551  541  557  556  534
[43]  528  529  523  531
> plot.ts(skirtsts)
```

执行以上命令后，得到如图 9-1 所示的图形。

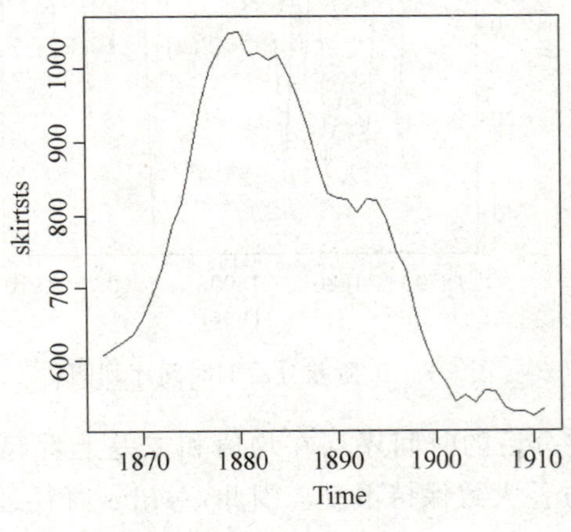

图 9-1　时间序列图*

可以通过下面的 R 语言代码来得到时间序列(数据保存在 skirtsts 文件中)的一阶差分，并画出差分序列的图：

```
> skirtstsdiff <- diff(skirtsts,differences = 1)
> plot.ts(skirtstsdiff)
```

执行以上 2 行命令后，可得如图 9-2 所示的图形。

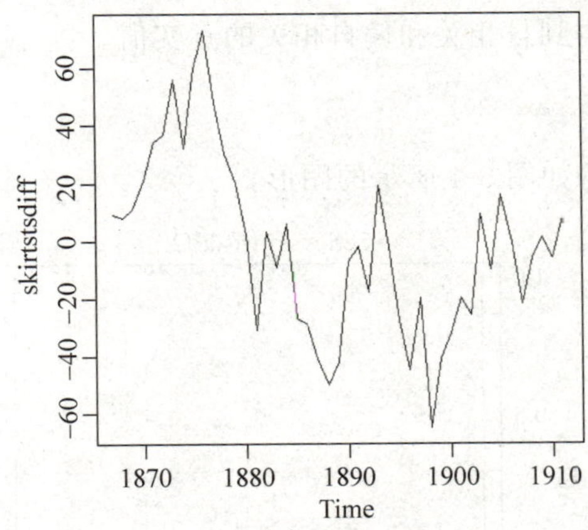

图 9-2　一阶差分后的时间序列图

从一阶差分的图 9-2 中可以看出，数据仍是不平稳的，继续差分。

```
> skirtstsdiff2 <- diff(skirtsts,differences = 2)
> plot.ts(skirtstsdiff2)
```

* 本章的图均为程序自动生成，未做规范化处理。

执行以上 2 行命令后，可得如图 9-3 所示的图形。

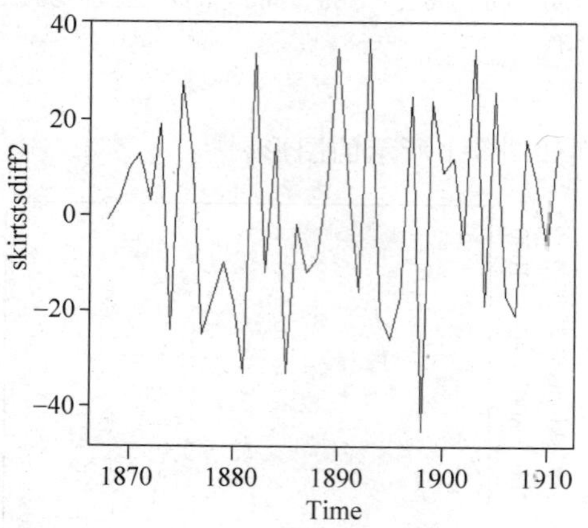

图 9-3　二阶差分后的时间序列图

由图 9-3 可见，二阶差分后的时间序列在均值和方差上看起来像是平稳的，随着时间推移，时间序列的水平和方差大致保持不变。因此，对裙子直经进行两次差分可以得到平稳序列。

9.3　确定合适的 ARIMA 模型

如果时间序列是平稳的，或者通过做 n 次差分转化为一个平稳时间序列，接下来就是要选择合适的 ARIMA 模型，这意味着需要寻找 ARIMA(p,d,q)中合适的 p 值和 q 值。

为了得到 p 值和 q 值，通常需要检查平稳时间序列的(自)相关图和偏自相关图。可使用 R 语言中的 acf()和 pacf 函数来分别绘出(自)相关图和偏相关图。acf()和 pacf()函数中设定 plot＝FALSE 来得到自相关和偏自相关的真实值。

```
> acf(skirtstsdiff2,lag.max = 20)
```

执行以上命令后，可得如图 9-4 所示的图形。

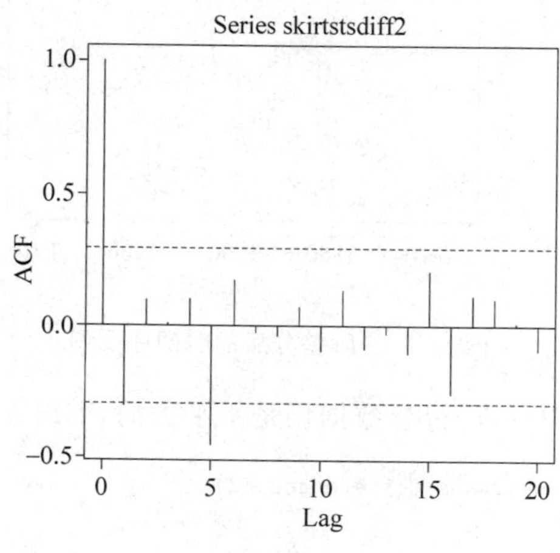

图 9-4　自相关图

```
> acf(skirtstsdiff2,lag.max = 20,plot = FALSE)
```

执行以上命令后，得到如下结果：

```
Autocorrelations of series 'skirtstsdiff2', by lag
    0       1       2       3     4       5     6       7       8       9      10
1.000 - 0.303   0.096   0.009 0.102 - 0.453 0.173 - 0.025 - 0.039   0.073 - 0.094
   11      12      13      14    15      16    17      18      19      20
0.133 - 0.089 - 0.027 - 0.102 0.207 - 0.260 0.114   0.101   0.011 - 0.090
```

由图 9-4 可见，自相关图显示滞后一阶自相关值基本没有超过边界值，虽然五阶自相关值超出边界，但很可能属于偶然出现的，而自相关值在其他阶上都没有超出显著边界，而且可以期望 1～20 之间的自相关值会偶尔超出 95％的置信边界。

```
> pacf(skirtstsdiff2,lag.max = 20)
```

执行以上命令后，可得如图 9-5 所示的图形。

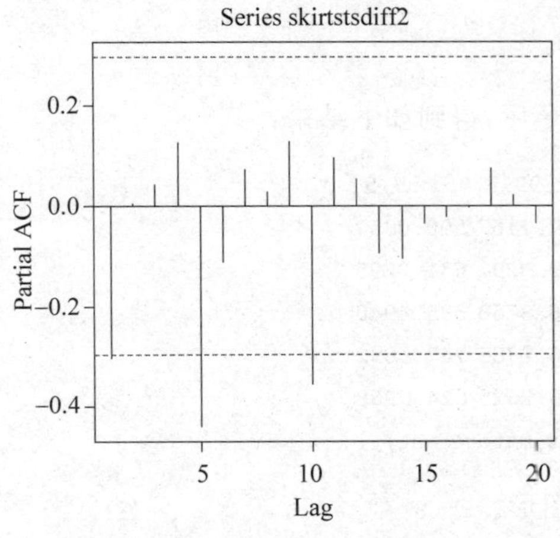

图 9-5 偏自相关图

```
> pacf(skirtstsdiff2,lag.max = 20,plot = FALSE)
```

执行以上命令后，得到如下结果：

```
Partial autocorrelations of series 'skirtstsdiff2', by lag
      1       2       3       4       5       6     7     8       9      10    11
- 0.303   0.005   0.043   0.128 - 0.439 - 0.110 0.073 0.028   0.128 - 0.355 0.095
     12      13      14      15      16      17    18    19      20
  0.052 - 0.094 - 0.103 - 0.034 - 0.021 - 0.002 0.074 0.020 - 0.034
```

由图 9-5 可见，偏自相关值选 5 阶，故 ARMIA 模型可确定为 armia(1,2,5)。

```
> skirtsarima < - arima(skirtsts,order = c(1,2,5))
> skirtsarima
```

执行以上 2 行命令后，得到如下结果：

```
Series: skirtsts
```

```
ARIMA(1,2,5)
Coefficients:
            ar1      ma1      ma2      ma3      ma4       ma5
        -0.4345   0.2762   0.1033   0.1472   0.0267   -0.8384
s.e.     0.1837   0.2171   0.2198   0.2716   0.1904    0.2888
sigma^2 estimated as 206.1:  log likelihood=-183.8
AIC=381.6   AICc=384.71   BIC=394.09
```

因此可得如下模型：

$$y_t = -0.4345y_{t-1} + u_t + 0.2762u_{t-1} + 0.1033u_{t-2} + 0.1472u_{t-2} + 0.0267u_{t-2} - 0.8384u_{t-5}$$

9.4 ARIMA 模型预测

预测后 5 年裙子的边缘直径，可使用如下 R 语言命令。

```
> skirtsarimaforecast <- forecast.arima(skirtsarima, h = 5, level = c(99.5))   ##先要装forecast程序包
> skirtsarimaforecast
```

执行“>”后的 2 行命令后，得到如下结果：

```
        Point Forecast   Lo 99.5   Hi 99.5
1912          548.5762 507.1167 590.0357
1913          545.1793 459.3292 631.0295
1914          540.9354 396.3768 685.4940
1915          531.8838 316.2785 747.4892
1916          529.1296 233.2625 824.9968
> plot.forecast(skirtsarimaforecast)
```

可得如图 9-6 所示的图形。

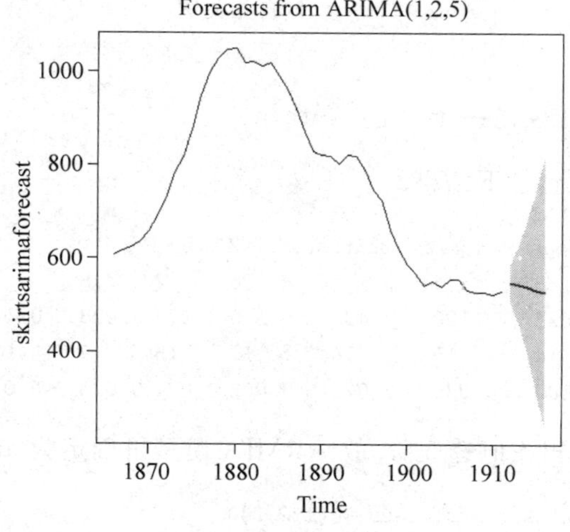

图 9-6　预测结果图

9.5 ARIMA 模型预测结果的检验

在指数平滑模型下，观察 ARIMA 模型的预测误差是否是平均值为 0 且方差为常数的正态分布（服从零均值、方差不变的正态分布）是个很好的办法，同时也要观察连续预测误差是否（自）相关。

```
> acf(skirtsarimaforecast $ residuals, lag.max = 20)
```

执行以上命令后，可得如图 9-7 所示的图形。

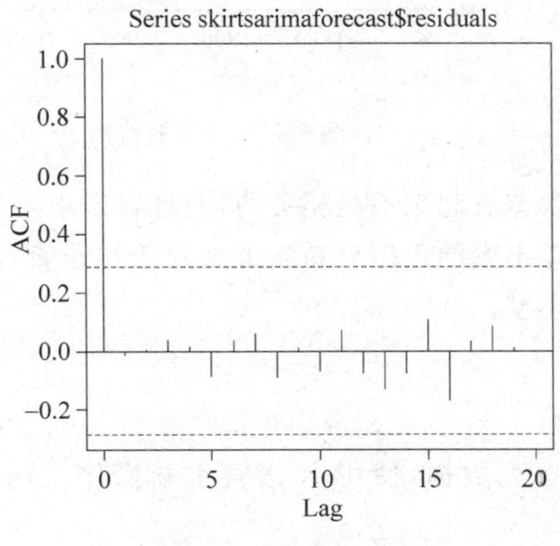

图 9-7　自相关检验图

```
> Box.test(skirtsarimaforecast $ residuals, lag = 20, type = "Ljung - Bcx")
```

执行上行命令后，得到如下结果：

```
        Box - Ljung test
data:   skirtsarimaforecast $ residuals
X - squared  =  8.5974, df  =  20, p - value  =  0.9871
```

既然自相关图显示出在滞后 1～20 阶（lags1-20）中样本自相关值都没有超出显著（置信）边界，而且 Ljung-Box 检验的 p 值为 0.9871，所以推断在滞后 1～20 阶（lags1-20）中没明显证据说明预测误差是非零自相关的。

为了调查预测误差是否是平均值为零且方差为常数的正态分布（服从零均值、方差不变的正态分布），可以做预测误差的时间曲线图。

```
> plot.ts(skirtsarimaforecast $ residuals)
```

执行上行命令后，可得如图 9-8 所示的图形。

图 9-8 所示的预测误差的时间曲线图显示出随着时间增加，方差大致为常数（大致不变）（尽管上半部分的时间序列方差看起来稍微高一些）。时间序列的直方图显示预测误大致是正态分布的且平均值接近于 0（服从零均值的正态分布的）。因此，把预测误差看作平均值为 0、方差为常数的正态分布（服从零均值、方差不变的正态分布）是合理的。

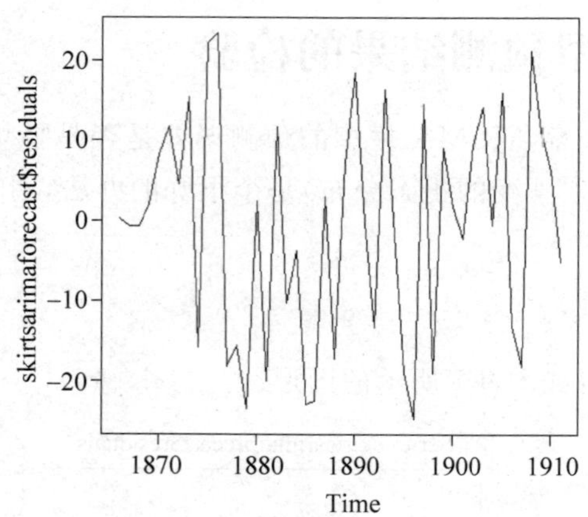

图 9-8 预测误差的时间曲线图

既然依次连续的预测误差看起来不是相关的，而且看起来是平均值为 0、方差为常数的正态分布(服从零均值、方差不变的正态分布)，那么对于裙子直径的数据，ARIMA(1,2,5)看起来是非常合适的预测模型。

练习题

对本章中例题的时间序列数据，使用 R 语言重新操作一遍，并理解命令结果的统计含义。

第 10 章 单位根、协整与格兰杰因果检验的R语言应用

10.1 时间序列分析的基本理论

时间序列分析是一种动态数据处理的统计方法。该方法基于随机过程理论和数理统计学方法，研究随机数据序列所遵从的统计规律，以此来解决实际问题。时间序列是随时间而变化、具有动态性和随机性的数字序列。在现实生活中，许多统计资料都是按照时间进行观测记录的，因此时间序列分析在实际分析中具有广泛的应用。

时间序列分析模型不同于一般的经济计量模型，其不以经济理论为依据，而是依据变量自身的变化规律，利用外推机制描述时间序列的变化。时间序列模型在处理的过程中必须明确考虑时间序列的非平稳性。

本章在介绍时间序列分析的基本理论的基础上，对 R 语言中提供的时间序列分析功能进行一系列的实例分析。

10.1.1 平稳、协整、因果检验的基本概念

如果一个随机过程的均值和方差在时间过程上都是常数，并且在任何两时期的协方差值仅依赖于该两时期之间的距离或滞后，而不依赖于计算这个协方差的实际时间，就称它为平稳的。强调平稳性是因为将一个随机游走变量(即非平稳数据)对另一个随机游走变量进行回归可能导致荒谬的结果，传统的显著性检验将告知我们变量之间的关系是不存在的。这种情况就称为伪回归(spurious regression)。

伪回归的含义是：两个没有因果关系的时间序列之间基于其他的外在因素推出了因果关系。例如 c 事件导致了 a 和 b 事件，如果在 a 和 b 之间进行回归分析，则容易导出 a 和 b 之间存在因果关系的错误结论。

伪回归的特征：

(1) 对参数的检验(t 检验)和回归方程的检验(F 检验)容易得到显著的结果，拟合度 R^2 接近 1；

(2) 残差存在严重的自相关。

伪回归的结果：许多非平稳的经济变量的显著相关性是不存在的，是虚假的。

伪回归的传统解决方法：

第一种方法是应用一阶差分后进行回归，其缺点是：

① 经济理论往往研究的是变量的水平值，而不是差分值；

② 往往会丢失一些有用的长期信息。

第二种方法是移去线性趋势，其缺点是：假设序列存在独立的确定性趋势，只能解释变量的短期关系。

有时虽然两个变量都是随机游走的，但它们的某个线性组合却可能是平稳的，在这种情况下，称这两个变量是协整的。因此对于两个非平稳的时间序列$\{x_t\}$，$\{y_t\}$，如果满足以下条件：①$\{x_t\}$，$\{y_t\}$为$I(1)$序列；②存在线性组合x_t+by_t，使得x_t+by_t是平稳序列，则称序列$\{x_t\}$，$\{y_t\}$具有协整关系。序列的协整关系描述了时间序列之间的长期均衡关系。

因果检验用于确定一个变量的变化是否为另一个变量变化的原因。

10.1.2 单位根检验

本节讨论单位根过程及其相关检验。

1. 单位根过程

如果一个时间序列的均值或自协方差函数随时间而改变，那么这个序列就是非平稳时间序列。

随机过程$\{y_t, t=1,2,\cdots\}$，若

$$y_t = \rho y_{t-1} + \varepsilon_t \tag{10-1}$$

其中，$\rho=1$，ε_t为一个稳定过程，且$E(\varepsilon_t)=0$，$\text{Cov}(\varepsilon_t,\varepsilon_{t-s})=\mu_t<\infty$，这里$s=0,1,2,\cdots$，则称该过程为单位根过程。特别地，若

$$y_t = y_{t-1} + \varepsilon_t \tag{10-2}$$

其中，ε_t独立同分布，且$E(\varepsilon_t)=0$，$D(\varepsilon_t)=\sigma^2<\infty$，则称该过程为一个随机游走过程。它是单位根过程的一个特例。

若单位根过程经过一阶差分成为平稳过程，即

$$y_t - y_{t-1} = (1-B)y_t = \varepsilon_t \tag{10-3}$$

其中，B为一步滞后算子，则时间序列y_t称为一阶单整序列，记作$I(1)$。一般地，如果非平稳时间序列x_t经过d阶差分达到平稳过程，则时间序列y_t称为d阶单整序列，记作$I(d)$。其中，d表示单整阶数，是序列包含的单位根个数。

2. 单位根的DF与ADF检验

可以用序列的自相关分析图判断时间序列的平稳性，但这种方法比较粗略，单位根检验是检验时序平稳性的一种正式的方法。

1) DF检验

考虑一个AR(1)过程：

$$y_t = \rho y_{t-1} + \varepsilon_t \tag{10-4}$$

其中，ε_t是白噪声。若参数$|\rho|<1$，则序列y_t是平稳的；而当$|\rho|>1$时，序列是爆炸性的，没有实际意义。所以只需检验$|\rho|<1$。

实际检验时，将式(10-4)写成

$$\nabla y_t = \gamma y_{t-1} + \varepsilon_t \tag{10-5}$$

其中$\gamma=\rho-1$。检验假设为

$$H_0: \gamma = 0 \quad H_1: \gamma < 0$$

在序列存在单位根的零假设下，对参数γ估计值进行显著性检验的统计量不服从常规

的 t 分布。Dickey 和 Fuller 与 1979 年给出了检验用的模拟值，故该检验称为 DF 检验。在 Eviews 中给出的是由 MacKinnon 改进的单位根检验的临界值。

根据序列 y_t 的性质不同，DF 检验除了式(10-5)外，还允许序列 y_t 有如下两种形式：

(1) 包含常数项

$$\nabla y_t = c + \gamma y_{t-1} + \varepsilon_t \tag{10-6}$$

(2) 包含常数项和线性时间趋势项

$$\nabla y_t = c + \delta t + \gamma y_{t-1} + \varepsilon_t \tag{10-7}$$

一般地，如果序列 y_t 在 0 均值上下波动，则应该选择不包含常数和时间趋势项目的检验方程，即式(10-5)；如果序列 y_t 具有非 0 均值，但没有时间趋势，可选择式(10-6)作为检验方程；如果序列随时间变化有上升或下降趋势，应采用式(10-7)。

2) ADF 检验

在 DF 检验中，对于式(10-5)，常常因为序列存在高阶滞后相关而破坏了随机扰动项 ε_t 是白噪声的假设，ADF 检验对此做了改进。它假定序列 y_t 服从 AR(p)过程。检验方程为

$$\nabla y_t = \gamma y_{t-1} + \xi_1 \nabla y_{t-1} + \xi_2 \nabla y_{t-2} + \cdots + \xi_{p-1} \nabla y_{t-p+1} + \varepsilon_t \tag{10-8}$$

ADF 检验的假设与 DF 检验相同。在实际操作中，式(10-8)中的参数 p 视具体情况而定，一般选择能保证 ε_t 是白噪声的最小的 p 值。对比式(10-5)，可知 DF 检验是 ADF 检验的一个特例。

与 DF 检验一样，ADF 检验也可以有包含常数项和同时含有常数和线性时间趋势项两种形式，只需在式(10-8)右边加上 c 或 c 与 δt。

3. 单位根的 PP 检验

针对序列可能存在高阶相关的情况，Pillips 和 Person 与 1988 年提出了一种检验方法，称为 PP 检验，检验方程是

$$\nabla y_t = \alpha + \gamma y_{t-1} + \varepsilon_t \tag{10-9}$$

该检验对方程中的系数 γ 的显著性检验 t 统计量进行了修正，检验原假设与 ADF 检验相同：序列存在单位根，即 $\gamma=0$。Eviws 采用 Newey-West 异方差和自相关一致估计，检验统计量

$$t_{\mathrm{pp}} = \frac{\gamma_0^{1/2} t_\gamma}{\omega} - \frac{(\omega^2 - \gamma^2) T s_\gamma}{2\omega\hat{\sigma}} \tag{10-10}$$

其中，

$$\omega = \gamma_0 + 2\sum_{j=1}^{q}\left(1 - \frac{j}{q+1}\right)\gamma_j \tag{10-11}$$

$$\gamma_j = \frac{1}{T}\sum_{t=j+1}^{T} \tilde{\varepsilon}_t \tilde{\varepsilon}_{t-j} \tag{10-12}$$

t_γ 和 s_γ 是系数 γ 的统计量和标准差，$\hat{\sigma}$ 是检验方程的估计标准差，T 是时期总数，q 是截尾期。针对序列的不同性质，PP 检验也有含常数项、含常数和趋势项以及不含常数和趋势项三种检验类型。

10.1.3 协整检验

有些时间序列，虽然它们自身非平稳，但其线性组合却平稳。这个线性组合反映了变量

之间长期稳定的比例关系，称为协整关系，本节介绍协整的定义与协整检验的有关方法及其应用。

1. 协整的定义

如果时间序列 $y_{1t}, y_{2t}, \cdots, y_{nt}$ 都是 d 阶单整序列，即 $I(d)$，存在一个向量 $\alpha=(\alpha_1, \alpha_2, \cdots, \alpha_n)$，使得 $\alpha y_t' \sim I(d-b)$，这里 $y_t=(y_{1t}, y_{2t}, \cdots, y_{nt})$，$d \geqslant b \geqslant 0$，则称序列为 $y_{1t}, y_{2t}, \cdots, y_{nt}$ 是 (d,b) 阶协整序列，记为 $y_t \sim \mathrm{CI}(d,b)$，$\alpha$ 为协整向量。

下面讨论两个序列之间的协整关系，可以证明，两个时间序列 x_t, y_t 只有在它们是同阶单整序列即 $I(d)$ 时，才可能存在协整关系(这一点对多变量协整并不适用)。

2. 协整检验

协整检验的前提条件是多个时间序列必须是同阶单整的。为检验两变量 x_t、y_t 是否协整，Engle 和 Granger 于 1987 年提出了两步检验法，称为 Engle-Granger 两步检验，用普通最小二乘法(OLS)对 x、y 进行回归，得到残差序列 zt，检验残差的平稳性。具体如下：

如果时间序列 x_t、y_t 都是 d 阶单整的，用一个变量对另一个变量回归，即有

$$y_t = \alpha + \beta x_t + \varepsilon_t \tag{10-13}$$

用 $\hat{\alpha}$、$\hat{\beta}$ 表示回归系数的估计值，则模型残差估计值为

$$\hat{\varepsilon} = y_t - \hat{\alpha} - \hat{\beta} x_t \tag{10-14}$$

若 $\hat{\varepsilon} \sim I(0)$，则 x_t、y_t 具有协整关系，且 $(1, -\hat{\beta})$ 为协整向量，式(10-13)为协整回归方程。

10.1.4 误差修正模型

误差修正模型(Error Correction Model, ECM)基本形式是由 Davidson、Hendry、Srba、Yeo 于 1978 年提出的，称为 DHSY 模型。

对 DHSY(1,1)模型

$$y_t = \beta_0 + \beta_1 x_t + \beta_2 y_{t-1} + \beta_3 x_{t-1} + \varepsilon_t \tag{10-15}$$

移项整理可得

$$\nabla y_t = \beta_0 + \beta_1 \nabla x_t + (\beta_2 - 1)\left(y - \frac{\beta_1 + \beta_3}{1-\beta_2} x\right)_{t-1} + \varepsilon_t \tag{10-16}$$

方程(10-16)即为误差修正模型。$y - \frac{\beta_1+\beta_3}{1-\beta_2} x$ 是误差修正项，记为 ecm。

模型(10-16)解释了因变量 y_t 的短期波动 ∇y_t 是如何被决定的。一方面，它受到自变量短期波动 ∇x_t 的影响，另一方面，它取决于 ecm。如果变量 x_t、y_t 存在长期的均衡关系，即有 $\bar{y} = a\bar{x}$，式(10-16)中的 ecm 可以改写成

$$\bar{y} = \frac{\beta_1 + \beta_3}{1-\beta_2} \bar{x}$$

可见，ecm 反映了变量在短期波动中偏离它们长期均衡关系的程度，称为均衡误差，模型(10-16)可简记为

$$\nabla y_t = \beta_0 + \beta_1 \nabla x_t + \lambda \mathrm{ecm}_{t-1} + \varepsilon_t$$

一般地，式(10-16)中 $|\beta_2|<1$，所以 $\lambda = \beta_2 - 1 < 0$。因此，当 $y_{t-1} > \frac{\beta_1+\beta_3}{1-\beta_2} x_{t-1}$，$\mathrm{ecm}_{t-1}$ 为

正，则 λecm_{t-1} 为负，使 ∇y_t 减少，反之亦然。这体现了均衡误差对 y_t 的控制。

10.2　数据来源与思路

在进行时间序列分析前，往往需要对数据进行预处理。首先要分析的是该数据是否适合用时间序列分析，这往往需要提前对数据进行简单回归，然后再进行时间序列分析的基本操作，包括定义时间序列、绘制时间序列趋势图等。对于一个带有日期变量的数据文件，R 语言中并不会自动识别并判断出该数据是否是时间序列数据，尤其是数据含有多个日期变量的情形，所以要选取恰当的日期变量，然后定义时间序列。而绘制时间序列趋势图的意义是不言而喻的，通过该步操作，可以看出数据的变化特征，为后续更加精确地判断或者选择合适的模型做好必要准备。

例 10-1：数据包括 WTI 自 2002.1.1～2006.1.1，每月 1 日的原油价格数据共 49 组，London Gold Fix 自 2002.1～2006.1 每月黄金价格均值数据共 49 组。其中原油价格数据来源于 http://www1forecast1sorg/data/data/OILPRICE1 · htm，黄金价格数据来源于 http://www1forecasts1org/data/data/Gold1 · htm，Excel 文件中的部分数据如表 10-1 所示。

表 10-1　原油和黄金价格数据

月份	黄金价格(美元/盎司)	原油价格(美元/桶)
1	281.65	19.67
2	295.50	20.74
⋮	⋮	⋮
48	510.10	59.43
49	549.86	65.51

在用 R 语言进行分析之前，先在目录 G:\2glkx\data 下建立 al10-1.xls 数据文件，有三个变量，分别为日期、原油价格、黄金价格，把日期设定为 month，原油价格设定为 wtioil，黄金价格设定为 lgoldf。

本表数据为时间序列数据，思路是：首先对数据进行描述性分析，并绘制变量的时间序列趋势图，简要分析一下数据特征，进行相关性检验，探索变量之间的相关关系；然后对数据中两个时间序列采用多种方法进行单位根检验，综合分析其平稳性；再使用 EG-ADF 协整检验方式对数据进行协整检验，综合分析其长期均衡关系，对两个变量进行格兰杰因果关系检验，探讨变量之间的格兰杰因果关系；最后建立相应的误差修正模型，并进行解释。

10.3　描述性分析

本例数据都是定距变量，通过进行定距变量的基本描述统计可以得到数据的概要统计指标，包括平均值、最大值、最小值、标准差、百分位数、中位数、偏度系数和峰度系数等，通过获得这些指标，可以从整体上对拟分析的数据进行宏观的把握，为后续进行更深入的数据分析做好准备。

命令如下：

```
> library(RODBC)      #使用此命令时必须先安装 RODBC,见 3.9.2 节
> z <- odbcConnectExcel("G:/2glkx/data/al10 - 1.xls")
> sq <- sqlFetch(z,"Sheet1")
> sq
```

执行以上4行命令后，得到如下结果：

```
  month lgoldf wtioil
1     1 281.65  19.67
2     2 295.50  20.74
⋮
48   48 510.10  59.43
49   49 549.86  65.51
```

在符号“>”后输入如下命令：

```
> m <- sq$month; hj <- sq$lgoldf; oil <- sq$wtioil
> d <- data.frame(m,hj,oil)
> summary(d)
# 这些命令是对月份(month)、黄金价格(lgoldf)、原油价格(wticil)等变量进行 # 描述性分析
```

输入完以上命令后，按回车键，得到如下分析结果：

```
       m              hj              oil
Min.   : 1   Min.   :281.6   Min.   :19.67
1st Qu.:13   1st Qu.:332.4   1st Qu.:28.85
Median :25   Median :392.0   Median :34.74
Mean   :25   Mean   :385.2   Mean   :39.33
3rd Qu.:37   3rd Qu.:424.1   3rd Qu.:48.46
Max.   :49   Max.   :549.9   Max.   :65.57
```

通过观察上面的结果，可以得到很多信息，如3个最小值、第一百分位数、中位数、平均值、最大值等。更多的信息描述如下。

(1) 3个最小值(Smallest)。

变量月份(month)最小值是1。

变量黄金价格(lgoldf)最小值是281.6。

变量原油价格(wtioil)最小值是19.67。

(2) 3个百分位数。

3个变量的第一百分位数分别是13,332.4,28.85。

3个变量的第三百分位数分别是37,424.1,48.46。

(3) 3个中位数(median)。

3个变量的中位数分别是25,392.0,34.74。

(4) 3个平均值(Mean)。

3个变量的平均值分别是25,385.2,39.33。

(5) 3个最大值(Largest)。

3个变量的最大值分别是49,549.9,65.57。

10.4 时间序列趋势图

通过绘制时间序列趋势图可看出数据的变化特征，为后续选择合适的模型做好准备。时间序列趋势图分析过程如下。

在符号“>”后输入如下命令：

```
> d1 <- data.frame(m,hj)
> plot(d1,type = "l")
```

执行以上2行命令后，得到如图10-1所示的图形。

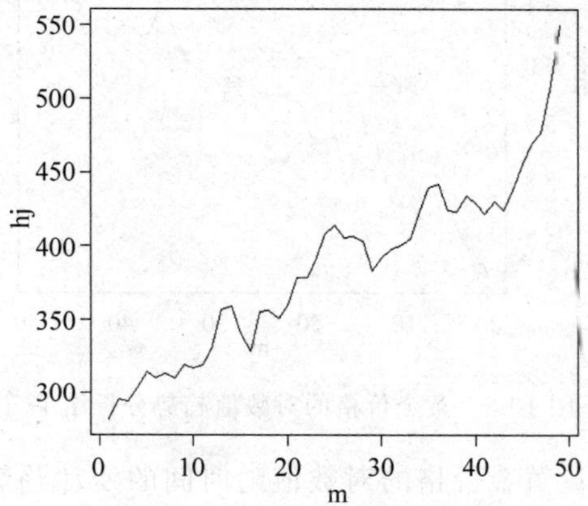

图10-1 黄金价格趋势分析结果

从图10-1中可以看出，变量黄金价格具有明显、稳定的长期增长趋势。

在符号“>”后输入如下命令：

```
> d2 <- data.frame(m,oil)
> plot(d2,type = "l")
```

得到如图10-2所示的图形。

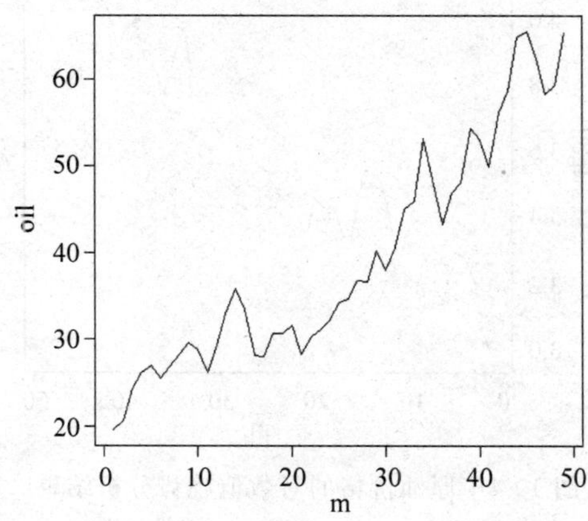

图10-2 原油价格趋势分析结果

从图 10-2 中可以看出，变量原油价格具有明显、稳定的长期增长趋势。

在符号“>”后输入如下命令：

```
> lghj = log(hj)
> d3 <- data.frame(m,lghj)
> plot(d3,type = "l")
```

执行以上 3 行命令后，得到如图 10-3 所示的图形。

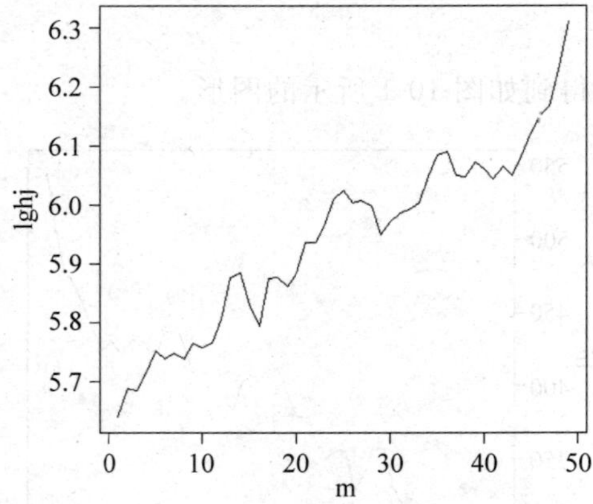

图 10-3　黄金价格的对数值趋势分析结果

图 10-3 中显示的是变量黄金价格的对数值随时间的变动趋势，可以看出，变量黄金价格的对数值具有明显、稳定的长期增长趋势。

在符号“>”后输入如下命令：

```
> lgoil = log(oil)
> d4 <- data.frame(m, lgoil)
> plot(d4,type = "l")
```

执行以上 3 行命令后，得到如图 10-4 所示的图形。

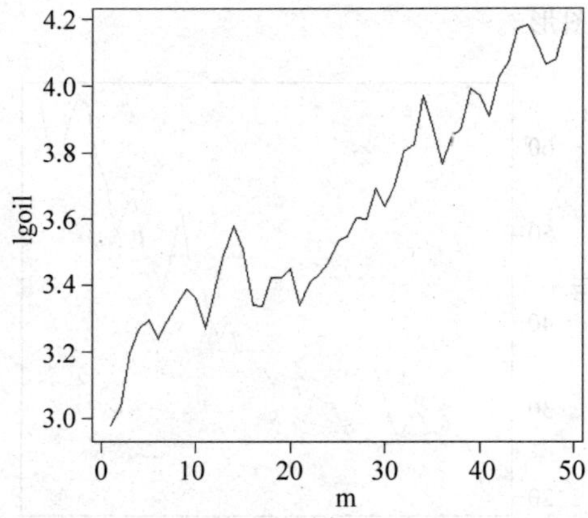

图 10-4　原油价格的对数值趋势分析结果

图 10-4 中显示的是变量原油价格的对数值随时间的变动趋势，可以看出，变量石油价格的对数值具有明显、稳定的长期增长趋势。

在符号"＞"后输入如下命令：

```
> dlghj <- diff(lghj)
> m1 <- m[ - (1:1)]    ##去掉 m 中的一个元素
> d5 <- data.frame(m1,dlghj)
> plot(d5,type = "l")
```

执行以上 4 行命令后，得到如图 10-5 所示的图形。

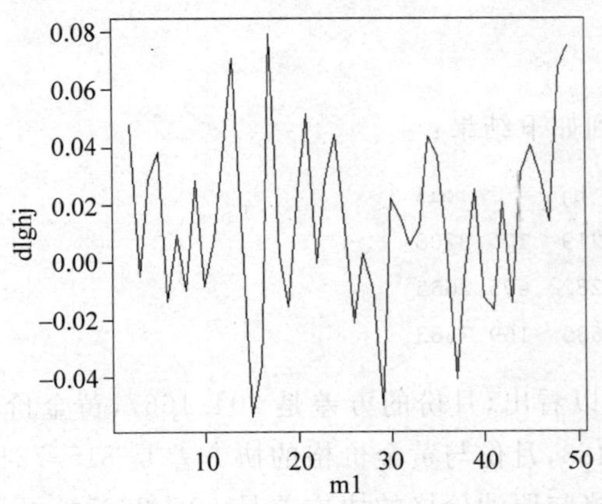

图 10-5　变量黄金价格对数值的一阶差分分析结果

从图 10-5 中可以看出，变量黄金价格对数值的一阶差分没有明显、稳定的长期变动趋势。

在符号"＞"后输入如下命令：

```
> dlgoil <- diff(lgoil)
> d6 <- data.frame(m1, dlgoil)
> plot(d6,type = "l")
```

执行以上 3 行命令后，得到如图 10-6 所示的图形。

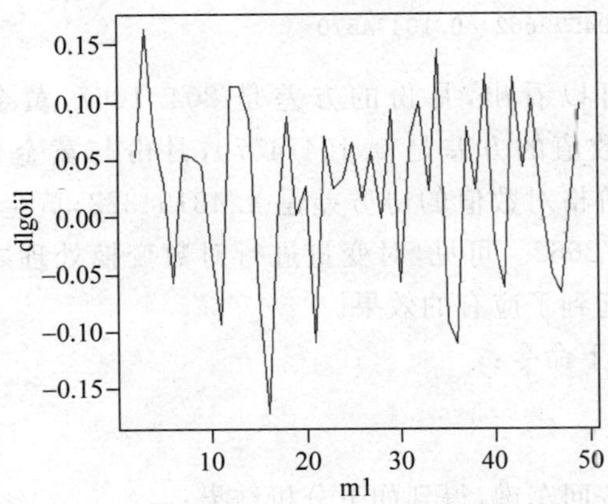

图 10-6　变量原油价格对数值的一阶差分分析结果

从图 10-6 中可以看出，变量原油价格对数值的一阶差分没有明显、稳定的长期变动趋势。

综上所述，通过绘制时间序列趋势图发现变量黄金价格对数值的一阶差分值、原油价格对数值的一阶差分值是没有时间趋势的，而变量黄金价格、原油价格、黄金价格对数值、原油价格对数值有明显、稳定的向上增长趋势。这些结论将在后面被用到。

10.5　对数据进行相关分析

在符号“＞”后输入如下命令：

```
> var(d)
```

执行上行命令后，得到如下结果：

```
           m          hj        oil
  m  204.1667   815.7219  175.3208
 hj  815.7219  3563.5282  695.2635
oil  175.3208   695.2635  169.7483
```

从上面的分析结果可以看出，月份的方差是 204.1667，黄金价格的方差是 3563.5282，原油价格的方差是 169.7483，月份与黄金价格的协方差是 815.7219，月份与原油价格的协方差是 175.3208，黄金价格与原油价格的协方差是 695.2635。可见，变量之间的方差差别是非常大的，因此对数据进行对数变换处理是非常必要的，也是非常有意义的。

在符号“＞”后输入如下命令：

```
> dd <- data.frame(m,lghj,lgoil)
> var(dd)
```

执行以上 2 行命令后，得到如下结果：

```
               m        lghj       lgoil
     m  204.166667  2.13546079  4.43194322
 lghj     2.135461  0.02405394  0.04572662
lgoil     4.431943  0.04572662  0.10474570
```

从上面的分析结果可以看出，月份的方差是 204.1667，黄金价格对数值的方差是 0.02405394，原油价格对数值的方差是 0.10474570，月份与黄金价格对数值的协方差是 2.13546079，月份与原油价格对数值的协方差是 4.43194322，黄金价格对数值与原油价格对数值的协方差是 0.04572662。可见，对变量进行对数变换处理之后，变量的方差差距减少了很多，对数变换处理起到了应有的效果。

在符号“＞”后输入如下命令：

```
> cor(d)
```

输入完以上命令后，按回车键，得到如下分析结果：

```
            m          hj        oil
  m  1.0000000  0.9563340  0.9417561
 hj  0.9563340  1.0000000  0.8939365
oil  0.9417561  0.8939365  1.0000000
```

通过观察上面的结果，可以看到3个变量之间的相关系数非常高。其中月份与黄金价格之间的相关系数是0.9563340，月份与原油价格之间的相关系数是0.9417561。在本例中，变量月份的数据取值是从1开始到49的连续整数，黄金价格、原油价格与月份这一连续等距增长的数据有如此高的正相关系数，说明这两个变量本身就是一种不断增长的趋势，这也在一定程度上验证了我们在时间序列趋势图阶段的分析结论。黄金价格与原油价格之间的相关系数为0.8939365，高的正相关系数在一定程度上说明这两个变量之间很可能存在着一定的联动关系，说明后续分析是很有必要的。

在符号">"后输入如下命令：

```
> cor(dd)
```

输入完以上命令后，按回车键，得到如下分析结果：

```
              m        lghj      lgoil
    m  1.0000000  0.9636206  0.958371
 lghj  0.9636206  1.0000000  0.910978
lgoil  0.9583710  0.9109780  1.000000
```

通过观察上面的结果，可以看到经过对数变换处理以后，3个变量之间的相关系数得到了进一步的提高。其中月份与黄金价格对数值之间的相关系数是0.9636206，月份与原油价格对数值之间的相关系数是0.958371，黄金价格对数值与原油价格对数值之间的相关系数为0.910978。

通过如下命令：

```
> cor.test(hj,oil,conf.level = 0.99)
> cor.test(m,hj, conf.level = 0.99)
> cor.test(m, oil,conf.level = 0.99)
```

可以发现3个变量之间的相关系数非常高，都通过了置信水平99%的相关性检验。

通过如下命令：

```
> cor.test(lghj,lgoil,conf.level = 0.99)
> cor.test(m,lghj, conf.level = 0.99)
> cor.test(m,lgoil,conf.level = 0.99)
```

可以发现3个变量通过对数变换之后的相关系数依然非常高，都通过了置信水平99%的相关性检验。

10.6 时间序列的单位根检验

对于时间序列数据而言，数据的平稳性对于模型的构建是非常重要的。如果时间序列数据是不平稳的，可能会导致自回归系数的估计值左偏向于0，使传统的t检验失效，也有可能会使得两个相互独立的变量出现假相关关系或者回归，造成模型结果的失真。单位根就是判断数据是否平稳的重要方法。

tseries程序包提供了pp.test()函数和adf.test()函数来判断是否存在单位根，但可供选择的参数有限，下面举例说明。

1. PP 检验

首先对黄金价格的对数值进行PP检验：

```
> pp.test(lghj)
```

执行上行命令后，得到如下结果：

```
        Phillips - Perron Unit Root Test
data:   lghj
Dickey - Fuller Z(alpha) =  - 13.9649, Truncation lag parameter = 3,
p - value = 0.2686
alternative hypothesis: stationary
```

从上面的结果可见，p-value ＝ 0.2686，接受有单位根的原假设，所以黄金价格的对数值这一变量数据是存在单位根的，需要对其做一阶差分后再继续进行检验。

对原油价格的对数值进行PP检验：

```
>  pp.test(lgoil)
```

执行上行命令后，得到如下结果：

```
        Phillips - Perron Unit Root Test
data:   lgoil
Dickey - Fuller Z(alpha) =  - 16.4843, Truncation lag parameter = 3,
p - value = 0.1135
alternative hypothesis: stationary
```

从上面的结果可见，p-value ＝ 0.1135，接受有单位根的原假设，所以原油价格的对数值这一变量数据也是存在单位根的，需要对其做一阶差分后再继续进行检验。

下面对两个变量做一阶差分后再进行PP检验。

```
> dlghj = diff(lghj)
> dlgoil = diff(lgoil)
> pp.test(dlghj)
```

执行以上3行命令后，得到如下结果：

```
    Phillips - Perron Unit Root Test
data:   dlghj
Dickey - Fuller Z(alpha) =  - 34.7175, Truncation lag parameter = 3,
p - value = 0.01
alternative hypothesis: stationary
```

从上面结果可见，p-value ＝ 0.01，拒绝有单位根的原假设，所以黄金价格的对数值的一阶差分值这一变量数据是不存在单位根的，不需要对其再做差分。

```
> pp.test(dlgoil)
```

执行上行命令后，得到如下结果：

```
Phillips - Perron Unit Root Test
data:   dlgoil
```

```
Dickey - Fuller Z(alpha) = - 35.2699, Truncation lag parameter = 3,
p - value = 0.01
alternative hypothesis: stationary
```

从上面的结果可见，p-value = 0.01，拒绝有单位根的原假设，所以原油价格的对数值的一阶差分值这一变量数据是不存在单位根的，不需要对其再做差分。

2. ADF 检验

对黄金价格的对数值进行 ADF 检验：

```
> adf.test(lghj)
```

执行上行命令后，得到如下结果：

```
        Augmented Dickey - Fuller Test
data:  lghj
Dickey - Fuller = - 2.3298, Lag order = 3, p - value = 0.4422
alternative hypothesis: stationary
```

从上面的结果可见，p-value =0.4422，接受有单位根的原假设，所以黄金价格的对数值这一变量数据是存在单位根的，需要对其做一阶差分后再继续进行检验。

对石油价格的对数值进行 PP 检验：

```
>  adf.test(lgoil)
```

执行以上命令后，得到如下结果：

```
      Augmented Dickey - Fuller Test
data:  lgoil
Dickey - Fuller = - 1.7954, Lag order = 3, p - value = 0.6561
alternative hypothesis: stationary
```

从上结果可见，p-value = 0.6561，接受有单位根的原假设，所以原油价格的对数值这一变量数据也是存在单位根的，需要对其做一阶差分后再继续进行检验。

对两个变量做一阶差分后进行 ADF 检验，与上面 PP 检验类似，只不过函数换成了 acf.test()。

```
> adf.test(dlghj)
```

执行以上命令后，得到如下结果：

```
Augmented Dickey - Fuller Test
data:  dlghj
Dickey - Fuller = - 2.263, Lag order = 3, p - value = 0.4691
alternative hypothesis: stationary
```

从上面的结果可见，p-value =0.4691，没有通过检验。

```
>  adf.test(dlgoil)
```

执行以上命令后，得到如下结果：

```
      Augmented Dickey - Fuller Test
```

```
data:  dlgoil
Dickey-Fuller = -6.354, Lag order = 3, p-value = 0.01
alternative hypothesis: stationary
```

从上面的结果可见,p-value = 0.01,拒绝有单位根的原假设,所以原油价格的对数值的一阶差分值这一变量数据是不存在单位根的,不需要对其再做差分。

3. urca 程序包中的 ur.df()函数 ADF 应用

上面介绍的两种检验方法可供选择的参数有限,下面介绍 urca 程序包中的 ur.df()函数用来检验单位根。其用法如下:

```
ur.df(y, type = c("none", "drift", "trend"), lags = 1,selectlags = c("Fixed", "AIC", "BIC"))
ur.df(y,type,lags = 1,selectlags)
```

其中,y 为被检验的时间序列;type 为检验类型,包括 none、drift、trend 三种类型;lags 为内生变量的滞后阶数;selectlags 为滞后阶数的确定方法,包括 Fixed、AIC、BIC 三种方法。

在符号“>”后输入如下命令:

```
> library(urca)
> hjjg<-ur.df(lghj, type = c("trend"),lags = 1,selectlags = c("AIC"))
> summary(hjjg)
```

执行以上 3 行命令后,得到如下结果:

```
# Augmented Dickey-Fuller Test Unit Root Test #
Test regression trend
Call:
lm(formula = z.diff ~ z.lag.1 + 1 + tt + z.diff.lag)
Residuals:
       Min         1Q      Median        3Q       Max
-0.049390  -0.021598  -0.003982  0.017696  0.065939
Coefficients:
              Estimate Std.  Error t   value  Pr(>|t|)
(Intercept)     1.827880  0.715698   2.554  0.0143 *
z.lag.1        -0.320803  0.125894  -2.548  0.0145 *
tt              0.003484  0.001296   2.688  0.0102 *
z.diff.lag      0.316322  0.157528   2.008  0.0509 .
---
Signif. codes:  0 '***' 0.001 '**' 0.01 '*' 0.05 '.' 0.1 ' ' 1
Residual standard error: 0.02917 on 43 degrees of freedom
Multiple R-squared:  0.1639,     Adjusted R-squared:  0.1056
F-statistic:  2.81 on 3 and 43 DF,   p-value: 0.05065
Value of test-statistic is: -2.5482 4.4075 3.6444
Critical values for test statistics:
       1pct   5pct   10pct
tau3  -4.15  -3.50  -3.18
phi2   7.02   5.13   4.31
phi3   9.31   6.73   5.61
```

ADF 的原假设是数据有单位根。从上面的结果可见,实际的 z. lag. 1 的 t 值为

－2.5482，在 1％的置信水平（－4.15）、5％的置信水平（－3.50）、10％的置信水平（－3.18）都无法拒绝原假设，所以黄金价格的对 lghj 这一变量数据是存在单位根的，需要对其做一阶差分后再进行检验。

在符号“>”后输入如下命令：

```
> oiljg <- ur.df(lgoil,type = c("trend"),lags = 1,selectlags = c("AIC"))
> summary(oiljg)
```

执行以上 2 行命令后，得到如下结果：

```
# Augmented Dickey - Fuller Test Unit Root Test #
Test regression trend
Call:
lm(formula = z.diff ~ z.lag.1 + 1 + tt + z.diff.lag)
Residuals:
      Min         1Q      Median       3Q        Max
- 0.162449  - 0.048752  - 0.005618  0.047251  0.136568
Coefficients:
               Estimate Std.   Error t   value   Pr(>|t|)
(Intercept)     1.335658   0.367586    3.634   0.000741 ***
z.lag.1       - 0.425799   0.119364  - 3.567   0.000901 ***
tt              0.009010   0.002668    3.378   0.001562 **
z.diff.lag      0.243383   0.146568    1.661   0.104079
---
Signif. codes:  0 '***'0.001 '**'0.01 '*'0.05 '.'0.1 ''1
Residual standard error: 0.06901 on 43 degrees of freedom
Multiple R - squared:  0.2303,    Adjusted R - squared:  0.1766
F - statistic: 4.288 on 3 and 43 DF,   p - value: 0.009836
Value of test - statistic is: - 3.5672 5.8928 6.3773
Critical values for test statistics:
       1pct    5pct    10pct
tau3  - 4.15  - 3.50  - 3.18
phi2    7.02    5.13    4.31
phi3    9.31    6.73    5.61
```

ADF 的原假设是数据有单位根（即非平稳）。从以上结果可见，实际的 z.lag.1 的 t 值为－3.567，在 1％的置信水平（－4.15）、5％的置信水平（－3.50）、10％的置信水平（－3.18）都无法拒绝原假设，所以原油价格的对数值 lgoil 这一变量数据是存在单位根的，需要对其做一阶差分后再进行检验。

下面对黄金价格对数值一阶差分后进行 ADF 检验：

```
> dlghj = diff(lghj)
> hjjg1 <- ur.df(dlghj, type = c("none"),lags = 1)
> summary(hjjg1)
```

执行以上 3 行命令后，得到如下结果：

```
# Augmented Dickey - Fuller Test Unit Root Test #
Test regression none
Call:
```

```
lm(formula = z.diff ~ z.lag.1 - 1 + z.diff.lag)
Residuals:
      Min        1Q    Median        3Q       Max
-0.04618  -0.01392  0.01334  0.03418  0.08184
Coefficients:
            Estimate Std. Error t value Pr(>|t|)
z.lag.1      -0.8362    0.1965  -4.256 0.000107 ***
z.diff.lag    0.1830    0.1574   1.163 0.251252
---
Signif. codes:  0 '***' 0.001 '**' 0.01 '*' 0.05 '.' 0.1 ' ' 1
Residual standard error: 0.03235 on 44 degrees of freedom
Multiple R-squared:  0.3371,    Adjusted R-squared:  0.3069
F-statistic: 11.19 on 2 and 44 DF,  p-value: 0.0001181
Value of test-statistic is: -4.2562
Critical values for test statistics:
      1pct  5pct 10pct
tau1 -2.62 -1.95 -1.61
```

ADF的原假设是数据有单位根。从上面的结果可见，实际的 z. lag. 1 的 t 值为 -4.2562，在1%的置信水平(-2.62)、5%的置信水平(-1.95)、10%的置信水平(-1.61)都拒绝了原假设，所以黄金价格的对数值一阶差分值 dlghj 这一变量数据是不存在单位根的。

下面对原油价格对数值一阶差分后进行 ADF 检验：

```
> dlgoil = diff(lgoil)
> hjjg2 <- ur.df(dlgoil, type = c("none"), lags = 1)
>  summary(hjjg2)
```

执行以上3行命令后，得到如下结果：

```
# Augmented Dickey-Fuller Test Unit Root Test #
Test regression none
Call:
lm(formula = z.diff ~ z.lag.1 - 1 + z.diff.lag)
Residuals:
      Min        1Q    Median        3Q       Max
-0.14924  -0.03197  0.02828  0.08002  0.15891
Coefficients:
            Estimate Std. Error t value Pr(>|t|)
z.lag.1      -1.0394    0.1901  -5.469 2.02e-06 ***
z.diff.lag    0.1666    0.1437   1.159 0.253
---
Signif. codes:  0 '***' 0.001 '**' 0.01 '*' 0.05 '.' 0.1 ' ' 1
Residual standard error: 0.07635 on 44 degrees of freedom
Multiple R-squared:  0.4787,    Adjusted R-squared:  0.455
F-statistic:  20.2 on 2 and 44 DF,  p-value: 5.962e-07
Value of test-statistic is: -5.4688
Critical values for test statistics:
      1pct  5pct 10pct
tau1 -2.62 -1.95 -1.61
```

ADF的原假设是数据有单位根。从上面的结果可见，实际的 z. lag.1 的 t 值为 －5.469，在1%的置信水平(－2.62)、5%的置信水平(－1.95)、10%的置信水平(－1.61)都拒绝了原假设，所以石油价格的对数值一阶差分值 dlgoil 这一变量数据也是不存在单位根的。

根据以上的分析，综合考虑各种方法的检验结果，可以比较有把握地得出以下结论：变量黄金价格的对数值、原油价格的对数值是存在单位根的(即序列是非平稳的)，黄金价格的对数值的一阶差分值、原油价格的对数值差分值是不存在单位根的(即序列是平稳的)，变量黄金价格的对数值、原油价格的对数值是一阶单整的。

结论：原油价格、黄金价格的对数时间序列不平稳，但一阶差分后平稳。在此基础上，可以进入下一步的协整检验。

10.7　两时间序列分析的协整检验与误差修正模型

1. 原始数据序列的对数变换

先对原始序列数据进行对数变换。命令如下：

```
> lghj = log(hj)
> lgoil  = log(oil)
```

2. 协整回归方程

下面得到协整回归方程。命令如下：

```
> reg = lm(lghj~ lgoil)
> summary(reg)
```

执行以上2行命令后，得到如下结果：

```
Call:
lm(formula = lghj ~ lgoil)
Residuals:
     Min         1Q      Median       3Q       Max
- 0.10168   - 0.04774   - 0.02147   0.03037   0.13364
Coefficients:
                  Estimate Std.   Error t  value  Pr(>|t|)
(Intercept)        4.36162   0.10478   41.63   < 2e - 16 ***
lgoil              0.43655   0.02883   15.14   < 2e - 16 ***
---
Signif. codes:   0 '***'0.001 '**'0.01 '*'0.05 '.'0.1 ''1
Residual standard error: 0.06465 on 47 degrees of freedom
Multiple R - squared:   0.8299,     Adjusted R - squared:  0.8263
F - statistic: 229.3 on 1 and 47 DF,   p - value: < 2.2e - 16
```

从上面的分析结果中可得到很多信息，模型的 F 值(1,47)＝229.3，p-value：＜ 2.2e－16，即 p 值＝0.0000，说明模型整体上是非常显著的，模型的可决系数为0.8299，修正后的可决系数为0.8263，说明模型解释能力是不错的。

变量 lgoil 的标准误是0.02883，t 值为15.14，p 值为0，系数是非常显著的。

从上面的分析可以看出，简单回归模型在一定程度上是可以接受的，但也存在上升改进的空间。本模型的基本结论是黄金价格和原油价格是一种正向联动关系，原油价格的升高会带来黄金价格的升高。

再输入如下命令：

```
> library(lmtest)
> dw <- dwtest(reg)
> dw
```

执行以上 3 行命令后，得到如下结果：

```
Durbin - Watson test
data:  reg
DW = 0.3936, p - value = 9.175e - 14
alternative hypothesis: true autocorrelation is greater than 0
```

从以上结果可见自相关消除。

由以上结果也可得协整回归方程：$\text{lnhj}=4.36162+0.43655*\text{lnoil}+\varepsilon_t$。

3. 残差单位根检验

下面做残差单位根检验。输入如下命令：

```
> error = residuals(reg)
> urt.resid <- ur.df(error, type = c("none"), selectlags = c("AIC"))
> summary(urt.resid)
```

执行以上 3 行命令后，得到如下结果：

```
# Augmented Dickey - Fuller Test Unit Root Test #
Test regression none
Call:
lm(formula = z.diff ~ z.lag.1 - 1 + z.diff.lag)
Residuals:
       Min          1Q       Median        3Q        Max
 - 0.079096  - 0.026078  - 0.000602  0.031430  0.101598
Coefficients:
              Estimate Std.  Error t    value  Pr(>|t|)
z.lag.1        - 0.20375  0.09928  - 2.052  0.046 *
z.diff.lag       0.14331  0.15296    0.937  0.354
---
Signif. codes:  0 '***' 0.001 '**' 0.01 '*' 0.05 '.' 0.1 ' ' 1
Residual standard error: 0.03946 on 45 degrees of freedom
Multiple R - squared:  0.08647,   Adjusted R - squared:  0.04587
F - statistic:  2.13 on 2 and 45 DF,   p - value: 0.1307
Value of test - statistic is: - 2.0522
Critical values for test statistics:
      1pct    5pct   10pct
tau1  - 2.62  - 1.95  - 1.61
```

由上面的结果可得到如下结论：残差平稳，说明两个时间序列之间存在协整关系。这意味着黄金价格和原油价格具有长期的均衡关系，增长或减少具有协同效应。

4. 残差序列的时间趋势

下面看一下残差序列的时间趋势。

输入如下命令：

```
> m = sq $ month
> error = residuals(reg)
> dd = data.frame(m, error)
> plot(dd, type = "l")
```

执行以上4行命令后，得到如图10-7所示的图形。

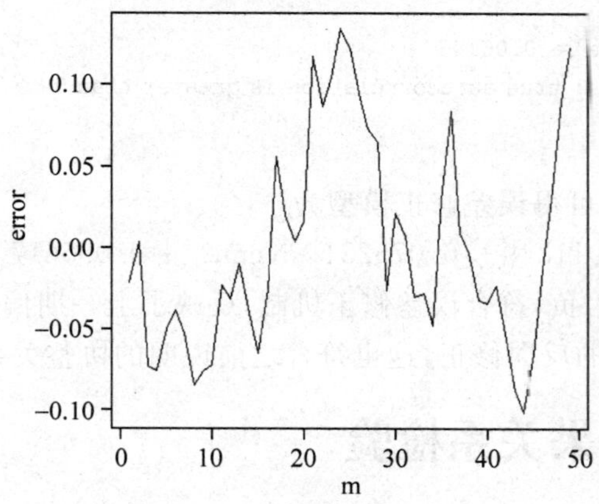

图10-7 残差趋势分析结果

从图10-7可见，残差序列式没有固定时间趋势。

5. 建立误差修正模型

为建立误差修正模型，输入如下命令：

```
> dlgoil = diff(lgoil)
> dlghj = diff(lghj)
> error.lag = error[ - c(49:49)]
> ecm.reg1 <- lm(dlghj~ error.lag + dlgoil)
> summary(ecm.reg1)
```

执行以上5行命令后，得到如下结果：

```
Call:
lm(formula = dlghj ~ error.lag + dlgoil)
Residuals:
       Min         1Q      Median        3Q        Max
 - 0.065312  - 0.022724  - 0.000218  0.017269  0.066364
Coefficients:
                 Estimate Std.    Error t     value  Pr(>|t|)
(Intercept)       0.011349  0.004695     2.417  0.0198 *
error.lag       - 0.075281  0.073982   - 1.018  0.3143
dlgoil            0.095617  0.060955     1.569  0.1237
---
```

```
Signif. codes:  0 '***' 0.001 '**' 0.01 '*' 0.05 '.' 0.1 ' ' 1
Residual standard error: 0.03063 on 45 degrees of freedom
Multiple R-squared:  0.06078,   Adjusted R-squared:  0.01903
F-statistic: 1.456 on 2 and 45 DF,  p-value: 0.244
```

下面做 DW 检验。输入如下命令：

```
> dwtest(ecm.reg1)
```

执行上行命令后，得到如下结果：

```
Durbin-Watson test
data:  ecm.reg1
DW = 1.5995, p-value = 0.06142
alternative hypothesis: true autocorrelation is greater than 0
```

可见没有自相关。

由上面的回归结果，可得误差修正模型为

$$\Delta \ln hj_t = 0.011349 - 0.075281 \times \mathrm{ecm}_{t-1} + 0.095617 \times \Delta \ln \mathrm{oil}_t + \varepsilon_t$$

误差修正项的系数为负，符合误差修正机制，反映了上一期偏离长期均衡关系的数量将在下一期得到 7.5281% 的反向修正，这也符合之前说明的协整关系。

10.8 格兰杰因果关系检验

协整关系表示的仅仅是变量之间的某种长期联动关系，与因果关系无关。例如在本例中，虽然黄金价格与原油价格之间存在协整关系，但是究竟是黄金价格影响了原油价格，还是原油价格影响了黄金价格，或者是相互影响？如果要探究变量之间的因果关系，就需要用到格兰杰因果关系检验。

在前面的分析中，通过单位根检验发现黄金价格的对数值、原油价格的对数值两个变量是一阶单整的，所以在进行格兰杰因果关系检验时选择的变量是黄金价格的对数值、原油价格的对数值。

要做格兰杰因果关系检验，可输入如下命令：

```
> lghj = log(sq$lgoldf);lgoil = log(sq$wtioil)
> t1lghj = lghj[-c(1:1)]
> t0lghj = lghj[-c(49:49)]
> t1lghj = lghj[-c(1:1)]
> t1lgoil = lgoil[-c(1:1)]
> t0lgoil = lgoil[-c(49:49)]
> reg <- lm(t1lghj~t0lghj + t0lgoil)
> summary(reg)
```

执行以上 8 行命令后，得到如下结果：

```
Call:
lm(formula = t1lghj ~ t0lghj + t0lgoil)
Residuals:
       Min          1Q      Median         3Q        Max
 -0.069252   -0.020740   -0.003087   0.019605   0.065220
```

```
Coefficients:
              Estimate Std. Error t value Pr(>|t|)
(Intercept)    0.20528    0.33103   0.620    0.538
t0lghj         0.95308    0.07406  12.868   <2e-16 ***
t0lgoil        0.02414    0.03443   0.701    0.487
---
Signif. codes:  0 '***' 0.001 '**' 0.01 '*' 0.05 '.' 0.1 ' ' 1
Residual standard error: 0.03143 on 45 degrees of freedom
Multiple R-squared:  0.9581,    Adjusted R-squared:  0.9563
F-statistic: 514.9 on 2 and 45 DF,  p-value: < 2.2e-16
```

通过观察上面的分析结果,可以看出 t0lgoil 的系数值是非常不显著的,具体体现在其 t 值、F 值以及 P 值上,所以可以有把握地得出结论,原油价格不是黄金价格的格兰杰因。

再输入如下命令:

```
> reg1 <- lm(t1lgoil~ t0lgoil + t0lghj)
> summary(reg1)
```

执行以上2行命令后,得到如下结果:

```
Call:
lm(formula = t1lgoil ~ t0lgoil + t0lghj)
Residuals:
      Min        1Q    Median        3Q       Max
-0.183645 -0.042546  0.003634  0.047183  0.134555
Coefficients:
              Estimate Std. Error t value Pr(>|t|)
(Intercept)   -1.01953    0.78002  -1.307    0.198
t0lgoil        0.84821    0.08112  10.456 1.26e-13 ***
t0lghj         0.26832    0.17452   1.537    0.131
---
Signif. codes:  0 '***' 0.001 '**' 0.01 '*' 0.05 '.' 0.1 ' ' 1
Residual standard error: 0.07406 on 45 degrees of freedom
Multiple R-squared:  0.9464,    Adjusted R-squared:  0.9441
F-statistic: 397.5 on 2 and 45 DF,  p-value: < 2.2e-16
```

通过观察上面的分析结果,可以看出 t0lghj 的系数值是非常不显著的,具体体现在其 t 值、F 值以及 P 值上,但在前面的章节提到存在协整关系的变量间至少有一种格兰杰因果关系,因此,可以相对地认为黄金价格是原油价格的格兰杰因。

上面是比较简单的格兰杰因果关系检验。也可通过R语言的格兰杰因果关系检验函数 causality()、向量自回归函数 VAR()、方差分解函数 anov()等来实现。不过使用这些函数之前,先要加载下面的程序包:

```
> library(MASS)
> library(strucchange)
> library(sandwich)
> library(urca)
```

```
>library(vars)
```

具体函数的使用细节请参考 R 语言网站的相关说明。

练习题

对本章例题中的时间序列数据,使用 R 语言重新操作一遍,并理解命令结果的经济含义。

第 11 章 时间序列分析 GARCH 模型的 R 语言应用

本章的目的是：理解自回归异方差（ARCH）模型的概念，掌握对 GARCH 模型的识别、估计及如何运用 R 语言来解决时间序列分析中的问题。

11.1 GARCH 模型的含义

p 阶自回归条件异方差 ARCH(p)模型，其定义由均值方程（11-1）和条件方程（11-2）给出：

$$y_t = \beta x_t + \varepsilon_t \tag{11-1}$$

$$h_t = \mathrm{var}(\varepsilon_t \mid \Omega_{t-1}) = a_0 + a_1\varepsilon_{t-1}^2 + a_2\varepsilon_{t-2}^2 + \cdots + a_p\varepsilon_{t-p}^2 \tag{11-2}$$

其中，Ω_{t-1} 表示 $t-1$ 时刻所有可得信息的集合，h_t 为条件方差。方程（11-2）表示误差项 ε_t 的方差 h_t 由两部分组成：一个常数项和前 p 个时刻关于变化量的信息，用前 p 个时刻的残差平方表示（ARCH 项）。ARCH 模型实际上只适用于异方差函数短期自相关过程，下面介绍的 GARCH 模型与 ARCH 模型相比，更能反映实际数据中的长期记忆性质。

GARCH 模型称为广义 ARCH 模型，是 ARCH 模型的拓展，是由 Bollerslev（1986）提出的。广义自回归条件异方差 GARCH(p,q)模型可表示为：

$$y_t = \beta x_t + \varepsilon_t \tag{11-3}$$

$$h_t = \mathrm{var}(\varepsilon_t \mid \Omega_{t-1}) = a_0 + a_1\varepsilon_{t-1}^2 + \cdots + a_p\varepsilon_{t-p}^2 + b_1 h_{t-1} + \cdots + b_q h_{t-q} \tag{11-4}$$

为方便研究与其他形式的拓展相联系，GARCH 模型又可以表示为

$$\varepsilon_t = \sqrt{h_t}\,u_t$$

$$h_t = a_0 + a_1\varepsilon_{t-1}^2 + \cdots + a_p\varepsilon_{t-p}^2 + b_1 h_{t-1} + \cdots + b_q h_{t-q}$$

其中，u_t 独立同分布，且 $E(u_t)=0, D(u_t)=1, a_0=0, a_i\geqslant 0, i=1,2,\cdots,p, \sum_{i=1}^{p} a_i < 1$，即保证 ARCH 过程平稳。

11.2 ARCH 效应检验

检验是否存在 ARCH 效应，最常用的方法就是拉格朗日乘数法，即 LM 检验。若模型随机扰动项 $\varepsilon_t \sim$ ARCH(p)，则可以建立辅助回归方程

$$h_t = a_0 + a_1\varepsilon_{t-1}^2 + \cdots + a_p\varepsilon_{t-p}^2$$

检验是否存在 ARCH 效应，即检验上式中所有回归系数是否同时为 0。若所有回归系数同时为 0 的概率较大，则序列不存在 ARCH 效应；若所有回归系数同时为 0 的概率较小，或

者至少有一个系数显著不为0,则序列存在ARCH效应。检验的原假设和备择假设为

$$H_0: a_0 = a_1 = \cdots = a_p = 0, \quad H_1: \exists a_i \neq 0 \quad (i = 1,2,\cdots,p)$$

检验统计量 $LM = nR^2 \sim \chi^2(p)$,其中 R^2 是上面回归式子的可决系数,n 是辅助回归方程的样本数据个数。

给定显著性水平 α 和自由度 p,如果 $LM > \chi^2_\alpha(p)$,则拒绝 H_0,认为序列存在ARCH效应;如果 $LM \leqslant \chi^2_\alpha(p)$,则不能拒绝 H_0,认为序列不存在ARCH效应。

11.3 GARCH模型的R语言函数用法

GARCH模型R函数用法如下:

```
garch(x,order = c(1,1),series = NULL,control = garch.control(…), …)
garch.control(maxiter = 200, trace = TRUE, start = NULL,
  grad = c("analytical","numerical"), abstol = max(1e-20, .Machine$double.eps^2),
  reltol = max(1e-10, .Machine$double.eps^(2/3)), xtol = sqrt(.Machine$double.eps),
  falsetol = 1e2 * .Machine$double.eps, …)
```

其中,x为数值向量或时间序列;order是给定拟合模型的阶数,是一个二维整数向量;series为时间序列的名称;control为garch.control的控制参数列表。

其他参数请参见R语言网站。

11.4 GARCH模型的R语言函数应用实例

下面给出GARCH模型的R语言函数应用的一个实例。

```
n <- 1100
a <- c(0.1, 0.5, 0.2)  # ARCH(2) coefficients
e <- rnorm(n)
x <- double(n)
x[1:2] <- rnorm(2, sd = sqrt(a[1]/(1.0-a[2]-a[3])))
for(i in 3:n)  # Generate ARCH(2) process
{
  x[i] <- e[i]*sqrt(a[1]+a[2]*x[i-1]^2+a[3]*x[i-2]^2)
}
x <- ts(x[101:1100])
x.arch <- garch(x, order = c(0,2))  # Fit ARCH(2)
summary(x.arch)                     # Diagnostic tests
```

执行以上12行命令后,得到如下结果:

```
Call:
garch(x = x, order = c(0,2))
Model:
GARCH(0,2)
Residuals:
    Min       1Q     Median     3Q      Max
-3.18436  -0.69372  -0.01962  0.66507  3.50591
```

```
Coefficient(s):
    Estimate  Std. Error  t value  Pr(>|t|)
a0  0.10547    0.01050   10.040   < 2e-16 ***
a1  0.54500    0.07320    7.445   9.68e-14 ***
a2  0.22784    0.04452    5.117   3.10e-07 ***
---
Signif. codes  0 '***' 0.001 '**' 0.01 '*' 0.05 '.' 0.1 ' ' 1
Diagnostic Tests:
        Jarque Bera Test
data:  Residuals
X-squared = 0.3688, df = 2, p-value = 0.8316
        Box-Ljung test
data:  Squared.Residuals
X-squared = 0.5316, df = 1, p-value = 0.466
```

从上述结果可见，常数项 a0 和的系数 a1、a2 都是显著的。

```
plot(x.arch)
```

执行以上命令后，得到如图 11-1～图 11-4 所示的图形。

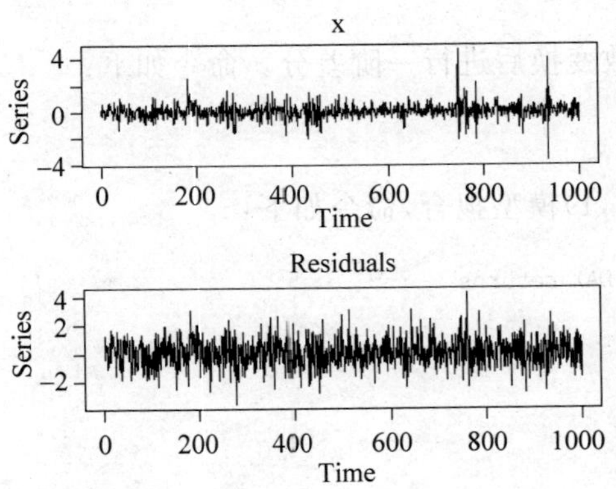

图 11-1 序列和残差的波动性

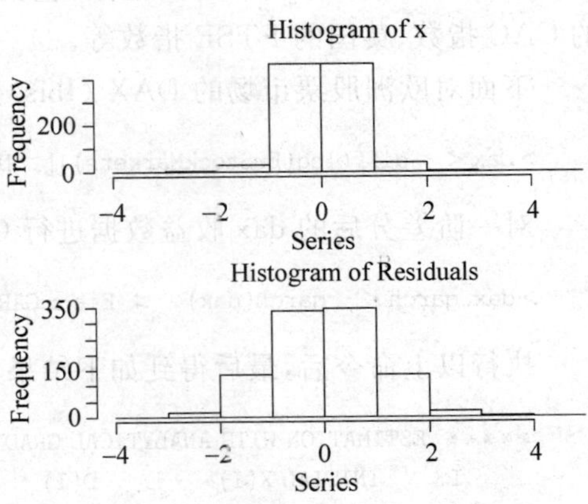

图 11-2 序列和残差的频数分布图

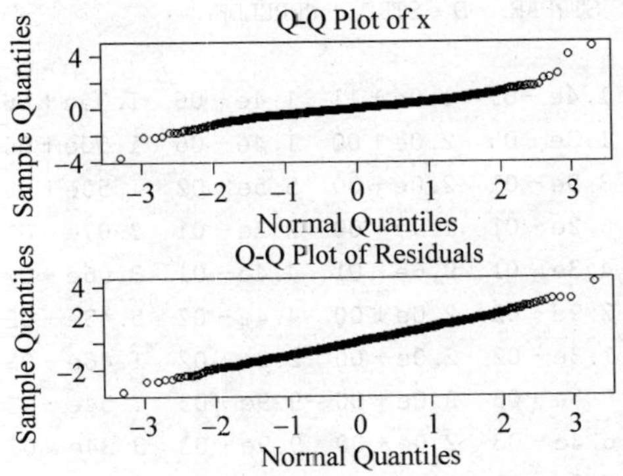

图 11-3 序列和残差的 Q-Q 图

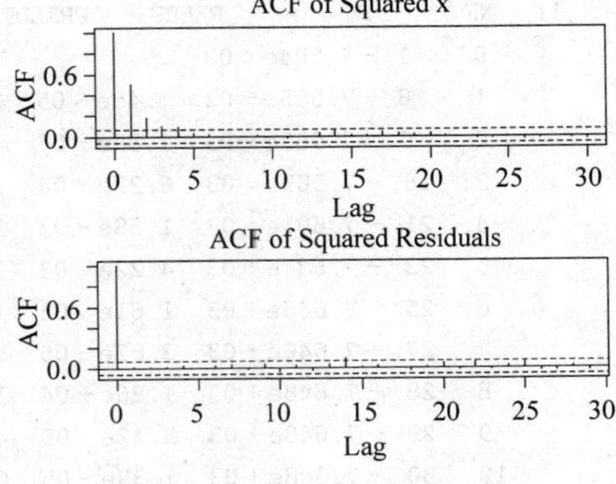

图 11-4 序列和残差的自相关图

11.5 德国股票指数的GARCH模型的R语言应用

下面给出德国股票指数的GARCH模型拟合的R语言应用实例。

```
> data(EuStockMarkets)
> EuStockMarkets
```

执行以上2行命令后，部分数据如下：

```
Time Series:
Start = c(1991, 130)
End = c(1998, 169)
Frequency = 260
                DAX     SMI     CAC    FTSE
1991.496  1628.75  1678.1  1772.8  2443.6
1991.500  1613.63  1688.5  1750.5  2460.2
…
1998.642  5355.03  7552.6  3951.7  5399.5
1998.646  5473.72  7676.3  3995.0  5455.0
```

这是欧洲股票市场的主要指数，包括德国的DAX (Ibis)指数、瑞士的SMI指数、法国的CAC指数、英国的FTSE指数等。

下面对欧洲股票市场的DAX (Ibis)指数作对数变换后进行一阶差分。命令如下：

```
> dax <- diff(log(EuStockMarkets))[,"DAX"]
```

对一阶差分后的dax收益数据进行GARCH(1,1)模型拟合，命令如下：

```
> dax.garch <- garch(dax)   # Fit a GARCH(1,1) to DAX returns
```

执行以上命令后，最后得到如下结果：

```
***** ESTIMATION WITH ANALYTICAL GRADIENT *****
     I     INITIAL X(I)          D(I)
     1     9.549651e-05       1.000e+00
     2     5.000000e-02       1.000e+00
     3     5.000000e-02       1.000e+00
IT   NF       F        RELDF      PRELDF      RELDX     STPPAR    D*STEP    NPRELDF
     0    1  -7.584e+03
     1    8  -7.585e+03  1.45e-05  2.60e-05  1.4e-05  1.0e+11  1.4e-06  1.35e+06
     2    9  -7.585e+03  1.88e-07  1.97e-07  1.3e-05  2.0e+00  1.4e-06  1.50e+00
     3   18  -7.589e+03  6.22e-04  1.10e-03  3.5e-01  2.0e+00  5.5e-02  1.50e+00
     4   21  -7.601e+03  1.58e-03  1.81e-03  6.2e-01  1.9e+00  2.2e-01  3.07e-01
     5   23  -7.634e+03  4.22e-03  3.55e-03  4.3e-01  9.6e-01  4.4e-01  3.06e-02
     6   25  -7.646e+03  1.61e-03  1.85e-03  2.9e-02  2.0e+00  4.4e-02  5.43e-02
     7   27  -7.646e+03  3.82e-05  5.23e-04  1.3e-02  2.0e+00  2.0e-02  1.46e-02
     8   28  -7.648e+03  1.86e-04  1.46e-04  6.5e-03  2.0e+00  9.9e-03  1.54e-03
     9   29  -7.648e+03  3.12e-05  4.83e-05  6.4e-03  2.0e+00  9.9e-03  3.34e-03
    10   30  -7.648e+03  1.39e-05  6.31e-05  6.2e-03  1.9e+00  9.9e-03  1.86e-03
    11   31  -7.650e+03  2.70e-04  3.24e-04  6.0e-03  1.9e+00  9.9e-03  4.99e-03
    12   34  -7.656e+03  8.42e-04  8.57e-04  2.2e-02  1.7e-01  3.9e-02  2.22e-03
```

```
13  36 -7.661e+03  6.12e-04  6.40e-04  1.9e-02  4.2e-01  3.9e-02  2.09e-03
14  38 -7.665e+03  4.87e-04  8.63e-04  4.9e-02  4.1e-01  9.6e-02  9.69e-04
15  48 -7.666e+03  1.02e-04  1.86e-04  1.9e-07  4.5e+00  3.5e-07  3.94e-04
16  49 -7.666e+03  1.12e-07  1.01e-07  1.9e-07  2.0e+00  3.5e-07  6.22e-05
17  57 -7.666e+03  1.60e-05  2.70e-05  2.0e-03  9.3e-01  3.7e-03  6.10e-05
18  59 -7.666e+03  5.23e-06  7.01e-06  3.7e-03  3.9e-01  8.0e-03  7.77e-06
19  60 -7.666e+03  4.08e-08  3.74e-08  1.4e-04  0.0e+00  3.1e-04  3.74e-08
20  61 -7.666e+03  2.31e-09  8.57e-10  8.6e-06  0.0e+00  2.0e-05  8.57e-10
21  62 -7.666e+03  5.35e-11  2.25e-13  7.6e-07  0.0e+00  1.6e-06  2.25e-13
22  63 -7.666e+03  1.81e-12  7.06e-16  1.7e-08  0.0e+00  3.4e-08  7.06e-16
23  64 -7.666e+03  6.98e-14  1.69e-17  1.0e-09  0.0e+00  2.4e-09  1.69e-17
24  65 -7.666e+03 -1.16e-14  1.76e-20  1.9e-10  0.0e+00  4.0e-10  1.76e-20
***** X- AND RELATIVE FUNCTION CONVERGENCE *****
FUNCTION     -7.665775e+03   RELDX        1.874e-10
FUNC. EVALS      65         GRAD. EVALS     24
PRELDF        1.760e-20      NPRELDF      1.760e-20
    I      FINAL X(I)        D(I)          G(I)
    1     4.639289e-06     1.000e+00     -2.337e-02
    2     6.832875e-02     1.000e+00     -8.294e-07
    3     8.890666e-01     1.000e+00     -2.230e-06
> summary(dax.garch)
```

执行以上命令后，得到如下结果：

```
Call:
garch(x = dax)
Model:
GARCH(1,1)
Residuals:
      Min         1Q    Median       3Q      Max
-12.18398   -0.47968   0.04949  0.65746  4.48048
Coefficient(s):
     Estimate   Std. Error  t value  Pr(>|t|)
a0  4.639e-06   7.560e-07    6.137   8.42e-10 ***
a1  6.833e-02   1.125e-02    6.073   1.25e-09 ***
b1  8.891e-01   1.652e-02   53.817   < 2e-16 ***
---
Signif. codes:  0 '***' 0.001 '**' 0.01 '*' 0.05 '.' 0.1 ' ' 1
Diagnostic Tests:
        Jarque Bera Test
data:  Residuals
X-squared = 12946.6, df = 2, p-value < 2.2e-16
```

从上述结果可见，执行以上命令后，常数项 a0 和系数 a1、系数 b1 都是显著的，ARCH 效应被过滤掉了。

再输入如下命令：

```
> plot(dax.garch)
```

执行以上命令后，得到如图 11-5～图 11-8 所示的图形。

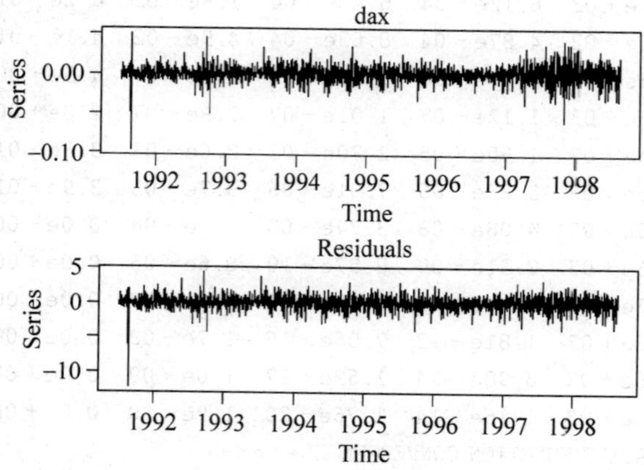

图 11-5 序列和残差的波动性

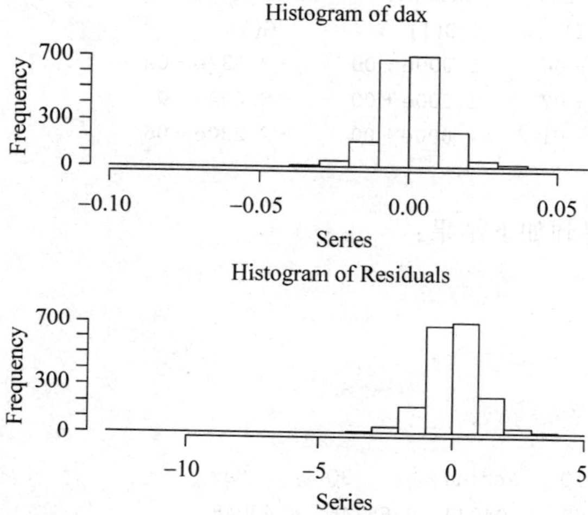

图 11-6 序列和残差的频数分布图

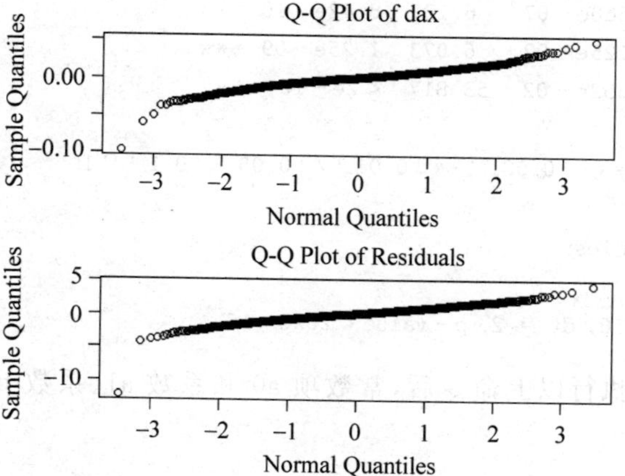

图 11-7 序列和残差的 Q-Q 图

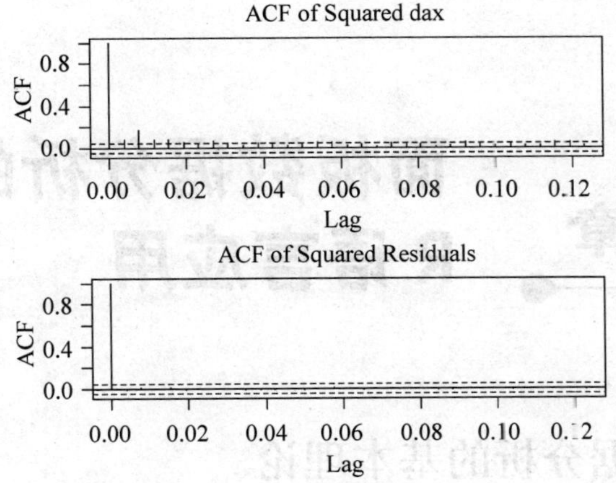

图 11-8　序列和残差的自相关图

练习题

对本章中的时间序列数据，使用 R 语言重新操作一遍，并理解命令结果的含义。

第 12 章 面板数据分析的 R 语言应用

12.1 面板数据分析的基本理论

面板数据(panel data)是截面数据与时间序列数据综合起来的一种数据类型。它又称为平行数据,指的是对某变量在一定时间段内持续跟踪观测的结果。面板数据兼具横截面数据和时间序列数据的特点,它既有横截面维度(在同一时间段内有多个观测样本),又有时间序列维度(同一样本在多个时间段内被观测到)。面板数据通常样本数据量相对较多,也可以有效解决遗漏变量的问题,还可以提供更多样本动态行为的信息,具有横截面数据和时间序列数据无可比拟的优势。

面板数据模型的选择通常有三种形式:

第一种是混合估计回归模型(pooled regression model)。如果从时间上看,不同个体之间不存在显著性差异;从截面上看,不同截面之间也不存在显著性差异,那么就可以直接把面板数据混合在一起用普通最小二乘法(OLS)来估计参数。

第二种是固定效应回归模型(fixed effects regression model)。如果对于不同的截面或不同的时间序列,模型的截距不同,则可以采用在模型中添加虚拟变量的方法来估计回归参数。该模型刻画了不同个体的特殊影响,而且这个影响不随样本变化。

第三种是随机效应回归模型(random effects regression model)。如果固定效应模型中的截距项包括了截面随机误差项和时间随机误差项的平均效应,并且这两个随机误差项都服从正态分布,则该模型就变成了随机效应模型。该模型刻画了不同个体的特殊影响,但这个影响会随样本变化。

一般的面板数据分析模型形式如下:

$$y_{it} = \alpha_i + X'_{it}\beta + \varepsilon_{it} \quad i = 1,2,\cdots,N; \quad t = 1,2,\cdots,T$$

X'_{it} 为外生变量向量,β 为待估参数,ε_{it} 为随机扰动项,相互独立,均值为 0,方差相等。

假定参数满足时间一致性,即:参数值不随时间的不同而变化,但参数受到截面单元不同的影响;或者参数受到时间的影响,不随截面单元的不同而变化。则一般的面板数据由如下两种形式的模型来估计:

1. 固定效应回归模型

$$y_{it} = \overbrace{X'_{it}\beta + \alpha_i}^{\text{固定效应}} + \varepsilon_{it}$$

一般处理方法是组内去心法,处理方法如下:

$$y_{it} = \alpha_i + X'_{it}\beta + \varepsilon_{it} \tag{12-1}$$

$$\bar{y}_i = \alpha_i + \bar{X}'_i\beta + \bar{\varepsilon}_i \tag{12-2}$$

$$\bar{y}_i = (1/T_i)\sum_{t=1}^{T_i} y_{it}$$

$$\bar{\bar{y}} = \bar{\alpha} + \bar{\bar{X}}'\beta + \bar{\bar{\varepsilon}} \tag{12-3}$$

$$\bar{\alpha} = (1/N)\sum_{i=1}^{N}\alpha_i$$

式(12-1)－式(12-2)＋式(12-3)得到

$$\underbrace{y_{it} - \bar{y}_i + \bar{\bar{y}}}_{\tilde{y}_{it}} = \bar{\alpha} + (\underbrace{X'_{it} - \bar{X}'_i + \bar{\bar{X}}'}_{\tilde{X}'_{it}})\beta + (\underbrace{\varepsilon_{it} - \bar{\varepsilon}_i + \bar{\bar{\varepsilon}}}_{\tilde{\varepsilon}_{it}})$$

即

$$\tilde{y}_{it} = \bar{\alpha} + \tilde{X}'_{it}\beta + \varepsilon_{it}$$

这就是一般的线性回归分析模型。采用普通最小二乘法即可求出 $\hat{\beta}_{FE}$。

估计方法一般是采用普通最小二乘法与虚拟变量相结合的方法，R 语言应用的命令是

```
>plm(formula, data,model = c("fd"), …)
```

2. 随机效应回归模型

$$y_{it} = X'_{it}\beta + \overbrace{\alpha_i + \varepsilon_{it}}^{\text{随机效应}}$$

估计方法一般是采用广义最小二乘法方法，R 语言应用的命令是

```
>plm(formula, data,model = c("random"), …)
```

若是混合模型估计，则使用的 R 语言应用的命令是

```
>plm(formula, data,model = c("pooling"), …)
```

12.2 面板数据格式定义

下面通过实例说明面板数据格式的定义。

例 12-1：A 公司是一家销售饮料的连锁公司，经营范围遍布全国 20 个省市，各省市连锁店 2008—2012 年的相关销售数据包括销售收入、费用以及利润等如表 12-1 所示。试用多种短面板数据回归分析方法深入研究销售收入和费用对利润的影响关系。

表 12-1 A 公司连锁店销售收入、费用以及利润等数据(2008—2012) 单位：万元

年份	销售收入	费用	利润	地区
2008	256	13.280 39	12.476 52	北京
2009	289	12.882 84	12.1826	北京
2010	321	12.865 66	12.267 54	北京
2011	135	13.166	12.256 72	北京
2012	89	13.012 77	12.216 07	北京
2008	159	11.008 74	9.236 008	天津
⋮	⋮	⋮	⋮	⋮

续表

年份	销售收入	费用	利润	地区
2012	226.0475	10.776 87	10.396 66	甘肃
2008	229.2657	11.414 21	10.478 13	青海
2009	228.9225	11.107 96	10.198 02	青海
2010	229.2313	11.366 74	10.472 49	青海
2011	229.0406	11.1375	10.224 85	青海
2012	229.1517	11.241 12	10.307 62	青海

在目录 G:\2glkx\data 下建立 al12-1.xls 数据文件后，使用命令如下：

```
> library(RODBC)                    # 使用此命令时必须先安装 RODBC，见 3.9.2 节
> z <- odbcConnectExcel("G:/2glkx/data/al12-1.xls")
> sq <- sqlFetch(z,"Sheet1")
> close(z)
> library(Formula)                  ##载入 Formula 程序包
> library(plm)                      ##载入 plm 程序包
> pgr <- plm.data(sq,index = c("dq","year"))
##//本命令是对面板数据进行定义，其中横截面维度变量为 dq，时间序列变量为 year。
```

12.3 混合估计回归模型 R 语言估计

下面用混合估计回归模型进行估计，命令如下：

```
> gr_pool <- plm(profit~sale + cost,data = pgr,model = "pooling")
##本命令是以 profit 为因变量，以 sale、cost 为自变量，进行最小二乘线性回归分析(用混合模型进行估计)
> summary(gr_pool)
```

执行以上 2 行命令后，得到如下分析结果：

```
Oneway (individual) effect Pooling Model
Call:
plm(formula = profit ~ sale + cost, data = pgr, model = "pooling")
Balanced Panel: n = 20, T = 5, N = 100
Residuals :
    Min.    1st Qu.   Median   3rd Qu.    Max.
 -0.7570   -0.3280    0.0641    0.2670   1.1200
Coefficients :
               Estimate Std.     Error    t-value   Pr(>|t|)
(Intercept)   -0.4981994   0.8233190   -0.6051   0.546518
sale           0.0041186   0.0014083    2.9245   0.004296 **
cost           0.8628130   0.0755204   11.4249   < 2.2e-16 ***
---
Signif. codes:  0 '***' 0.001 '**' 0.01 '*' 0.05 '.' 0.1 ' ' 1
Total Sum of Squares:    52.158
Residual Sum of Squares: 18.329
R-Squared       :   0.64858
      Adj. R-Squared :   0.62912
F-statistic: 89.5121 on 2 and 97 DF, p-value: < 2.22e-16
```

通过观察上面的分析结果，可以看出共有 100 个样本参与了分析，模型的 F 值为 $F(2, 97)=89.5121$，p 值$=0.0000$，说明该模型整体上是非常显著的。模型的可决系数 R－squared＝0.64858，修正的可决系数 Adj. R－squared＝0.62912，说明模型的解释能力也是不错的。

变量 sale 的系数标准误是 0.0014083，t 值为 2.9245，p 值为 0.004296，系数是非常显著的。变量 cost 的系数标准误是 0.0755204，t 值为 11.4249，p 值为 0.000，系数是非常显著的。常数项的系数标准误是 0.823319，t 值为－0.6051，p 值为 0.546518，系数是不显著的。

模型的回归方程是

$$profit = 0.004\,118\,6sale + 0.862\,813\,0cost - 0.498\,199\,4$$

从上面的分析可以看出，最小二乘线性模型的整体显著性、系数显著性以及模型的整体解释能力都不错。得到的结论是该公司利润情况与销售收入和促销费用等都是显著正向变化的。

12.4 固定效应回归模型 R 语言估计

下面用固定效应回归模型进行估计，命令如下：

```
>gr_fe<-plm(profit~sale+cost,data=pgr,model="within")
>##本命令是以 profit 为因变量，以 sale、cost 为自变量，进行固定效应回归分析
>summary(gr_fe)
```

输入完以上 3 行命令后，按回车键，得到如下分析结果：

```
Oneway (individual) effect Within Model
Call:
plm(formula = profit ~ sale + cost, data = pgr, model = "within")
Balanced Panel: n = 20, T = 5, N = 100
Residuals :
     Min.      1st Qu.       Median    3rd Qu.       Max.
 - 0.15400   - 0.06660   - 0.00655   0.05750   0.28100
Coefficients :
       Estimate Std.          Error    t - value   Pr(>|t|)
sale      0.00081338   0.00037716      2.1566   0.03412 *
cost      0.38558967   0.05967133      6.4619   8.161e-09 ***
---
Signif. codes:  0 '***' 0.001 '**' 0.01 '*' 0.05 '.' 0.1 ' ' 1
Total Sum of Squares:      1.1275
Residual Sum of Squares: 0.71741
R - Squared          :   0.36374
      Adj. R - Squared :   0.28372
F - statistic: 22.2961 on 2 and 78 DF, p - value: 2.196e-08
```

通过观察上面的分析结果，可以看出，共有 20 组，每组 5 个，共有 100 个样本参与了固定效应回归分析，模型的 F 值$=22.2961$，p 值$=0.0000$，说明该模型整体上是非常显著的。模型组内的 R 方是 0.36374，说明单位内解释的变化比例是 36.374%。观察模型中各个变量系数的显著性 p 值，发现也都是比较显著的。

12.5 固定效应回归模型与混合估计回归模型优劣判断的R语言应用

如果要判断固定效应回归模型是否比混合估计回归模型更好，可采用 F 检验。命令如下：

```
>pFtest(gr_fe,gr_pool)
```

执行以上命令后，得到如下结果：

```
F test for individual effects
data:  profit ~ sale + cost
F = 100.7823, df1 = 19, df2 = 78, p-value < 2.2e-16
alternative hypothesis: significant effects
```

由上面的分析结果可以看到，F 值＝100.7823，p 值＝0.0000，显著地拒绝了所有各个样本没有自己的截距项的原假设，所以可以认为每个个体用于与众不同的截距项，也就是说，固定效应回归模型在一定程度上优于混合估计回归模型。

12.6 随机效应回归模型的R语言估计

下面用随机效应回归模型进行估计，命令如下：

```
>gr_re<-plm(profit~sale+cost,data=pgr,model="random",random.method="swar")
>##本命令的含义是以 profit 为因变量，以 sale、cost 为自变量，进行随机效应回归分析
>summary(gr_re)
```

输入完以上3行命令后，按回车键，得到如下分析结果：

```
Oneway (individual) effect Random Effect Model
   (Swamy-Arora's transformation)
Call:
plm(formula = profit ~ sale + cost, data = pgr, model = "random",
    random.method = "swar")
Balanced Panel: n=20, T=5, N=100
Effects:
                    var    std.dev   share
idiosyncratic  0.009198  0.095904  0.049
individual     0.177505  0.421314  0.951
theta:  0.8987
Residuals :
     Min.      1st Qu.     Median    3rd Qu.       Max.
 -0.19800   -0.06380   0.00458   0.03950   0.26500
Coefficients :
                Estimate     Std.Error    t-value    Pr(>|t|)
(Intercept)  4.89737866   0.69837538    7.0125   3.146e-10 ***
sale         0.00094105   0.00039788    2.3652   0.02001 *
cost         0.45523216   0.05926108    7.6818   1.265e-11 ***
---
Signif. codes:  0 '***' 0.001 '**' 0.01 '*' 0.05 '.' 0.1 ' ' 1
```

```
Total Sum of Squares:     1.651
Residual Sum of Squares: 1.0019
R-Squared         :  0.39314
      Adj. R-Squared :  0.38135
F-statistic: 31.4202 on 2 and 97 DF, p-value: 3.0175e-11
```

从上面的结果可以看出，随机效应回归分析的结果与固定效应回归分析的结果大同小异，只是部分变量的显著性水平得到了进一步提高。

12.7　组间计量回归分析的 R 语言估计

下面用随机效应回归模型进行估计，命令如下：

```
> gr_be <- plm(profit~sale + cost,data = pgr,model = "between")
>##本命令是以 profit 为因变量，以 sale、cost 为自变量，进行组间估计量回归分析
> summary(gr_be)
```

执行“>”符号后的 3 行命令后，得到如下结果：

```
Oneway (individual) effect Between Model
Call:
plm(formula = profit ~ sale + cost, data = pgr, model = "between")
Balanced Panel: n = 20, T = 5, N = 100
Residuals :
    Min.     1st Qu.    Median   3rd Qu.      Max.
-0.6930   -0.3060   0.0648   0.1790   0.8110
Coefficients :
                Estimate Std.   Error t-value   Pr(>|t|)
(Intercept)    -0.8923599        1.8579466   -0.4803   0.6371407
      sale      0.0104226        0.0056309    1.8510   0.0816307 .
      cost      0.7736021        0.1950808    3.9655   0.0009991 ***
---
Signif. codes:  0 '***' 0.001 '**' 0.01 '*' 0.05 '.' 0.1 ' ' 1
Total Sum of Squares:     10.206
Residual Sum of Squares: 3.0489
R-Squared         :  0.70127
      Adj. R-Squared :  0.59608
F-statistic: 19.954 on 2 and 17 DF, p-value: 3.4661e-05
```

从上面的结果可以看出，进行组间估计量回归分析的结果较固定效应回归模型、随机效应回归模型在模型的解释能力以及变量系数的显著性上都有所降低。

12.8　随机效应回归模型与固定效应回归模型区分的 Hausman 检验

要判断随机效应回归模型是否与固定效应回归模型有区别，可采用 Hausman 检验，命令如下：

```
> phtest(gr_re,gr_fe)
```

执行以上命令后，得到如下结果：

```
        Hausman Test
data:  profit ~ sale + cost
chisq = 89.2138, df = 2, p-value < 2.2e-16
alternative hypothesis: one model is inconsistent
```

可见，随机效应回归模型与固定效应回归模型是有区别的。

12.9 面板数据的广义矩估计的R语言应用

下面给出内置面板数据文件Finance的GMM估计的R语言应用实例。

12.9.1 资本资产定价模型检验的广义矩估计法(GMM)的R语言应用

先载入如下程序包：

```
> library(sandwich)
> library(gmm)
> # # CAPM test with GMM
> data(Finance)
> # #10个股票收益率的数据，分别是股票WMK、UIS、ORB、MAT、ABAX、T、EMR、JCS、VOXX、ZOOM，共300期
> r <- Finance[1:300, 1:10]
> # #市场投资组合的收益率，共300期
> rm <- Finance[1:300, "rm"]
> # #无风险利率，共300期
> rf <- Finance[1:300, "rf"]
> # #10个股票超额收益率的数据，分别是股票WMK、UIS、ORB、MAT、ABAX、T、EMR、JCS、VOXX、ZOOM，共300期
> z <- as.matrix(r-rf)
> # #总期数
> t <- nrow(z)
> # #市场投资组合的超额收益率
> zm <- rm-rf
> # #由市场投资组合的超额收益率构造300行1列矩阵数据集
> h <- matrix(zm, t, 1)
> # #以10个股票的超额收益率为因变量，市场投资组合的超额收益率作为自变量，数据为h，作广义矩估计
> res <- gmm(z ~ zm, x = h)
> summary(res)
```

执行上述从Library到summary之间的各命令后，得到如下广义矩估计结果：

```
Call:
gmm(g = z ~ zm, x = h)
Method:  twoStep
Kernel:  Quadratic Spectral
Coefficients:
```

```
                     Estimate      Std. Error       t value       Pr(>|t|)
WMK_(Intercept)    -4.6697e-03   5.9502e-02   -7.8480e-02   9.3745e-01
UIS_(Intercept)     1.0235e-01   1.2261e-01    8.3471e-01   4.0388e-01
ORB_(Intercept)     1.4587e-01   2.1972e-01    6.6390e-01   5.0675e-01
MAT_(Intercept)     3.5895e-02   1.0982e-01    3.2686e-01   7.4378e-01
ABAX_(Intercept)    9.1742e-02   2.8214e-01    3.2516e-01   7.4506e-01
T_(Intercept)       2.3103e-02   7.8482e-02    2.9438e-01   7.6847e-01
EMR_(Intercept)     2.9929e-02   5.6695e-02    5.2789e-01   5.9758e-01
JCS_(Intercept)     1.1680e-01   1.6847e-01    6.9334e-01   4.8810e-01
VOXX_(Intercept)    2.0871e-02   1.8056e-01    1.1559e-01   9.0798e-01
ZOOM_(Intercept)   -2.1914e-01   2.0363e-01   -1.0761e+00   2.8186e-01
WMK_zm              3.1719e-01   1.3535e-01    2.3435e+00   1.9104e-02
UIS_zm              1.2627e+00   2.3584e-01    5.3542e+00   8.5942e-08
ORB_zm              1.4939e+00   4.3617e-01    3.4250e+00   6.1474e-04
MAT_zm              1.0150e+00   2.3702e-01    4.2822e+00   1.8503e-05
ABAX_zm             1.0890e+00   5.9830e-01    1.8201e+00   6.8740e-02
T_zm                8.4898e-01   1.6787e-01    5.0573e+00   4.2519e-07
EMR_zm              7.4079e-01   1.0827e-01    6.8422e+00   7.8008e-12
JCS_zm              9.5882e-01   3.7142e-01    2.5815e+00   9.8365e-03
VOXX_zm             1.4822e+00   3.9362e-01    3.7655e+00   1.6624e-04
ZOOM_zm             2.0777e+00   3.2727e-01    6.3486e+00   2.1731e-10
J-Test: degrees of freedom is 0
              J-test                   P-value
Test E(g) = 0:    6.80221304421707e-30   *******
```

从上述估计结果可见，10 个股票市场投资组合超额收益率的系数都是显著的。

12.9.2　多因素套利定价模型检验的广义矩估计的 R 语言应用

下面介绍三因素套利定价模型检验的广义矩估计法的 R 语言应用。

先载入如下程序包：

```
>library(sandwich)
>library(gmm)
##APT test with Fama-French factors and GMM
>data(Finance)
>##10 个股票收益率的数据，分别是股票 WMK、UIS、ORB、MAT、ABAX、T、EMR、JCS、VOXX、ZOOM，共 300 期
>r <- Finance[1:300, 1:10]
>rf <- Finance[1:300, "rf"]
>##10 个股票超额收益率的数据，分别是股票 WMK、UIS、ORB、MAT、ABAX、T、EMR、JCS、VOXX、ZOOM，共
300 期
>z <- as.matrix(r-rf)
>##市场投资组合的收益率，共 300 期
>rm <- Finance[1:300, "rm"]
>##无风险利率，共 300 期
>rf <- Finance[1:300, "rf"]
>##市场投资组合的超额收益率
>zm <- rm-rf
##市场投资组合的超额收益率
>f1 <- zm
>##高账面市值比公司与低账面市值比的收益率之差和无风险利率的差，即规模因素的超额收益率
```

```
>f2 <- Finance[1:300, "hml"] - rf
>##小公司与大公司收益率之差和无风险利率的差,即价值因素的超额收益率
>f3 <- Finance[1:300, "smb"] - rf
>##由市场投资组合的超额收益率、规模因素的超额收益率、价值因素的超额收益率构造300行3列矩阵数据集
>h <- cbind(f1, f2, f3)
>##以10个股票的超额收益率作为因变量,市场因素、规模因素、价值因素作为自变量,数据为h,作广义矩估计
>res2 <- gmm(z ~ f1 + f2 + f3, x = h)
>summary(res2)
```

执行从Library到Summary的所有命令后,得到如下广义矩估计结果:

```
Call:
gmm(g = z ~ f1 + f2 + f3, x = h)
Method:  twoStep
Kernel:  Quadratic Spectral
Coefficients:
                      Estimate     Std. Error     t value      Pr(>|t|)
WMK_(Intercept)     -2.3984e-02   5.9128e-02   -4.0563e-01   6.8502e-01
UIS_(Intercept)      7.2263e-02   1.2797e-01    5.6469e-01   5.7228e-01
ORB_(Intercept)      1.1353e-01   2.3309e-01    4.8705e-01   6.2622e-01
MAT_(Intercept)      6.9439e-02   1.0171e-01    6.8269e-01   4.9480e-01
ABAX_(Intercept)     6.6756e-02   2.8460e-01    2.3456e-01   8.1455e-01
T_(Intercept)        1.9497e-02   7.7606e-02    2.5123e-01   8.0164e-01
EMR_(Intercept)      2.1709e-02   5.6791e-02    3.8226e-01   7.0227e-01
JCS_(Intercept)      9.0351e-02   1.7241e-01    5.2404e-01   6.0025e-01
VOXX_(Intercept)    -7.0597e-03   1.8031e-01   -3.9152e-02   9.6877e-01
ZOOM_(Intercept)    -1.8878e-01   2.2021e-01   -8.5729e-01   3.9129e-01
WMK_f1               4.4605e-01   1.4609e-01    3.0531e+00   2.2646e-03
UIS_f1               1.4811e+00   2.7386e-01    5.4082e+00   6.3649e-08
ORB_f1               1.7490e+00   5.3971e-01    3.2407e+00   1.1924e-03
MAT_f1               8.7380e-01   2.9528e-01    2.9593e+00   3.0836e-03
ABAX_f1              1.4683e+00   6.6505e-01    2.2078e+00   2.7261e-02
T_f1                 7.6712e-01   1.6043e-01    4.7816e+00   1.7394e-06
EMR_f1               7.5316e-01   1.4219e-01    5.2969e+00   1.1777e-07
JCS_f1               1.2110e+00   4.2915e-01    2.8217e+00   4.7763e-03
VOXX_f1              1.7668e+00   4.2344e-01    4.1725e+00   3.0125e-05
ZOOM_f1              1.9355e+00   4.6557e-01    4.1573e+00   3.2206e-05
WMK_f2               3.2874e-01   2.3388e-01    1.4056e+00   1.5986e-01
UIS_f2               4.6091e-01   3.9535e-01    1.1658e+00   2.4369e-01
ORB_f2               4.3703e-01   6.5262e-01    6.6966e-01   5.0307e-01
MAT_f2              -8.0933e-01   4.8554e-01   -1.6669e+00   9.5542e-02
ABAX_f2             -1.8839e-01   9.8547e-01   -1.9117e-01   8.4839e-01
T_f2                 3.6712e-01   1.8411e-01    1.9940e+00   4.6154e-02
EMR_f2               2.6245e-01   1.6730e-01    1.5688e+00   1.1670e-01
JCS_f2               2.3189e-01   5.8729e-01    3.9484e-01   6.9296e-01
VOXX_f2              1.9163e-01   6.3031e-01    3.0402e-01   7.6111e-01
ZOOM_f2             -6.9080e-01   6.4719e-01   -1.0674e+00   2.8580e-01
WMK_f3               2.3959e-01   1.8023e-01    1.3293e+00   1.8375e-01
```

```
UIS_f3          5.3357e-01  3.5493e-01   1.5033e+00  1.3276e-01
ORB_f3          7.5751e-01  6.1895e-01   1.2239e+00  2.2100e-01
MAT_f3          3.3197e-01  3.5997e-01   9.2220e-01  3.5642e-01
ABAX_f3         2.2355e+00  9.9695e-01   2.2423e+00  2.4940e-02
T_f3           -9.1456e-01  2.2901e-01  -3.9935e+00  6.5096e-05
EMR_f3         -2.8259e-01  1.5949e-01  -1.7719e+00  7.6418e-02
JCS_f3          1.0133e+00  5.7214e-01   1.7711e+00  7.6537e-02
VOXX_f3         1.2369e+00  5.4988e-01   2.2493e+00  2.4491e-02
ZOOM_f3         1.6983e-01  6.1767e-01   2.7496e-01  7.8335e-01
J-Test: degrees of freedom is 0
                J-test                  P-value
Test E(g) = 0:  6.11308909416977e-29    *******
```

从上述结果可见，对于市场因素 f1，所有变量的系数都通过了 5%显著性检验；对于规模因素 f2，有 MAT_f2、T_f2 变量的系数通过了 5%显著性检验，其余 8 个变量的系数没有通过显著性检验。对于价值因素 f3，有 ABAX_f3、T_f3、EMR_f3、JCS_f3、VOXX_f3 变量的系数通过了 5%显著性检验，其余 5 个变量的系数没有通过 5%显著性检验。

练习题

对本章中的面板数据文件 Finance，使用 R 语言重新操作一遍，并理解命令结果的含义。

第13章 基于R语言的金融数据分析综合应用

13.1 构建金融数据分析平台的R程序包功能及层次

1. 金融数据分析平台的R程序包功能

在R语言中，可用于金融数据分析的程序包数量很多，主要程序包有quantmod、tseries和plm。目前在CRAN中的这些R程序包大多数侧重比较学术化的金融数据的计量研究，可参考http://cran.r-project.org/web/views/Finance.html，比如著名的Rmetrics系列，可用于交易实践的工具依然有限，相关的资料也很分散。下面采用多个R程序包来构建金融数据分析平台，这些R程序包包括quantmod(主要用于数据获取和图形展示)、TTR(主要用于技术分析)、blotter(主要用于账户管理)、Financial Instrument(主要用于金融产品)、quantstrast(主要用于投资策略模型)和Performance Analytics(主要用于业绩表现分析)。这些R程序包依然在发展中(有些还被托管在R-forge里，参见http://r-forge.r-project.org/R/group_id=316)，但目前可用的部分已足以迅速地搭建金融数据分析平台。

2. 构建R语言的数据分析平台的几个层次

数据基础：R语言中的时间序列对象是一种复合的数据对象，包括一个记录时间序列数据的数据矩阵和一个相关联的表示时间的时间戳向量。这个层次主要涉及的R程序包有zoo和xts等。

数据处理、图形和技术分析：quantmod程序包和TTR程序包。目前对单个资产建立基于技术分析的策略，就如同我们所常见的交易软件。

交易策略和交易账户的管理：blooter包、quantstrast包和Financial Instrument程序包。这些程序包可以对投资组合进行策略建模。

策略的表现和风险分析：Performance Analytics程序包。

细节请参见R语言官方网站。

13.2 数据处理和图形展示程序包quantmod

quantmod程序包(Quantitative Financial Modelling Framework)是一个定量金融建模框架，可参见http://www.quantmod.com/ 网站，其目的在于为量化交易者提供一个进行建模的平台，目前的主要功能是获取交易数据进行处理，并绘制交易图形。该程序包最主要的两个函数就是getSymbols和chartSeries。

1. getSymbols 函数

getSymbols 函数用来获取数据，可以从 R 数据文件、在线数据库或者雅虎、谷歌等网站获取交易数据（Yahoo Finance、Google Finance、FRED、Oanda -csv、RData -MySQL、SQLite）。

关于 getSymbols 函数的应用，后面将详细介绍。

除了 getSymbols 及其变形，在 quantmod 程序包里还提供了一系列的 get 函数，如 getSplits 可以得到拆股的数据，getMetals 可以得到金属期货的交易数据等。

在使用 getSymbols 的时候，要注意从网站获取的数据（如 Yahoo）可能会有错误的情况，使用时要慎重。另外，关于 Yahoo 数据的价格复权调整，可参考 http://help.yahoo.com/kb/indexlocale=en_US&y=PROD_ACCT&page=content&id=SLN2311。关于复权的调整也可以使用 adjustOHLC 来完成（OHLC 指的是开盘高点低点收盘），以当前价格向前复权：

```
library(quantmod)
getSymbols("IBM", from = "2000-01-01")
## [1] "IBM"
head(IBM)
## IBM.Open IBM.High IBM.Low IBM.Close IBM.Volume IBM.Adjusted
## 2000-01-03 112.4 116.0 111.9 116.0 10347700 97.65
## 2000-01-04 114.0 114.5 110.9 112.1 8227800 94.33
## 2000-01-05 112.9 119.8 112.1 116.0 12733200 97.65
## 2000-01-06 118.0 118.9 113.5 114.0 7971900 95.96
## 2000-01-07 117.2 117.9 110.6 113.5 11856700 95.54
## 2000-01-10 117.2 119.4 115.4 118.0 8540500 99.33
chartSeries(IBM, theme = "white")
spl <- getSplits("IBM") #拆股
head(spl)
## IBM.spl
## 1973-05-29 0.80
## 1979-06-01 0.25
## 1997-05-28 0.50
## 1999-05-27 0.50
div <- getDividends("IBM") #分红
head(div)
## [,1]
## 1970-05-01 0.060
## 1970-07-31 0.060
## 1970-10-30 0.060
## 1971-02-05 0.065
## 1971-05-07 0.065
## 1971-08-06 0.065
adj <- adjustOHLC(IBM)
head(adj)
## IBM.Open IBM.High IBM.Low IBM.Close IBM.Volume IBM.Adjusted
## 2000-01-03 94.65 97.65 94.17 97.65 10347700 97.65
## 2000-01-04 95.96 96.39 93.33 94.33 8227800 94.33
## 2000-01-05 95.07 100.80 94.38 97.65 12733200 97.65
```

```
## 2000-01-06 99.33 100.12 95.54 95.96 7971900 95.96
## 2000-01-07 98.70 99.28 93.12 95.54 11856700 95.54
## 2000-01-10 98.70 100.49 97.12 99.33 8540500 99.33
chartSeries(adj, theme = "white")
```

2. chartSeries 函数及图形展示

不管使用何种的策略，依然习惯于使用图形来进行分析。quantmod 包里基本的作图函数是 chartSeries。

这个函数的主要参数包括：

x——数据对象。

type——图的类型。

theme chart.theme——对象，图形的表现主题。

subset——对数据取子集 TA 技术指标的参数。

例如：

```
chartSeries(IBM, subset = "last 3 months", theme = "white") #基本作图
```

从以上命令绘制近 3 个月来 IBM 股票价格的走势图。

除 chartSeries 函数作基本图形外，作图的函数有 barChart(条形图)、candleChart(蜡烛图)和 lineChart(线图)。

要强调的是，虽然我们目前把 quantmod 当成构建数据分析平台的一个数据和图形的基础架构，quantmod 的作者依然在功能的扩展上进行着开发，在 quantmod 程序包里还有一些实验性的函数，可以提供建立模型的功能以及更好的图形表现能力。希望这些实验性的工具能够尽早成熟。

3. 数据获取与图形展示实例

下面是贵州茅台、万科、长江实业等几个股票数据获取的实例。

```
library(quantmod)  ##程序包 quantmod 的调入
```

贵州茅台数据的获取及其图形展示如下：

```
setSymbolLookup(GZMT = list(name = '600519.ss', src = 'yahoo'))
getSymbols("GZMT")
[1] "GZMT"
chartSeries(GZMT)
```

执行上述命令后，得到贵州茅台股票价格序列图形，如图 13-1 所示。

```
GZMT_ret = dailyReturn(GZMT)
chartSeries(GZMT_ret)
```

执行以上 2 行命令后，得到贵州茅台股票收益率序列图形，如图 13-2 所示。

若要显示最近 4 个月的价格序列，可以用命令

```
chartSeries(GZMT, subset = "last 4 months")
```

执行上行命令后，得到如图 13-3 所示的图形。

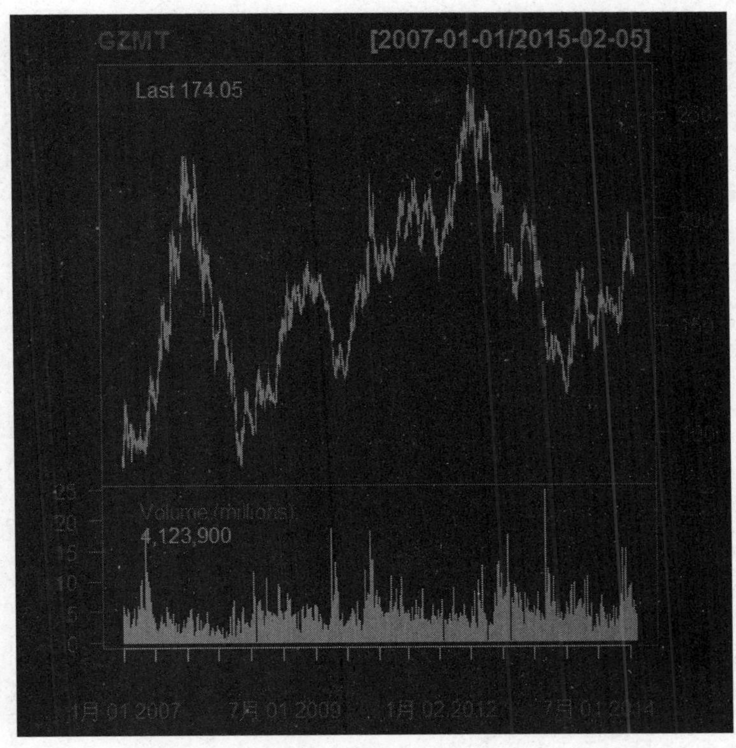

图 13-1　价格序列

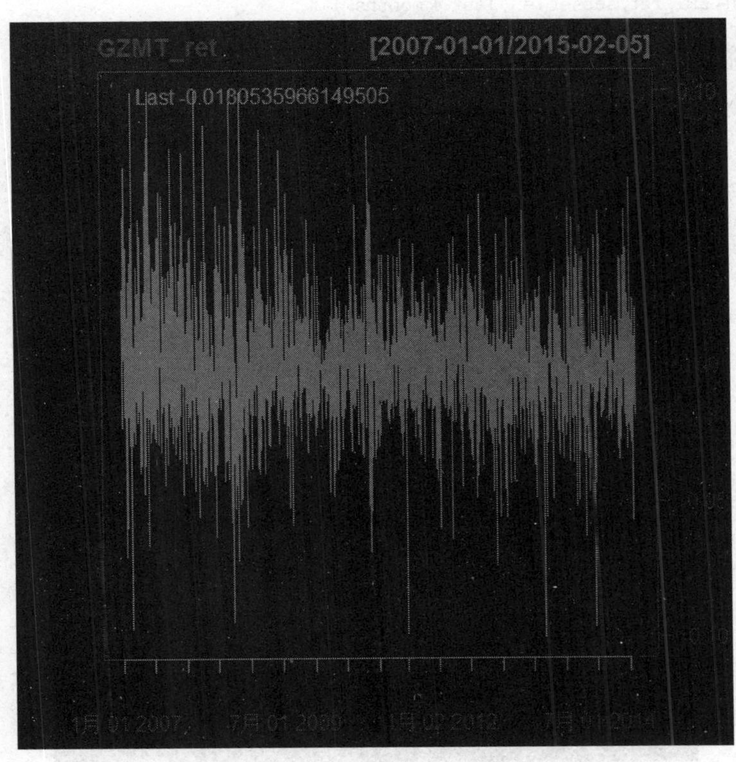

图 13-2　收益率序列

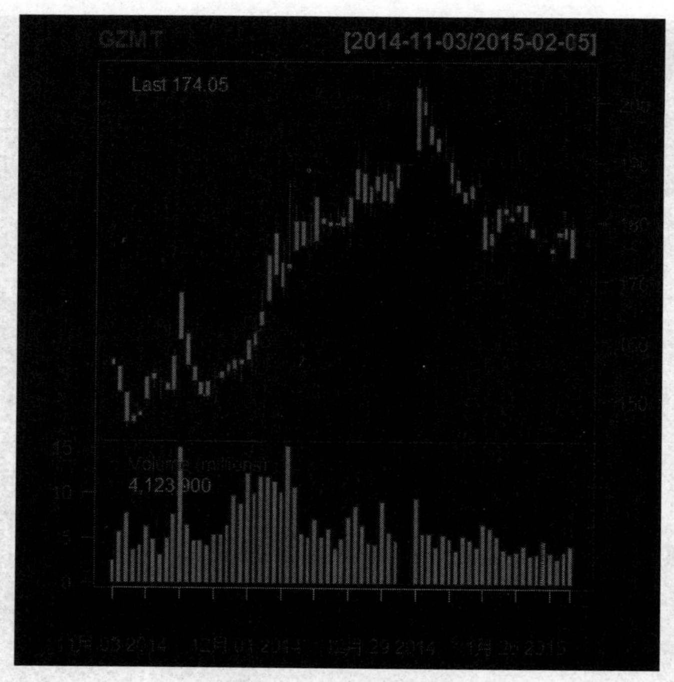

图 13-3　最近 4 个月的价格序列

要显示最近 4 个月的收益率序列，可以用命令

```
chartSeries(GZMT_ret, subset = "last 4 months")
```

执行上行命令后，得到如图 13-4 所示的图形。

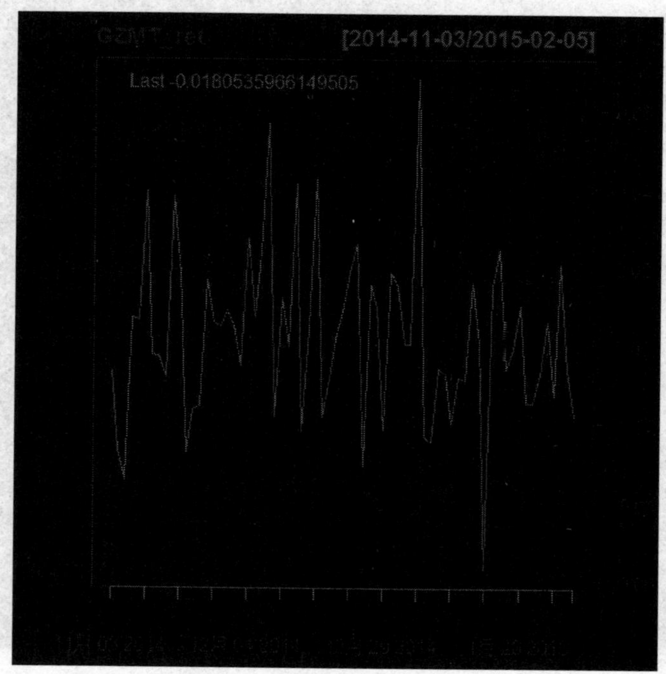

图 13-4　最近 4 个月的收益率序列

这里图形的背景都是黑色，如果要使背景为白色，可使用参数 theme="white"。

万科数据的获取及其图形展示命令如下：

```
setSymbolLookup(WK = list(name = '000002.sz',src = 'yahoo'))
getSymbols("WK")
chartSeries(WK,theme = "white")
```

执行以上 3 行命令后，得到如图 13-5 所示的图形。

图 13-5　白色背景

长江实业数据的获取及其图形展示命令如下：

```
setSymbolLookup(CJSY = list(name = "00001.hk",src = "yahoo"))
getSymbols("CJSY")
chartSeries(CJSY, up.col = 'red', dn.col = 'green', TA = "addVo(); addMACD(); addSMA(n = 10)")
```

图形展示略。

上证指数的获取及其图形展示命令如下：

```
getSymbols("^SSEC")
chartSeries(SSEC, up.col = 'red', dn.col = 'green', TA = "addVo(); addMACD(); addSMA(n = 10)")
```

图形展示略。

13.3　金融数据获取

可以通过 getSymbols 等函数在 Yahoo、Google 等财经网站、在线数据库或已有文件获取金融数据。

1. 从网络获取股票数据

在调入程序包 quantmod 后，获取上证指数可用 getSymbols("^SSEC")，也可用 getSymbols("000001.ss")获取。

```
获取上证 A 股指数可用 setSymbolLookup(A.shanghai.index = list(name = "000002.ss",src =
"yahoo"))
getSymbols("A.shanghai.index")
```

获取上证 B 股指数可用

```
setSymbolLookup(B.shanghai.index = list(name = "000003.ss",src = "yahoo"))
getSymbols("B.shanghai.index")
```

获取上证综合指数可用

```
setSymbolLookup(C.shanghai.index = list(name = "000008.ss",src = "yahoo"))
getSymbols("C.shanghai.index")
```

获取沪深 300 指数可用

```
setSymbolLookup(HS300.INDEX = list(name = "000300.ss",src = "yahoo"))
getSymbols("HS300.INDEX")
HS300.INDEX
```

获取深圳成指可用

```
setSymbolLookup(COMPONENT.INDEX = list(name = "399001.sz",src = "yahoo"))
getSymbols("COMPONENT.INDEX")
COMPONENT.INDEX
```

获取中国移动数据可用

```
getSymbols("CHL")
```

获取三一重工数据可用

```
setSymbolLookup(SANY.HEAVY = list(name = "600030.ss",src = "yahoo"))
getSymbols("SANY.HEAVY")
SANY.HEAVY_ret = dailyReturn(SANY.HEAVY)
barChart(CHL,theme = "white")
```

2. 从现有文件或数据库获取数据

可以用如下函数从现有文件或数据库获取数据：

```
getSymbols.csv()
getSymbols.MySQL()
getSymbols.rda()
```

3. 获取查看上市公司财务报表数据

可以用如下命令获取中国移动上市公司数据：

```
getFinancials('CHL')
```

4. 获取美元对日元的汇率数据和图形展示

可以用如下命令获取美元对日元的汇率数据和图形展示。

```
getFX("USD/JPY")
barChart(USDJPY)
```

13.4 时间序列分析的 R 工具

1. 金融时间序列分析的 R 程序包

用于金融时间序列分析的 R 程序包主要有以下几个：

library(zoo)：时间格式预处理。

library(xts)：时间格式预处理。

library(timeSeires)：时间格式预处理。

library(urca)：进行单位根检验。

library(tseries)：arma 模型。

library(fUnitRoots)：进行单位根检验。

library(FinTS)：调用其中的自回归检验函数。

library(fGarch)：GARCH 模型。

library(nlme)：调用其中的 gls 函数。

library(fArma)：进行拟合和检验。

2. 基本函数

1）数学函数

数学函数有绝对值(abs)、平方根(sqrt)、对数函数(log、lcg10、log2)、指数函数(exp)、三角函数(sin、cos、tan、asin、acos、atan、atan2)、双曲函数(sinh、cosh、tanh、asinh、acosh、atanh)。

2）简单统计量函数

简单统计量函数有 sum、mean、var、sd、min、max、range、median、IQR(四分位间距)等，sort、order、rank 是与排序有关的函数，其他函数还有 ave、fivenum、mad、quantile、stem 等。

3. 数据处理

1）转成时间序列类型

实例如下：

```
x = rnorm(2)
charvec = c("2010 - 01 - 01","2010 - 02 - 01")
zoo(x,as.Date(charvec))                          #包 zoo
xts(x, as.Date(charvec))                         #包 xts
timeSeries(x,as.Date(charvec))                   #包 timeSeries
#规则的时间序列,数据在规定的时间间隔内出现
tm = ts(x,start = c(2010,1), frequency = 12 )  #12 为按月份,4 为按季度,1 为按年度
zm = zooreg(x,start = c(2010,1), frequency = 12 ) #包 zoo
xm = as.xts(tm)                                  #包 xts
```

```
sm = as.timeSeries(tm)                                   # 包 timeSeries
# 判断是否为规则时间序列
is.regular(x)
```

2）排序

zoo()和 xts()会强制变换为正序(按照时间名称)。

timeSeries()不会强制排序；其结果可以根据 sort 函数排序，也可以采用 rev()函数进行逆序；参数 recordIDs 可以给每个元素(行)标记一个 ID，从而可以找回原来的顺序。

当预设的时间有重复的时间点时，zoo 会报错；xts 按照升序排列；timeSeries 把重复部分放置在尾部。

3）行合并和列合并

cbind()、rbind()都是按照列名进行合并，列名不同的部分用 NA 代替。merge()实现列合并。

4）取子集

xts()默认将向量做成矩阵，其他与常规向量或者矩阵没有差别。

5）缺失值处理

有关缺失值处理的函数如下：

```
na.omit(x)
x[is.na(x)] = 0
x[is.na(x)] = mean(x,na.rm = TRUE)
x[is.na(x)] = median(x,na.rm = TRUE)
na.approx(x)                                    # 对缺失值进行线性插值
na.spline(x)                                    # 对缺失值进行样条插值
na.locf(x)                                      # 末次观测值结转法
na.trim(x, sides = "left")                      # 去掉最后一个缺失值
# 对 timeSreies 数据
na.omit(x, "ir")                                # 去掉首末位置的缺失值
na.omit(x, "iz")                                # 用 x 替换首末位置的缺失值
na.omit(x, "ie")                                # 对首末位置的缺失值进行插值
na.omit(x, method = "ie", interp = c("before","linear","after"))
# 可以选择插值方法,before 为末次观测值法,after 为下次观测结转法
```

as.contiguous(x) # 返回 x 中最长的连续无缺失值的序列片段，如果有两个等长的序列片段，则返回第一个。

6）时间序列数据的显示

有关时间序列数据显示的函数如下：

```
# zoo 和 xts 都只能按照原来的格式显示,timeSeries 可以设置显示格式
print(x, format = "%m/%d/%y %H:%M") # %m 表示月, %d 表示天, %y 表示年, %H 表示时, %M
表示分钟, %A 表示星期, %j 表示天的序号
# timeSeries 也可以按照 ts 的格式显示
print(x, style = "ts")
print(x, style = "ts", by = "quarter")
```

7）图形展示

有关图形展示的函数如下：

```
plot.zoo(x)
plot.xts(x)
plot.zoo(x, plot.type = "single")           # 支持多个时间序列数据在一个图中展示
plot(x, plot.type = "single")               # 支持多个时间序列数据在一个图中展示,仅对 xts 不行
```

13.5　时间序列分析

1. 自相关系数、偏自相关系数等

有关自相关系数、偏自相关系数等的函数如下：

```
d = scan("sha.csv")                         # # sha.csv 为已存在的数据文件
sha = ts(d, start = 1964, freq = 1)
plot.ts(sha)                                # 绘制时序图
acf(sha,22)                                 # 绘制自相关图,滞后期数 22
pacf(sha,22)                                # 绘制偏自相关图,滞后期数 22
corr = acf(sha,22)                          # 保存相关系数
cov = acf(sha,22,type = "covariance")       # 保存协方差
```

2. 同时绘制两组数据的时序图

同时绘制两组数据的时序图的函数如下：

```
d = read.csv("double.csv", header = F)      # # double.csv 为已存在的数据文件
double = ts(d, start = 1964, freq = 1)
plot(double, plot.type = "multiple")        # 两组数据两个图
plot(double, plot.type = "single")          # 两组数据一个图
plot(double, plot.type = "single",col = c("red","green"),lty = c(1,2)) # 设置每组数据图的颜色、曲线类型)
```

3. 纯随机性检验

有关纯随机性检验的函数如下：

```
d = scan("temp.csv")                        # # temp.csv 为已存在的数据文件
temp = ts(d, freq = 1, start = c(1949))
Box.test(temp, type = "Ljung - Box", lag = 6)
```

4. 差分运算和滞后运算

有关差分运算和滞后运算的函数如下：

```
diff
lag
```

5. 模拟 ARIMA 模型的结果

模拟 ARIMA 模块结果的函数如下：

```
arima.sim(n = 100, list(ar = 0.8))
plot.ts(arima.sim(n = 100, list(ar = 0.8)))       # 随机产生一个包含 100 个随机数的时序图
plot.ts(arima.sim(n = 100, list(ar = - 1.1)))     # 非平稳,无法得到时序图
plot.ts(arima.sim(n = 100, list(ar = c(1, - 0.5))))
```

```
plot.ts(arima.sim(n = 100, list(ar = c(1,0.5))))
arima.sim(n = 1000, list(ar = 0.5, ma = -0.8))
acf(arima.sim(n = 1000, list(ar = 0.5, ma = -0.8)),20)
pacf(arima.sim(n = 1000, list(ar = 0.5, ma = -0.8)),20)
```

6. 单位根检验

```
#方法1
b = ts(read.csv("zhu.csv",header = T))                ##6_1.csv 为已存在的数据文件
x = b[,1]
y = b[,1]
summary(ur.df(x,type = "trend",selectlags = "AIC"))
#方法2:单位根检验更好的函数,加了画图的功能
library(fUnitRoots)
urdfTest(x)
#方法3:ADF检验的一个自编函数
library(urca)
ur.df.01 = function(x,lags = 8){
#将三种ADF检验形式汇总的函数(结果和EViews不一致)
res = matrix(0,5,3)
colnames(res) = c("无","含常数项","含常数项和趋势项")
rownames(res) = c("tau统计量","1%临界值","5%临界值","10%临界值","是否稳定(1/0)")
types = c("none","drift","trend")
for(i in 1:3){
x.adf = ur.df(x,type = types[i],lags = lags,selectlags = "AIC")
x.adf.1 = x.adf@teststat #统计量
x.adf.2 = x.adf@cval #临界值
res[1,i]  = x.adf.1[1]
res[2:4,i] = x.adf.2[1,]
res[5,i] = if( abs(res[1,i]) > abs(res[3,i]) ) 1 else 0
}
return(res)
}
##对原序列进行判断
ur.df.01(x)
```

13.6 金融数据分析R语言综合应用

例13-1：三个资产的单项收益率历史数据如表13-1所示。

表13-1 三个投资项目的单项收益率历史数据

时期	股票1	股票2	债券
1	0	0.07	0.06
2	0.04	0.13	0.07
3	0.13	0.14	0.05
4	0.19	0.43	0.04
5	−0.15	0.67	0.07

续表

时期	股票1	股票2	债券
6	−0.27	0.64	0.08
7	0.37	0	0.06
8	0.24	−0.22	0.04
9	−0.07	0.18	0.05
10	0.07	0.31	0.07
11	0.19	0.59	0.1
12	0.33	0.99	0.11
13	−0.05	−0.25	0.15
14	0.22	0.04	0.11
15	0.23	−0.11	0.09
16	0.06	−0.15	0.1
17	0.32	−0.12	0.08
18	0.19	0.16	0.06
19	0.05	0.22	0.05
20	0.17	−0.02	0.07

(1) 求三个资产的相关系数矩阵和协方差矩阵。

(2) 以表13-1的数据为例,无风险利率为0.5%,以变异系数法、夏普比法、效用函数法来判断,应选择三个资产中的哪一个?

(3) 组合资产如何分配每个资产的比例(没有给定组合资产期望收益率约束的情况)。

(4) 组合资产如何分配每个资产的比例(给定组合资产期望收益率为0.13约束的情况)。

(5) 对于两个风险资产组合,使用夏普比法,哪个好?

(6) 给定组合资产期望收益率为0.13,当资产组合收益率服从正态分布时,资产组合收益率的置信区间是什么?资产组合收益率落在什么区间的概率是68%?资产组合收益率落在什么区间的概率是95%?资产组合收益率落在什么区间的概率是99.7%?

解:(1) 在目录G:\2glkx\data下建立tzsy.xls数据文件后,使用以下命令读取数据:

```
library(RODBC)
z<-odbcConnectExcel("G:/2glkx/data/tzsy.xls")
sq<-sqlFetch(z,"Sheet1")
close(z)
x1 = sq$s1;x2 = sq$s2;x3 = sq$b
data = cbind(x1,x2,x3)
##求相关系数矩阵
cor1(data)
```

执行以上8行命令后,得到相关系数矩阵如下:

```
           x1           x2           x3
x1   1.00000000  -0.19589387  -0.02890848
x2  -0.19589387   1.00000000  -0.01340012
x3  -0.02890848  -0.01340012   1.00000000
```

```
##求协方差矩阵
var1(data)
```

执行上行命令后,得到协方差矩阵如下:

```
              x1              x2              x3
x1    0.0274326316   -0.0107684211   -0.0001331579
x2   -0.0107684211    0.1101526316   -0.0001236842
x3   -0.0001331579   -0.0001236842    0.0007734211
```

(2) 变异系数法求单位平均收益率的风险,这个指标越小越好。

夏普比法求单位风险的风险溢价,这个指标越大越好。

效用函数法即给定风险厌恶系数,效用值 $U=E(r)-0.5A\sigma^2$ 越大越好,这里给定风险厌恶系数 $A=3$。

R 语言代码如下:

```
##取数程序
library(RODBC)
z <- odbcConnectExcel("G:/2glkx/data/tzsy.xls")
sq <- sqlFetch(z,"Sheet1")
close(z)
x1 = sq$s1;x2 = sq$s2;x3 = sq$b
##求各资产风险溢价
m1 = mean(x1) - 0.005;m2 = mean(x2) - 0.005;m3 = mean(x3) - 0.005
##求各资产风险的标准差
sd1 = sd(x1);sd2 = sd(x2);sd3 = sd(x3)
##求各资产的夏普比
sp1 = m1/sd1; sp2 = m2/sd2; sp3 = m3/sd3
sp1;sp2;sp3
```

执行 library 到 sp3 之间的代码后,得到如下结果:

```
[1] 0.6520637
[1] 0.5423443
[1] 2.535018
##求各资产效用值
m1 = mean(x1);m2 = mean(x2);m3 = mean(x3)
a = 3;u1 = m1 - 0.5 * a * sd1 ^2;u2 = m2 - 0.5 * a * sd2 ^2;u3 = m3 - 0.5 * a * sd3 ^2
u1;u2;u3
```

执行以上 4 行命令后,得到如下结果:

```
[1] 0.07185105
[1] 0.01977105
[1] 0.07433987
##求各资产的变异系数
b1 = sd1/m1;b2 = sd2/m2;b3 = sd3/m3
b1;b2;b3
```

执行以上 3 行命令后,得到如下结果:

```
[1] 1.465734
```

```
[1] 1.794014
[1] 0.3683503
```

可见当风险厌恶系数为3时，三种方法都应选择资产3。

(3) 假设有 n 种风险资产，其预期收益率组成的向量记为 $\boldsymbol{e}=(E(r_1),E(r_2),\cdots,E(r_n))^{\mathrm{T}}$，每种风险资产的权重向量是 $\boldsymbol{X}=(x_1,x_2,\cdots,x_n)^{\mathrm{T}}$，协方差矩阵记为 $\boldsymbol{V}=[\sigma_{ij}]_{n\times n}$，向量 $\boldsymbol{l}=[1,1,\cdots,1]^{\mathrm{T}}$，并且假设协方差矩阵 $\boldsymbol{V}$ 是非退化矩阵，$\boldsymbol{e}\neq k\boldsymbol{l}$（$k$ 为任一常数）。相应地，该资产组合的收益率记为 $\boldsymbol{E}(r_P)=\boldsymbol{X}^{\mathrm{T}}\boldsymbol{e}$，风险记为 $\sigma_P^2=\boldsymbol{X}^{\mathrm{T}}\boldsymbol{V}\boldsymbol{X}$。本题就是要解决如下问题：

$$\min \frac{1}{2}\sigma_P^2=\frac{1}{2}\boldsymbol{X}^{\mathrm{T}}\boldsymbol{V}\boldsymbol{X},$$

$$\text{s. t.}\begin{cases}\boldsymbol{l}^{\mathrm{T}}\boldsymbol{X}=1\\ \boldsymbol{E}(r_P)=\boldsymbol{e}^{\mathrm{T}}\boldsymbol{X}=\boldsymbol{\mu}\end{cases}$$

为解决此问题，应用 tseries 程序包的 portfolio. optim()函数编制如下R语言程序：

```
library(RODBC)
library(tseries)
z<- odbcConnectExcel("G:/2glkx/data/tzsy.xls")
sq<- sqlFetch(z,"Sheet1")
close(z)
x1 = sq$s1;x2 = sq$s2;x3 = sq$b
A = cbind(x1,x2,x3)
res = portfolio.cptim(A)
res$pw
```

执行 library 到 res$pw 之间的代码后，得到如下结果：

```
[1] 0.4564934 0.2911552 0.2523514
res$pm
```

执行以上2行命令后，得到如下结果：

```
[1] 0.1245
res$ps
```

执行以上2行命令后，得到如下结果：

```
[1] 0.1104187
res$ps * res$ps
```

执行以上2行命令后，得到如下结果：

```
[1] 0.0121923
```

可见，在没有给定组合资产期望收益率约束的情况下，三种资产分配比例分别是46%、29%和25%。资产组合的均值为0.1245，标准差为0.1104187，方差为0.0121923。

(4) 本题就是要解决如下问题：

$$\min \frac{1}{2}\sigma_P^2=\frac{1}{2}\boldsymbol{X}^{\mathrm{T}}\boldsymbol{V}\boldsymbol{X}$$

$$\text{s. t.}\begin{cases}\boldsymbol{l}^{\mathrm{T}}\boldsymbol{X}=1\\ \boldsymbol{E}(r_P)=\boldsymbol{e}^{\mathrm{T}}\boldsymbol{X}=\boldsymbol{\mu}_0\end{cases}$$

注意,这里的 $\mu_0>\mu=E(r_P)$,例如,$\mu_0=0.13$。

为解决此问题,应用 quadprog 程序包的 solve.QP()函数编制如下 R 语言程序:

```
##Min - dT*b+1/2bT*D*b s.t.AT*b>=b0
##solve.QP(Dmat, dvec, Amat, bvec)
library(RODBC)
library(quadprog)
z<-odbcConnectExcel("G:/2glkx/data/tzsy.xls")
sq<-sqlFetch(z,"Sheet1")
close(z)
x1=sq$s1;x2=sq$s2;x3=sq$b
m1=mean(x1);m2=mean(x2);m3=mean(x3)
dd=data.frame(x1,x2,x3)
Dmat=var(dd)
dvec=matrix(c(0,0,0),3,1)
x1=c(1,0,0);x2=c(0,1,0);x3=c(0,0,1);x4=c(-1,-1,-1);x5=c(m1,m2,m3)
Amat=cbind(x1,x2,x3,x4,x5)
bvec= matrix(c(0,0,0,-1,0.13),5,1)
res1=solve.QP(Dmat, dvec, Amat, bvec)
res1$solution
```

执行从 library 到 res1$solution 的代码后,得到如下结果:

```
[1] 0.5063361 0.3243141 0.1693497
res1$value
```

执行以上 2 行代码后,得到如下结果:

```
[1] 0.007534021
```

可见,在给定组合资产期望收益率约束为 0.13 的情况下,三种资产分配比例分别是 51%、32%和 17%。资产组合的均值为 0.13,方差为 $0.007534021\times2=0.015068$,标准差为 0.1228。

(5) 对于两个风险资产组合,使用夏普比法,即求如下式子:

```
(0.1245-0.005)/0.1104187=1.082244
(0.13-0.005)/0.122752=1.018313
```

因此,应选择没有给定组合资产期望收益率约束的情况下的资产组合。

(6) 统计理论告诉我们:

① 资产组合收益率的值落在区间[资产组合收益率期望值-资产组合收益率标准方差,资产组合收益率期望值+资产组合收益率标准方差]的概率是 68%;

② 资产组合收益率的值落在区间[资产组合收益率期望值-2×资产组合收益率标准方差,资产组合收益率期望值+2×资产组合收益率标准方差]的概率是 95%;

③ 资产组合收益率的值落在区间[资产组合收益率期望值-3×资产组合收益率标准方差,资产组合收益率期望值+3×资产组合收益率标准方差]的概率是 99.7%。

本题中，资产组合收益率期望值为 0.13，资产组合收益率的标准差为 0.1228，所以当资产组合收益率服从正态分布时，有：资产组合收益率以 68%的概率落在区间[0.0072，0.2528]（即[0.13－0.1228，0.13＋0.1228]），以 95%的概率落在区间[－0.1156，0.3756]（即[0.13－2×0.1228，0.13＋2×0.1228]），以 99.7%的概率落在区间[－0.2384，0.4984]（即[0.13－3×0.1228，0.13＋3×0.1228]）。

练习题

应用 getSymbols 函数获取中国的三个股票数据，对 13.6 节的例子进行数据分析。

第 14 章 创业板科技型上市公司股权激励对其价值影响的计量检验研究

14.1 科技型上市公司股权激励相关概念

14.1.1 科技型上市公司的概念与特征

1. 科技型上市公司的概念

高新技术一词来源于高技术(High Technology),高技术的概念最早出现在 20 世纪 70 年代。我国高技术产业与公司源于 1986 年《高技术研究发展计划纲要》(863 计划),该计划将信息技术、航天技术、自动化技术、生物技术、能源技术、新材料技术等列入高技术领域。高技术是尖端技术,它的主要原理建立在人类最新的科学研究成就基础上,能够带来巨大的社会效益和经济利益。新技术是指具有创新性的前所未有的技术,具体地说,就是原来没有的,后来经过改进创新,变成在各个方面都有突破性的作用的技术。1988 年 7 月,中国国家科学技术委员会根据党的十三大提出的"注意发展高技术新兴产业"的要求,进一步提出"火炬计划",重点支持高新技术产业的发展,由此高技术和新技术合称为高新技术。

我国高新技术公司的主要认定标准如下:

(1) 在中国境内(不含港、澳、台地区)注册的公司,近三年内通过自主研发、受让、受赠、并购等方式,或通过 5 年以上的独占许可方式,对其主要产品(服务)的核心技术拥有自主知识产权。

(2) 产品(服务)属于《国家重点支持的高新技术领域》规定的范围。

(3) 具有大学专科以上学历的科技人员占公司当年职工总数的 30%以上,其中研发人员占公司当年职工总数的 10%以上。

(4) 公司为获得科学技术(不包括人文、社会科学)新知识,创造性运用科学技术新知识,或实质性改进技术、产品(服务)而持续进行了研究开发活动,且近三个会计年度的研究开发费用总额占销售收入总额的比例符合如下要求。

① 最近一年销售收入小于 5000 万元的公司,比例不低于 6%;

② 最近一年销售收入在 5000 万元至 20 000 万元的公司,比例不低于 4%;

③ 最近一年销售收入在 20 000 万元以上的公司,比例不低于 3%。

其中,公司在中国境内发生的研究开发费用总额占全部研究开发费用总额的比例不低于 60%。公司注册成立时间不足三年的,按实际经营年限计算。

(5) 高新技术产品(服务)收入占公司当年总收入的 60%以上。

(6) 公司研究开发组织管理水平、科技成果转化能力、自主知识产权数量、销售与总资产成长性等指标符合《高新技术公司认定管理工作指引》的要求。

2. 科技型上市公司的基本特征

总的看来，科技型上市公司主要有以下的一些特殊性：创新性、高成本和高收益性、高速成长性、高风险性和领导团队的高素质性。

第一，创新性。创新是高科技公司存在的基础和获取利润的源泉。高科技行业的重要特征是更新速度快，这就迫使高科技公司要对科技发展具有敏捷的反应能力和快速的应变能力，掌握科学技术的最新、最高成就，保证高技术的创新性。

第二，高成本和高收益性。创新需要投入大量的创新成本，才能生产出在功能、性能、质量等方面具有竞争优势的产品，在竞争对手开发出此类先进的产品之前，率先为公司带来丰厚的利润。

第三，高速成长性。高科技公司通过创新和投入开发出高科技产品，使公司凭借产品的新颖性和独特性迅速占领市场，获得巨大的经济利益。高科技公司也可能因此在短时间内由起初的小公司发展成为组织机构和管理制度日益合理的大公司。

第四，高风险性。一是高科技本身具有复杂性，二是产品市场的不确定性，三是高投入使得高科技公司面临着很大的资金风险。因此高科技公司具有高风险性。

第五，领导团队的高素质性。只有高素质的领导团队齐心协作，领导全体成员不断地进行创新，才能战胜高科技公司的高风险性，促进公司不断发展。

科技型上市公司的这些特征决定了公司需要高素质的管理团队和核心技术人员的高水平，这也是作为高风险、高成长性行业所必须具备的。公司如何吸引和留住高管和核心技术人员是科技型上市公司立于不败之地的关键所在，股权激励恰好是解决这一问题最为先进的管理手段。

14.1.2 股权激励的概念及特点

1. 股权激励的概念

股权激励指的是激励主体采用股票期权、公司股票或者其他的方式对股权激励对象实施的中期或长期激励。在现代公司中，股权激励是能够有效地激发人力资本的积极性和创造性的一种激励机制，管理层的个人收益和公司的长期发展被紧密地联系在一起，鼓励管理层更多地关注公司的长期持续稳定发展，有效地克服了传统的激励机制中管理层行为的短期化。使激励对象共享未来股东利益增长的潜在收益，换句话说，就是股东向管理者转让了一部分剩余权利。而激励对象也会为自己的公司而努力工作以达到心理上的真正满足；另外，他们还可以从剩余索取权中获得期望的经济利益。因此股权激励可以说是精神和物质两方面的。

高新技术公司股权激励指的是在高新技术公司中根据高风险性与高成长性的特点对人力资本即核心技术人员和管理层以股权激励的方式，使得人力资本与非人力资本共享公司产权，来激发核心技术员工通过提高公司价值来提升自己财富，促进公司吸引并留住人才，推动高新技术公司长期稳定的可持续发展的激励机制。这里的核心员工是指高新技术公司中能为公司带来核心价值的具有核心能力的公司员工，他们往往会拥有一些专门技术，掌握核心机密，控制关键资源，能够对公司又快又好地发展产生重要而深远的影响。

2. 股权激励的特点

由于高新技术公司不同于其他公司的特点，其股权激励机制也表现出独特性，具体有以下五个方面。

1）股权激励具有长期性

股权激励有助于激发高新技术公司人才创新的积极性。在高新技术公司的员工构成中，从事科学技术、产品开发的员工占有较高的比重，与其他公司的员工相比，高新技术公司专业技术人员所产生的作用要大得多。股权激励的实施，使得经营管理层、骨干核心技术人员及普通员工的利益都与公司的长期健康发展联系在一起，使得人力资本所有者的利益与公司的利益保持一致。只有公司健康稳定发展，公司的价值提升，人力资本才能获得更好的经济利益。在这种股权激励机制的影响下，公司的管理者会更加重视公司核心技术竞争力的培养；在物质上和精神上鼓励骨干核心技术人员研发并创新技术产品，达到促进公司长期稳定可持续发展的目的。这样公司的核心技术人员就会从经济利益上和精神上得到满足，勇于创新，创造出更多的新技术、新知识和新才能来提升公司价值。

2）优化公司治理结构

传统的公司治理理论是以“股东资本本位”理论来构建的，公司被理解为由物质资本所有者所组织起来的一个联合体，在生产者、持有资本的股东（资本家）和管理者这三个生产要素中，生产者或管理者只是股东的资本雇佣者，为公司提供物质资本的出资人对公司拥有绝对的所有权，高新技术公司的核心价值控制在核心技术员工人力资本的身上，人力资本决定着高新技术公司的前途和发展，科技型上市公司的生产、经营和管理已经逐渐专业化和高端化，公司的内部分工也越来越细。管理层与公司所有者之间的信息不对称现象也越来越严重，合理有效的治理结构有助于股权激励效果的发挥，同时高新技术公司股权激励制度的建立对优化公司治理结构有重大作用。

3）降低了委托代理成本和费用

由于委托代理问题的存在和对公司的影响，股东是公司的委托人，他要对作为其代理人的人力资本所有者进行约束、监督和激励，然而这些行为会带来相当昂贵的委托代理费用支出。股权激励制度使得员工不仅是公司的股东，也是公司的劳动者，人力资本的物质资本产权与产权共同分享公司所有权，可以减少委托代理成本和费用。

4）更加注重风险资本的管理

风险资本是一座桥梁，连接着资本市场和高新技术公司，通过对高新技术产业的支持，可提高公司的实力，实现技术突破和新产品开发。高科技公司需要风险资本，通过风险资本融资和高科技公司的动态博弈，风险资本对高新技术公司的治理结构有很大影响。高新技术公司通过创业取得成功后，往往能够得到数十倍甚至更多的巨大收益。同时，由于技术创新和市场的不确定性，在竞争激烈的现代社会，高科技公司将面临高风险。这种特征可能会挫伤其他公司员工的积极性，但是对高新技术公司的核心员工来说，却是早获得高收益的机会，也是对自身工作的挑战，能够极大地激发核心员工的内在潜能，使其掌握更多的管理知识和高技术，对公司的工作投入更大的精力和热情，为公司全身心地工作，获得更好的公司业绩表现，从而争取到更多的股权。

5）有助于公司吸引和留住人才

当今社会是人才和科技的社会，对公司来说，人才和技术是公司发展的原动力，这一点在高新技术行业更为重要。随着高新技术公司发展阶段和规模的变化，公司的人员组成、心理需求和组织结构都会发生很大的变化，制定一个股权激励方案，需要花费大量的财力、物力、人力，不可能经常发生变化和变动，对于一些优秀的人才，如果不能满足他们的基本需求，他们就会离开公司去新公司任职。高新技术公司主要是靠骨干和优秀的技术人员拥有的新技术新知识发展的，如果不能很好地留住优秀人才，就会给公司带来巨大的损失。因此制定一个合理有效的股权激励计划，可以使高新技术公司能够从激励和约束两方面来吸引和留住人才。

14.2　科技型上市公司股权激励的定性分析

14.2.1　科技型上市公司推行股权激励的意义

高科技公司适合推行股权激励机制，实施股权激励对高科技公司的发展意义重大。

第一，高科技公司推行股权激励有利于增强高科技人才的积极性和创造性。高科技人才拥有较强的工作能力，有较多的工作机会，"跳槽"的可能性也较大。对于这一问题，有的公司用高薪解决。但从长远的角度考虑，高薪缺乏长期激励效应，对初入公司的员工高薪具有极大的吸引力，随着员工工作年限的增长，这种激励逐渐会失去吸引力。而高科技公司股权激励机制是一种长期激励机制，通过期权式的收益分配将股票期权持有者的个人利益与公司长远利益有机地结合在一起，可以增强科技人才的积极性和创造性。

第二，高科技公司推行股权激励机制能够适应高科技公司成长性强的特点。高科技公司通过创新和投入开发出高科技产品，使其凭借新颖性和独特性迅速占领市场，获得巨大的经济利益。高科技公司自身的发展潜力很大，一旦公司得到健康发展，其股票在证券市场上的价格就会节节攀高，从而激励对象可以获得巨大"价差"收益。

第三，高科技公司推行股权激励机制能够适应高科技公司风险大的特点。高科技本身具有复杂性，产品市场的不确定性和高投入使得高科技公司面临着很大的风险，这些不确定性使得监督和评价高科技人才很困难。股票期权体现了高风险行业人力资本测量的市场化原则。股票期权激励对象获得的收益为出售日的市场价与行权价的差额。如果公司经营业绩良好，股价上涨，高科技人员就可以通过行权来获得收益。如果公司经营不善，股票下跌，高科技人员将无法通过行使股票期权获得收益。

14.2.2　高新技术公司实施股权激励的可行性

1. 国家政策的支持

众所周知，人才是高新技术公司发展的原动力，怎样吸引并留住科技人才，已成为公司关注的重要问题。我国已把"科教兴国"当作国家发展的战略方针。随着我国创新工程的启动，国内涌现出一大批民营高科技公司。《中共中央、国务院关于加强技术创新，发展高科技，实现产业化的决定》明确提出："允许民营科技公司采取股份期权等形式，调动有创新能力的科技人才或经营管理人才的积极性"。因此，股票期权计划在高新技术公司的发展已得到国家产业政策的支持。为了贯彻落实上述决定精神，推动国有高新技术公司的技术创新和可持续发展，2002 年 8 月 21 日财政部与科技部联合出台了《关于国有高新技业开展股权激励试点工作的指导意见》，对符合条件的国有高新技术公司开展股权激励试点，坚持效率优先、兼顾公平、风险与收益对等、激励与约束相结合的原则，以调动公司科技人员、经营管理人员的积极性和创造性，从而有利于国有资产的保值增值。

2005 年的股权分置改革，解决了制约中国资本市场发展的重大制度性缺陷，为股权激励的实施扫清了制度层面的障碍。2006 年 1 月 1 日证监会发布的《上市公司股权激励管理办法(试行)》是我国对股权激励的首次规范。《国有控股上市公司(境内)实施股权激励试行办法》《股权激励有关事项备忘录》(1 号、2 号、3 号)及《关于规范国有控股上市公司实施股权激励制度有关问题的通知》等相关政策的出台，为上市公司实施股权激励计划提供了重要依据。《公司法》《证券法》《公司会计准则 11 号——股份支付》等与股权激励有关的法规的修改和颁布，股权激励制度不断完善，为股权激励的实施扫清了障碍，我国的股权激励也逐步走上了规范化的轨道。

2. 科技型上市公司的成长性

公司是否具有持续成长性是股权激励计划能否起到应有的长期激励效果最关键的问题之一。就如苹果电脑公司，仅仅用了短短 5 年的时间，就从一家在车库中创业的小公司跻身《幸福》500 强公司，这与公司所处行业具有持续成长性是分不开的。由于高新技术公司具有很强的持续成长性，自身的发展潜力很大，一旦公司能够健康发展，其成长态势就会呈现几何式爆发增长，股票价格在证券市场上也会节节攀升，这使得股权激励计划更适合在高新技术公司中推行与实施。

3. 国外高新技术公司成功案例的借鉴

股权激励起源于美国硅谷，这些年来在美国等许多西方发达国家得到了非常广泛的应用。它最大的优点是高级管理人员可以通过股票市场上因股价上涨产生的价差获得高额收益，从而将公司长期经营业绩与高级管理人员的报酬相联系，使股东利益和高级管理人员的利益相一致，减少了管理人员为获得短期利益而做出不利于公司的行为，同时，也可减少股东对管理人员的监督成本。股权激励制度实质上是一种通过市场为高级管理人员定价并付酬的创新的薪酬制度。与传统的奖金、工资、津贴等现金激励相比，股权激励是最持久、最有效的中长期激励措施，也是促进公司健康、长期发展的最好的薪酬制度。股权激励在美国硅谷的成功，无疑为我国的股权激励机制推广提供了可供参考借鉴的成功模板。虽然中国的国情与美国存在差异，但就创业高科技公司本身的特征而言，中美两国公司都面临着相同的问题。因此我国高新技术公司可以借鉴美国的成功经验，设计出符合中国国情的股权激励计划。

4. 股权激励已成为现代公司治理的趋势

20 世纪六七十年代兴起的人力资本理论是股票期权计划在美国兴起的原因之一。这种理论认为，人力资本与货币资本、实物资本等非人力资本具有相同的地位，公司最主要的无形资产就是人力资本。实践证明，股票期权计划会给社会造成收入分配差异悬殊的问题。由于根深蒂固的平均主义思想在我国长期占统治地位，过去人们是很难接受这种情况的，人们习惯了用平均主义作为分配的原则，“公司职工内部股”就是其产物。随着改革开放的不断深入，人力资本理论在我国的影响也越来越广，目前大部分人尤其是年轻人对股票期权持接受态度。

14.2.3　我国科技型上市公司股权激励现状分析

我国股权激励起步较晚，且由于我国经济环境的特定性、资本市场的弱式有效性以及关于股权激励的法律法规的不健全，导致我国早期股权激励计划受到限制。直到 2006 年证监会出台了《上市公司股权激励管理办法(试行)》，股权激励各项机制才初步形成，我国高科技公司股权激励才算迎来了真正的春天。

在我国实行股权激励的环境既有有利的因素，也有不利的因素。

(1) 有利环境。相关法律法规的制定为股权激励机制的实施提供了理论指导。2006 年证监会出台《上市公司股权激励管理办法(试行)》，对股票期权的定义、激励对象的范围、授予期、行权期、禁售期、行权价格等方面做了规定，为股权激励计划的制定提供了理论上的指导。相继出台的《股权激励备忘录 1、2、3 号》，进一步明确了股权激励的细节问题，对股权激励计划的具体操作中的一些问题做了解释。《会计准则》的修订为股权激励机制的设计提供了会计处理的依据。2006 年修订的《公司会计准则》为公司以自身股份为股票来源进行股权支付提供了依据。根据新的会计准则，实施以权益结算的股票期权、限制性股票的股权激励方案时，应按权益工具的公允价值计入相关成本或费用，并计入资本公积的其他资本公积；实施以现金结算的股票增值权的股权激励方案时，应以公司的股份为基础计算公司应承担的负债的公允价值，并计入相关成本或费用。股权分置改革使得市场对股票价格的定价日趋合理。股权分置是历史遗留问题，我国上市公司的股份被分为流通股和非流通股两部分，通过股权分置改革使非流通股可以上市流通，实现同股同权。股权分置改革对上市公司和资本市场的意义深远，它使非流通股股东与流通股股东利益趋于一致，使股票的定价更加合理。各类支持机构的设置为股权激励机制的实施创造了条件。为支持股权激励的实施，各类中介服务机构，如会计师事务所、律师事务所都设立了专门部门以提供专业服务；政府也专门设立了负责股权激励的管理机构。

(2) 不利环境。我国弱式有效的市场中资本运作效率和配置效率低下。股票期权的实施需要一个完善的市场作保证。我国资本市场远未达到完全竞争市场的程度，资本运作效率和配置效率偏低，股价不确定性影响因素多，属于弱式有效市场。在这样的市场中，股价不是公司业绩的真实反映，有时甚至与公司真实价值严重背离。这一方面使股东难以正确衡量高科技人才的贡献，另一方面又使高科技人员难以评估期权的价值，股权激励机制难以达到预期的激励效果。我国尚处于社会主义初级阶段，高科技人才市场不发达，监管不严格，中介机构行为不规范，相关的法律法规也尚不完善。我国缺乏一个对高科技人才进行合理流动配置的高科技人才市场，高科技人才的定价、聘任、流动缺乏合理的标准，这导致了股权激励程度的确定缺乏恰当的标准。由于监管不够严格，中介机构由于种种利益关系很难保持自身的独立性，这在一定程度上导致了股权激励中一些侵害股东利益行为的发生。我国缺乏健全的有关股权激励机制的法律规章制度，特别是缺乏信息披露方面法律法规，存在着激励对象为了自身利益短期内操纵股价的现象。

1. 实施股权激励的公司数量分析

自创业板开始以来，截至 2014 年 12 月 31 日，我国创业板共有 407 家公司上市。截至 2009 年 12 月 31 日，共有 36 家上市公司，但是没有一家公司实施股权激励计划；截至 2010 年 12 月 31 日，共有 153 家公司上市，其中只有 2 家公司实施股权激励计划，分别是合康变频和探路者；截至2011年12月31日，共有281家公司上市，其中有20家公司实施股权激励计划；截至2012年12月31日，共有355家公司上司，其中62家公司实施股权激励计划。截至2013年12月31日，共有355家公司上市，其中112家公司实施股权激励。截至2014年12月31日，共有407家公司上市，其中168家公司实施股权激励计划。具体如图14-1所示。

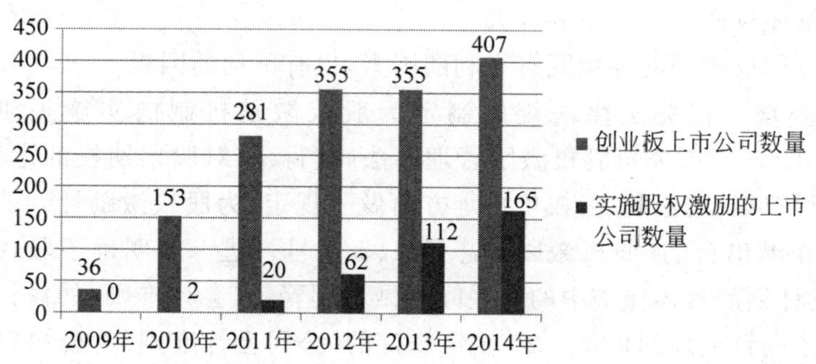

图14-1 实施股权激励的上市公司数量统计图

由图14-1可知，创业板上市公司数量增加迅速，五年时间由36家迅速扩张到407家，发展速度惊人，同时实施股权激励的公司数量占公司总数量的比例也从2009年的0%增长到2014年的41.3%。在快速增长的背后可以看出，近年来我国高新技术产业迅猛发展，而且股权激励计划已成为大多数科技型上市公司的首要选择，显示出了股权激励在科技型上市公司中的地位和作用。

2. 实施股权激励模式的统计分析

我国高新技术上市公司主要有以下几种股权激励模式：股票增值权、限制性股票、上市公司提取激励基金买入流通A股、授予股票期权以及限制性股票＋期权的组合。截至2014年，实施股票增值权的有2家，实施限制性股票的有60家，实施上市公司提取激励基金买入流通A股的有1家，实施股票期权的有60家，实施限制性股票＋期权组合的有40家，实施期权＋股票增值权的有2家。实施股权激励模式统计如图14-2所示。

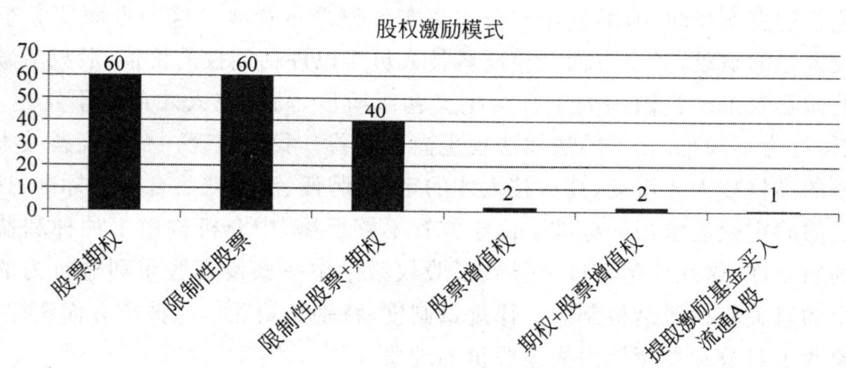

图14-2 科技型上市公司股权激励模式

由图14-2可以看出，科技型上市公司基本上都是采用股票期权、限制性股票以及限制性股票＋期权组合这三种方式，采用股票增值权、提取激励基金买入流通A股以及期权＋股票增值权组合的只有少数几家公司，说明前三种激励模式适合大多数科技型上市公司。

3. 股权激励授予数量占总股本的比例分布情况分析

借鉴香港的有关规则，充分考虑激励力度和股东权益摊薄二者的平衡，上市公司在股权激励计划有效期内授予的股权总量累计不得超过公司股本总额的10%；首次股权授予数量应控制在上市公司股本总额的1%以内。这是一个上限的规定，上市公司应当结合公司股本规模和股权激励对象的范围、薪酬结构及中长期激励预期收益水平合理确定授予总量。

股权激励数量要权衡两方的利益，主要目标要达到既要起到对管理层和技术人员的激励作用，又不能侵害股东权益。所以，要达到这一目的必须要制定一个合理的比例。下面分析一下创业板市场科技型上市公司所采用的股权激励比例，比例区间分布在0.1246%～9.67%，可见不同的公司授予比例相差还是比较大的，我们将其划分为十个区间，分别统计各个区间公司的数量分布情况。科技型上市公司股权激励比例如图14-3所示。

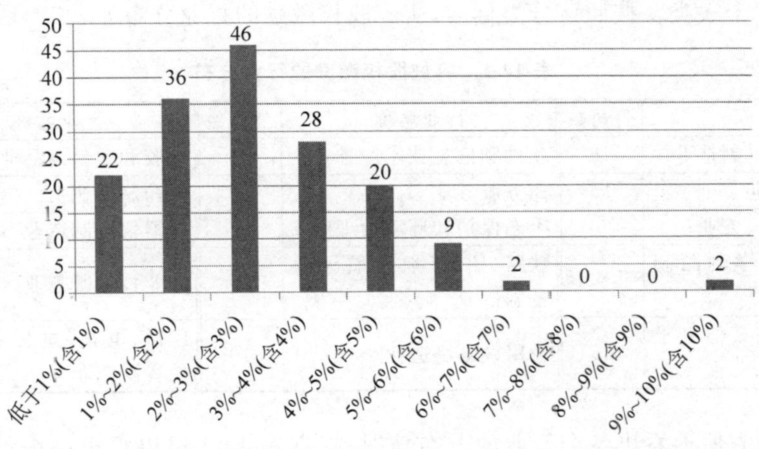

图14-3　科技型上市公司授予股权激励数量占总股本的比例

由图14-3可知，我国科技型上市公司股权授予比例主要集中在5%以内，其中在2%～3%区间内最多，可见股权激励要有一个合理的区间，过高或过低都会损害一方的利益。要达到最佳激励效果，必须找到一个最优的比例，这要根据公司的具体情况，将公司的规模、管理层和技术人员的人数及公司股价等因素都要考虑在内，总之，要以公司利益最大化为目标。

4. 行权的有效期分布情况分析

行权的有效期同样会对股权激励的效果产生影响。一般看来，行权的有效期越长就越不稳定，其结果就会造成激励效果较差，也就不能达到实施股权激励的目的；行权有效期太短同样会对公司的股权激励效果产生影响，这样，公司管理层就会追求公司短期的经济效益，从而忽略公司的长远发展，甚至会造成公司人员短期套现，人员也变得不稳定，流动性大。行权有效期分布统计如图14-4所示。

由图14-4可知，行权有效期在3～4年的为最多，占一半以上，4～5年的也占有较大的比例。总之，3～5年是大多数公司所选择的行权有效期，这是一个中等的期限，过长或过短的只占有小部分比例，这主要还是由于期限过长或过短都不利于股权激励效果的实现，中等期限不仅有利于员工的稳定，更能最大限度地激发员工的积极性，从而才达到最大的激励效果。

5. 实施股权激励的科技型上市公司行业分布

中国证监会发布的《上市公司行业分类指引》(2012年修订)是比较科学的行业分类标

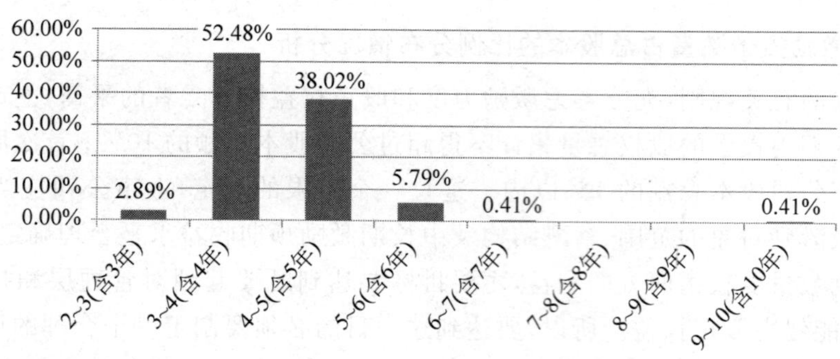

图 14-4 行权有效期比例分布图

准,也是目前用于中国上市公司行业分类的官方标准。该标准将上市公司分为3级,包括19个门类,90个大类。按照该分类标准,实施股权激励的行业分布如表14-1所示。

表 14-1 实施股权激励的行业分布

行业名称	公司数	行业名称	公司数	行业名称	公司数
电气机械和器材制造业	16	软件和信息技术服务业	39	橡胶和塑料制品业	7
专用设备制造业	15	商务服务业	2	医药制造业	15
互联网和相关服务业	9	生态保护和环境治理业	2	仪器仪表制造业	8
化学原料和化学制品制造业	9	铁路、船舶、航空航天设备制造业	3	专业技术服务业	4
计算机、通信和其他电子设备制造业	25	通用设备制造业	10	广播、电视、电影和影视录音制作业	4

为了更为方便地看出各个行业的分布情况,根据表14-1可以得出一个行业分布图,如图14-5所示。

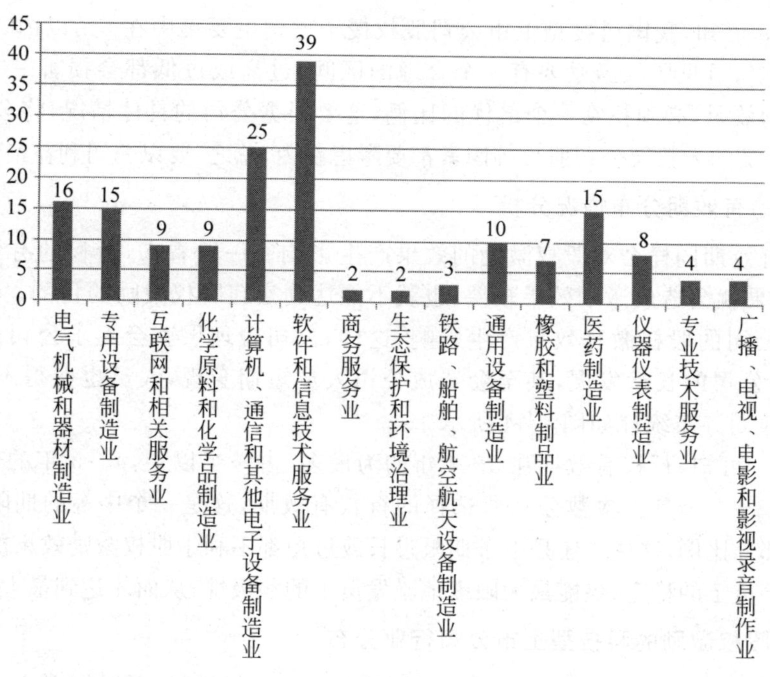

图 14-5 行业分布图

从图 14-5 中可以明显看出，实施股权激励的科技型上市公司主要分布在软件和信息技术服务业以及计算机、通信和其他电子设备制造业，这两个行业在高新技术产业中发展速度最快，也是最为新兴的产业，这与股权激励起源于美国硅谷的现象不谋而合，可见新兴行业比传统行业更倾向于实施股权激励。

14.2.4　股权激励实施效果分析

从行权有效期上来看，行权有效期的长短直接关系到股权激励的效果。最近几年科技型上市公司高管离职比率一直居高不下，这也与行权有效期有直接的关系。行权有效期需要合理地设定，这样才能留住人才，切实起到激励作用。

从业绩统计上来看，实施股权激励的科技型上市公司数量占总量的比例较大，科技型上市公司的平均净资产收益率也普遍高于所有上市公司的平均净资产收益率。由此可见，实施股权激励能够在一定程度上提高公司的业绩，但是激励效果如何还有待于进一步的考察，因为，在实施股权激励的公司当中，并非所有公司的净资产收益率都在提高，一部分公司的净资产收益率并没有得到提升，甚至有些公司的净资产收益率为负，出现这种现象可能受很多因素的影响。所以，股权激励机制还需要完善，股权激励绩效还有很大的提升空间。

从股权激励模式上看，不同的公司实施股权激励的模式大同小异，细节方面存在着很多的不同，个别公司存在明显的差异，这是由于公司实现的目标不同造成的。其中存在的问题就是股权激励模式过于单一，单一模式难免会有漏洞。各种模式需要优缺点互补，各种模式的优缺点还需要进行探索和实践，在没有一个成熟模式的情况下，很多公司实施单一模式的情况也就无可厚非了。很多学者也对股权激励模式进行了深入的研究，但理论研究结论需要实践的检验，目前还不能给出定论。我国正处于市场化转轨的时期，如果股权激励机制设计不够完善，很容易导致股权激励机制流于形式且难以为继。

14.3　科技型上市公司股权激励绩效的实证研究

14.3.1　研究假设

我国上市公司存在的主要问题是所有权和经营权的分离，股东和管理者的利益冲突成为现代公司治理的重点。随着股权激励机制的出现，这一问题有望得到解决，股权激励的实施将管理者的利益紧紧地与股东利益捆绑到一起，管理者在为自己的利益努力时，也就是在为股东利益努力，这样就不会出现以前管理者为追求个人利益而损害股东利益的现象，股东对管理者的监督成本也得到了大大的降低，使股权激励成为降低代理成本最为有效的手段。从理论上来讲，股权激励能够对公司绩效产生正向的影响，但在实施过程中可能会受到多种因素的影响，所以也不能断言股权激励一定会产生积极的作用，作用的大小也有待于进一步的研究发现。因此做出以下假设：

假设 1：股权激励与科技型上市公司业绩之间具有相关性。

假设 2：股权激励与科技型上市公司业绩之间具有非线性相关关系。

假设 3：股权激励对科技型上市公司业绩有显著的相关关系。

假设 4：股权激励对科技型上市公司的绩效水平影响不显著。

14.3.2 变量选取

1. 被解释变量

评价公司绩效的方法有很多，托宾Q值法是国外学者常用的方法之一，这种方法是公司在市场中价值与其重置成本的比值，在一定程度上综合地反映了公司的价值，选取这个指标来研究公司绩效是可行的，但是在我国资本市场不是非常有效的条件下，公司价值就不能在市场中得到正确的体现，因此这个指标并不适合我国上市公司。净资产收益率反映的是公司税后利润与净资产平均总额的比率，能够充分体现上市公司净资产的盈利能力，公司的成长能力也能够从这里体现出来，同时这个指标也是很多著名评价体系的重要指标，综合性很强，非常适合作为公司绩效的评价指标。鉴于这个指标也具有缺陷，本章又加入了每股收益作为辅助指标来研究，因此本章选择净资产收益率和每股收益为公司绩效指标作为被解释变量。

2. 解释变量

本章研究的是科技型上市公司股权激励对公司绩效的影响，很多学者用管理层持股比例来替代股权激励比例，但管理层持股不一定来自股权激励，也可能是从其他途径获得的，因此，选取实施股权激励的份额占公司总股本的比例就很好地衡量出了股权激励的大小，也就是激励额度占总股本的比例为解释变量。

3. 控制变量

公司绩效水平受到各种因素的影响和制约，既包括外部环境因素，也包括公司规模、偿债能力状况、股权集中度、董事会结构等一系列内部因素。因此本章相应地选择公司规模、资产负债率、风险水平/综合杠杆、成长能力作为控制变量，从而更加准确地评估股权激励对公司绩效的影响程度。各变量含义如表14-2所示。

表14-2 变量释义

变　量	符　号	性　质	描　述
净资产收益率	ROE	被解释变量	税后利润/所有者权益
每股收益	EPS	被解释变量	税后利润/股本总数
股权激励比例	Jili	解释变量	股权激励份额占总股本的比例
股权激励比例的二次方	$Jili^2$	解释变量	股权激励份额占总股本比例的平方
公司规模	Value	控制变量	总资产的对数
资产负债率	Debt	控制变量	总负债/总资产
风险水平/综合杠杆	Level	控制变量	净利润变化率/主营业务收入变化率
成长能力	Grow	控制变量	净利润增长率

14.3.3 样本的选择和数据的来源

1. 样本选择

本章以创业板上市公司中实施股权激励的公司为样本，样本时间区间为2010年1月1日至2013年12月31日。为保证样本数据的合理性和有效性，出现以下几种情况的公司应在样本中剔除：

(1) 剔除 ST、*ST 的上市公司；

(2) 剔除已经停止实施股权激励的上市公司；

(3) 剔除公司治理数据缺失的公司。

剔除后的公司样本总容量为 154 家上市公司。本章研究的年度为 2010 年、2011 年、2012 年和 2013 年。研究采用面板数据，整理出 154 家上市公司上述 4 年的财务数据，形成大 N 小 T 型面板数据，能够满足估计和统计量的自由度，提高动态分析的可靠性，能够反映经济体的结构特征和变化性。

2. 数据来源

本章的主要数据来源于 Wind 数据库，部分数据来源于国泰安数据库、深交所网站、巨潮资讯网以及公司年报。

14.3.4 模型设计

影响公司绩效的因素有很多，而且高管股权激励对公司绩效的影响可以从多个方面来体现，因而符合多元回归的研究特点。到目前为止，国内外文献就高管股权激励对公司绩效影响的研究大多是对样本进行回归分析，鉴于之前学者的研究成果，本章采取多元线性回归模型来研究：

$$\mathrm{ROE}_{it} = \beta_1 + \beta_2 \mathrm{Jili}_{it} + \beta_3 \ln\mathrm{Value}_{it} + \beta_4 \mathrm{Level}_{it} + \beta_5 \mathrm{Grow}_{it} + \beta_6 \mathrm{Debt}_{it} + \mu_{it} \tag{14-1}$$

$$\mathrm{EPS}_{it} = \beta_1 + \beta_2 \mathrm{Jili}_{it} + \beta_3 \ln\mathrm{Value}_{it} + \beta_4 \mathrm{Lev}_{it} + \beta_5 \mathrm{Grow}_{it} + \beta_6 \mathrm{Debt}_{it} + \mu_{it} \tag{14-2}$$

其中，$i=1,2,\cdots,N$ 表示公司成员，$t=1,2,\cdots,T$ 代表时间跨度。其中 α 为回归常数，β_i 为回归系数，μ_{it} 为随机误差，Jili 为股权激励比例，lnValue 为公司规模，Debt 为资产负债率，Level 为风险水平，Grow 为公司成长能力，ROE_{it} 和 EPS_{it} 分别为第 i 家上市公司在 t 时刻的净资产收益率和每股收益。

14.3.5 实证检验

1. 描述性统计分析

通过对科技型上市公司实施股权激励以及相关财务数据进行统计整理之后，使用 Stata 12.0 对其加以分析得出结果，如表 14-3 所示。

表 14-3　描述性统计表

变量	样本观察值	均值	最大值	最小值	标准差
Value	616	11.359 29	13.173 14	9.297 078	0.744 350 9
EPS	616	0.530 451 8	2.29	−0.641	0.125 50
Level	519	1.294 285	21.772 68	−3.393 292	1.329 034
Grow	395	0.149 103	27.0282	−20.240 75	2.041 241
ROE	616	14.657 97	82.59	−17.89	12.021 49
Debt	616	23.413 9	71.59	1.4	15.249 39
Jili	285	2.374 754	9.67	0.1104	1.373 922

从表 14-3 可以看出，每股收益的最大值为 2.29 元，最小值为 −0.641 元，均值为 0.530 451 8 元，平均每股收益高于所有上市公司的平均每股收益，因此，科技型上市公司收

益高于平均水平，效益很好，处在快速发展的阶段。另外公司的净资产收益率的均值也达到了14.657 97%，同样高于所有上市公司的平均净资产收益率，也说明了科技型上市公司的发展前景广阔。科技型上市公司股权激励比例最高的接近公司总股本的10%，说明股权激励实施力度还是相当大的，但是很多公司实施的力度还是比较小，是否能够达到预期的效果尚未可知。样本公司的净利润增长率均值为正，说明大部分公司的成长能力比较强。从资产负债率来看，最小值为1.4%，最大值为71.59%，平均值为23.41%，没有出现特别异常的资产负债率，均值处于较低的资产负债率水平。

2. 单位根检验

本章采用样本面板数据进行研究，一般不通过单位根检验来验证数据的平稳性，但是所选取的面板数据中又包含时间序列，加入时间序列的目的主要是为了提供更多的信息，本章的面板数据实际上就是一种时间序列的截面数据。这样的数据优势在于更富有信息，更具有变异性，并且几乎没有共线性，具有更高的自由度。

但是将时间序列引入到面板数据中有一个问题必须考虑，就是数据的平稳性，数据不平稳会造成回归结果的无效性，所以为了避免伪回归的出现，必须对数据进行平稳性检验。检验方法有很多种，其中使用最为频繁的就是单位根检验，单位根检验也包括了好几种方法，例如DF检验、ADF检验、PP检验等，本章所采用的Fisher-ADF单位根检验实际也是DF检验的改进方法。ADF检验的原假设是H_0：存在单位根。Fisher-ADF单位根检验的结果如表14-4所示。

表14-4 面板数据的单位根检验

变量	卡方统计量	P值
Value	945.4118	0.0000
EPS	465.3456	0.0000
Level	2814.4859	0.0075
Grow	135.8090	0.0055
ROE	29 614.8953	0.0000
Debt	1936.5267	0.0000
Jili	0.0000	0.0000

从表14-4可以看出，检验结果中p值均小于0.05，故应拒绝原假设，即不存在单位根，由此说明面板数据是平稳的。

3. 面板数据的Hausman检验

固定效应回归模型和随机效应回归模型各有优缺点，但是在实际分析中应该使用哪个模型呢？一般情况下，都应当把个体效应视为随机的。如果从单纯的实际操作角度来考虑，固定效应回归模型往往会耗费很大的自由度，因此对于截面数目很大的面板数据，随机效应回归模型似乎更合适。但另一方面，固定效应回归模型有一个独特的优势，即无须做个体效应与其他解释变数不相关的假设，而在随机效应回归模型中，这个假设是必需的。在模型的设定中如果遗漏了重要的变量，就会导致参数估计的非一致性。

因此，我们可以通过检验固定效应变量与其他解释变量是否相关作为选择固定效应回归模型和随机效应回归模型筛选的依据。Hausman 检验就是这样一个检验统计量。其基本思想是：在固定效应变量与其他解释变量不相关的原假设下，采用 OLS 估计固定效应回归模型和采用 GLS 估计随机效应回归模型得到的参数估计都是无偏且一致的，只是前者不具有效性。若原假设不成立，则固定效应回归模型的参数估计仍然是一致的，但随机效应回归模型却不是。因此，在原假设下，二者的参数估计应该不会有显著的差异，可以基于二者参数估计的差异构造统计检验量。

要判定模型应该使用固定效应回归模型还是使用随机效应回归模型，需要通过 Hausman 检验来验证，Hausman 检验的原假设为 $H_0: \mathrm{Cov}(X_{it}, a_i)=0$，即假设原模型为随机效应模型。以下是对两个模型的 Hausman 检验结果。

1）模型 1 的 Hausman 检验

模型 1 的 Hausman 检验结果如表 14-5 所示。

表 14-5　模型 1 的 Hausman 检验结果

Chi2(5)	Prob>χ^2
18.16	0.0023

从表 14-5 的检验结果中可以得出，p 值为 0.0023，小于 0.05，即在 5%的置信水平下，p 值越小越应该拒绝原假设，原假设为随机效应回归模型，应拒绝随机效应回归模型，从而选择固定效应回归模型。

2）模型 2 的 Hausman 检验

模型 2 的 Hausman 检验结果如表 14-6 所示。

表 14-6　模型 2 的 Hausman 检验结果

Chi2(5)	Prob>χ^2
12.58	0.0277

从表 14-6 的检验结果中可以得出，p 值为 0.0277，小于 0.05，即在 5%的置信水平下拒绝原假设，原假设为随机效应回归模型，应拒绝随机效应回归模型，从而选择固定效应回归模型。从以往学者研究经验来看，对于大 N 小 T 型面板数据，如果变量数据不是从大样本中随机选取的，都是适合应用固定效应回归模型的。

4. 异方差检验

在样本选取的过程中，有些公司上市较早，实施股权激励的时间也较早，因此在某些年分实施股权激励的数据会有缺失。面板数据分为平衡面板数据和非平衡面板数据，数据缺失的面板数据为非平衡面板数据，缺少变量或者模型设定有偏误都会造成异方差的产生，产生异方差的后果有：随机干扰项不再无偏，统计检验非有效，模型预测失败。因此需要做异方差检验。

这里采用怀特检验来验证样本是否存在异方差，怀特检验是最为常用的一种检验方法，原假设为 $H_0: \sigma_1^2=\sigma_2^2=\sigma_3^2=\cdots=\sigma_n^2=\sigma^2$，即模型不存在异方差。

模型 1 的异方差检验结果如表 14-7 所示。

表 14-7　模型 1 的异方差检验

Chi2(144)	Prob>χ^2
1.3×10^{34}	0.0024

由表 14-7 的检验结果可知，p 值为 0.0024 小于 0.05，因此在 5%的显著水平下应该拒绝原假设，也就是说，模型 1 存在异方差。

模型 2 的异方差检验结果如表 14-8 所示。

表 14-8　模型 2 的异方差检验

Chi2(144)	Prob>χ^2
8.3×10^{34}	0.1046

由表 14-8 的检验结果可知，p 值同样大于 0.05，在 5%的显著性水平下不能拒绝原假设，模型 2 不存在异方差，表明面板数据具有良好的统计特性。

5. 回归结果分析

由于模型 1 存在异方差，直接进行回归分析会造成回归结果的无效性，使用 robust 稳健性方差估计方法或者加 cluster 选项来矫正面板数据的标准差，在这里使用 robust 稳健性方差估计方法进行估计。模型 1、模型 2 由于不存在异方差，可以直接进行面板数据回归估计。回归结果如表 14-9 所示。

表 14-9　回归结果

变量	ROE	EPS
Constant（截距）	−85.293 ** (−2.34)	−1.753 *** (−4.88)
Value	8.274 ** (2.15)	0.193 *** (6.25)
Level	−0.100 * (−1.87)	−0.021 ** (−2.01)
Grow	1.004 *** (4.89)	0.061 *** (6.37)
Debt	−0.102 * (−1.67)	−0.003 ** (−2.74)
Jili	0.062 ** (2.31)	0.006 ** (2.62)
Adjusted R-square	0.8050	0.7884
F	8.46	22.21
Prob > F	0.0000	0.0000

注：表中数据上面的数字为相应变量的系数估计值，下面括号内的数字为回归系数的 t 统计值。星号表示显著性程度，***、**、* 表示检验分别在 1%、5%、10%的置信水平上显著。

从表 14-9 的回归结果可以看出科技型上市公司股权激励比例与公司绩效之间的关系，通过两大财务指标 ROE 和 EPS 反映公司绩效，从回归结果来看，两个财务指标还是存在着很大的区别：当以 ROE 作为上市公司绩效评价指标时，只有 Grow 指标系数的 t 统计量通过了在 1%置信水平上的检验，其他指标的 t 统计量均在 5%和 10%的置信水平上显著；当选用 EPS 指标作为上市公司绩效评价指标时，Value 和 Grow 指标均通过了 1%置信水平上的显著性检验，其他几个指标也通过了 5%置信水平上的显著性检验。

公司规模(Value)和公司成长能力(Grow)两个指标与公司的绩效评价指标都呈显著的正相关关系。公司规模越大就越能提高公司的业绩，这是因为公司规模越大，越能够在竞争中占据有利地位，其市场公信力就越强，给投资者带来的投资安全感越高，同时也符合规模经济效应的原理。公司成长能力越强，公司绩效就会越好，成长能力强从一定意义上说明了公司的创新能力、可持续发展能力强，当然就能提高公司的经营绩效。公司的风险水平(Level)和资产负债率(Debt)都与公司的业绩评价指标呈负相关关系。一般来说，风险水平越高的公司，其公司治理结构、资产结构等方面越可能存在着问题，这些问题都限制了公司绩效的提升。公司的资产负债率衡量公司大概有多少资产是从债权人手中筹借来的。公司的资产负债率越高，债权人的风险就越大；从另一个角度来分析，资产负债率高将会给经营者的经营带来更多的障碍，因为资产负债率高的公司将很难再筹集到资金，经营者得不到足够的资金就无法进行生产规模的扩大，无法开拓更大的市场份额，公司就难再发展壮大，进而公司的业绩就会降低。

股权激励的比例与公司绩效不存在显著的正相关关系，虽然有正面的影响，但是影响却十分微弱。这表明科技型上市公司股权激励并没有达到预期的效果。造成这种结果的原因有很多，不能由此就判定股权激励的无效性。主要原因可能是实施股权激励的比例过低，无法产生强大的动力，科技型上市公司 2010—2013 年之间实施股权激励的比例平均水平还达不到 3%，这样一来，公司的经营者与公司的利益并不能达到一致性，经营者会通过分析比较个人的成本和收益，因此经营者可能采取其他措施实现更大的个人利益，公司的利益就会受损。

以上是对股权激励比例与公司绩效的线性回归关系的分析，但是两者之间也可能存在着非线性相关关系，为了判定是否存在非线性关系，可通过建立以下模型进行非线性回归分析。

将变量 Jili^2 加入到前面的模型 1 和模型 2 中，就得到了如下的二次曲线模型：

$$\text{ROE}_{it} = \beta_1 + \beta_2 \text{Jili}_{it} + \beta_3 \text{Jili}_{it}^2 + \beta_4 \ln\text{Value}_{it} + \beta_5 \text{Level}_{it} + \beta_6 \text{Grow}_{it} + \beta_7 \text{Debt}_{it} + \mu_{it} \quad (14\text{-}3)$$

$$\text{EPS}_{it} = \beta_1 + \beta_2 \text{Jili}_{it} + \beta_3 \text{Jili}_{it}^2 + \beta_4 \ln\text{Value}_{it} + \beta_5 \text{Level}_{it} + \beta_6 \text{Grow}_{it} + \beta_7 \text{Debt}_{it} + \mu_{it} \quad (14\text{-}4)$$

其中，$i=1,2,\cdots,N$ 表示公司成员，$t=1,2,\cdots,T$ 代表时间跨度。二次曲线模型增加了股权激励比例的平方变量 Jili^2，其他变量不变。

从表 14-10 中可以看出，股权激励比例与股权激励的二次方均不显著，说明股权激励与公司绩效之间不存在二次曲线相关关系。

表 14-10　二次曲线回归结果

变量	ROE	EPS
Constant（截距）	−12.867 53 ** (−1.990 308)	−1.747 983 *** (−5.056 514)
Value	0.549 788 *** (3.635 615)	0.192 858 *** (6.560 406)

续表

变量	ROE	EPS
Level	−0.412 899 * (−1.938 991)	−0.020 419 *** (−1.793 268)
Grow	1.424 961 *** (8.829 455)	0.061 618 * (7.140 474)
Debt	−0.0157 (−0.673 284)	−0.002 923 ** (−2.344 655)
Jili	−0.518 357 (−1.189 195)	0.001 913 (0.082 057)
J	1.374 956 (1.365 954)	0.008 897 (0.097 401)

注：表中数据上面的数字为相应变量的系数估计值，下面括号内的数字为回归系数的 t 统计值。星号表示显著性程度，***、**、* 表示检验分别在1%、5%、10%的水平上显著。

14.3.6 小结

1. 股权激励与公司绩效的相关关系

从表14-9的回归结果中可以看出，股权激励与净资产收益率的相关系数为0.062，公司业绩与股权激励在 $\alpha=0.05$ 显著性水平上有正相关关系，但是数值很小，显著性不明显，同时，R-square的数值也不大，线性方程的设置还是存在一定的问题，不能很好地描述股权激励对公司绩效影响的关系；从模型2中可以得到股权激励与公司每股收益的相关系数仅为0.0055，在 $\alpha=0.05$ 显著性水平上正相关，但相关性极其微弱，基本可以说股权激励对公司每股收益的影响可以忽略不计。

目前来看，对于股权激励对公司绩效的影响效果有很多不同的观点，不同研究者的研究结论会有所不同，这可能是出于以下几个方面的原因：一，研究对象不同，有的是对上市公司A股市场，有的选取了某个行业进行研究，所以样本数据会有很大的不同；二，研究方法不同，也会造成结果的差异；三，模型及选取变量不同，模型的设定有好有坏，一个好的模型可以更好、更真实地反映所研究的对象，同时变量的选择也决定了研究效果的好坏。

本节研究的结论显示：股权激励与公司绩效呈正相关关系，但不显著。这也可能是在很多因素共同作用下的结果，并不能说明股权激励没有任何效果，因此，在研究股权激励绩效时要把很多因素考虑在内分析，切不可以偏概全、一叶障目。

2. 公司内生因素的影响

1）公司规模的影响

通过两个模型的回归结果来看，公司规模与公司绩效指标的相关系数比较大，对公司净资产收益率的相关系数达到了8.27。对科技型上市公司来说，规模较大的公司一般都是近年来发展较快，走在同行业前列的公司，这种公司发展前景被看好，因此公司规模对公司的净资产收益率及每股收益都有显著的正相关关系。股权激励主要针对管理层以及核心技术人员。因为股权激励往往会有行权有效期的安排，对规模较小的公司来讲，风险往往较大，管理层无法判断未来会出现的各种情况，所以，股权激励的实施效果就会比较差，难以和规模较大的公司所带来的稳定感相比。

2）风险水平的影响

为了更好地体现科技型上市公司的风险水平，使用了综合杠杆指标来衡量公司的风险水平，财务杠杆和经营杠杆虽然能够在一定程度上体现公司的风险水平，但是都不及综合杠杆好。模型 1 的综合杠杆的回归系数为－0.100 022 8，模型 2 的回归系数为－0.020 793 2，两个模型的综合杠杆分别与公司净资产收益率和每股收益均呈负相关关系，也就是说，公司的风险水平越高，公司净资产收益率和每股收益就越低。

公司的综合杠杆原本就是用来衡量对公司每股收益变动的影响程度。经营杠杆反映的是公司固定经营生产成本所产生的息税前利润的变动率大于生产销售变动率的规律。财务杠杆是由债务融资所引起的，较高的财务杠杆使公司债务融资能力下降，很可能导致公司的增长率下降，收益的稳定性也无法得到保障。财务杠杆的提高带动融资成本的增加，收益质量自然而然就会下降。综合杠杆就是在财务杠杆和经营杠杆两者共同作用下所形成的，因此，公司的综合杠杆水平越高，就越会导致公司的绩效水平下降，回归结果中相关系数为负的结论也得以印证。

3）成长能力的影响

在本章研究中公司的成长能力是用公司的净利润增长率来代替的，也就是公司本期净利润减去上年同期净利润的差，然后除以上年净利润基数得出来的。它反映一个公司经营绩效的最终成果，从而很好地表达了公司的成长能力。表 14-9 显示公司的净利润增长率与公司净资产收益率的相关系数为 1.004 016，相关系数为正且大于 1，而公司的净利润增长率与公司每股收益的相关系数为 0.061 641 1，虽为正，但相关性不强。

可以说公司的成长能力对公司净资产收益率产生比较大的正向影响，也就是说，公司的成长能力越强，公司的净资产收益率就越高，公司的净资产收益率又恰恰是公司绩效水平最好的评价指标，因此可以说公司成长能力正向影响公司的绩效水平。从另外一个方面也很容易理解这一点，公司的成长能力强意味着公司有强大的生命力和发展潜力，使公司在发展过程中积蓄了很多的知识和才能，使公司有能力去突破自己，超越行业平均发展速度，就能实现持续有效的成长。

4）资产负债率的影响

这个指标反映负债占总资产的比例大小，资产负债率对不同的公司来说有很大的不同，不是说资产负债率越小越好，也不是越大越好，每个公司都应该根据自己的实际情况合理调节自己的资产负债率，对于经营者来说，资产负债率越高越难以筹到资金，公司的发展空间就会变得越小。

表 14-9 显示公司的资产负债率与公司净资产收益率和每股收益相关系数为负，呈现负相关关系。主要原因还是在于资产负债率偏低，说明公司的财务成本较低，风险较小，偿债能力强，经营较为稳健，对于投资行为的态度比较慎重。但是，也有专业人士认为，资产负债率的普遍偏低说明公司的经营偏于谨慎。从会计的角度来看，资产负债率过低或过高均属不太正常。如果过低则表明公司的经营非常保守或对于自己的行业看淡；然而资产负债率过高，则说明公司举债过多，甚至可以说是资不抵债，这样一来害怕风险的投资者就不敢将资金投向资产负债率过高的公司，所以公司就很难筹集到足够的资金来实现更大的目标，造成公司发展的一大瓶颈。债台高筑给公司带来的另一个重大影响就是高负债下的高昂的财

务费用,财务费用的提高极大地削弱了公司的业绩,从而公司的净资产收益率和每股收益开始下降也就变得合情合理了。

本章主要对我国科技型上市公司实施股权激励的效应进行了实证研究,选取创业板2010—2013年推出且实际实行了股权激励的上市公司作为研究样本,提出关于股权激励实施效应的三个假设,并分别进行检验和相关分析。

本章以净资产收益率及每股收益作为被解释变量来衡量公司业绩水平,以股权激励水平作为解释变量,以公司规模、风险水平、资产负债率、成长能力作为控制变量,建立多元线性回归模型,然后通过回归分析来考察股权激励水平与公司业绩之间的关系。结果表明,股权激励水平的提高能够带来公司平均业绩水平的上升,但是影响程度比较低,可以说是完全没有达到公司最初实施股权激励的目的,公司资产规模与业绩具有显著的正相关关系,这和众多学者的研究结论一致,说明对高新技术公司而言"规模经济"效应较为明显;公司成长能力对公司绩效有影响但不明显;风险水平和资产负债率与科技型上市公司绩效呈负相关关系。

14.4 研究结论及建议

14.4.1 研究结论

本章以2010—2013年期间推出股权激励方案并已经开始实施的创业板上市公司为样本,对其实施股权激励后连续四年的财务数据进行检验,最终得出如下结论。

1. 股权激励能促进公司绩效的提升

在对股权激励与实施后的绩效进行回归分析中,发现两者之间的回归系数为正,说明股权激励对上市公司绩效产生正向的影响,能够促进公司绩效的提升,在一定程度上说明了股权激励对改善公司治理有作用,通过改善公司治理、能够稳定公司高管和核心技术人员。

2. 股权激励与公司绩效不显著相关

在对股权激励比例与公司绩效进行回归分析时发现,回归系数虽然为正,但是很小,说明影响非常微弱。这种在国外非常流行的公司治理模式是否不适合中国上市公司?我们在此不能轻易下结论,因为股权激励可能会受到很多方面因素的限制,包括中国的市场环境、人的心理因素、公司内部结构等方面因素的影响,都可能会导致股权激励正常发挥作用,有的因素可能会削弱股权激励的效果;另一方面,我国实施股权激励尚处于探索的阶段,对于股权激励的时效性、激励标的物、激励方式以及激励额度等方面都在进行探索,无法判定各种股权激励模式的效果以及适用性,只有在理论和实践成熟的条件下,股权激励才能充分发挥其应有的作用,才能达到预期的目标。

3. 内部因素对公司绩效的影响

公司内部因素也会对公司绩效产生不同程度的影响,同时对股权激励效果也会产生影响,公司内部因素是研究公司股权激励不可或缺的,公司的实际情况当然会给股权激励效果带来不同程度的影响,公司规模和公司的成长能力给公司业绩带来正向的影响,公司的风险水平以及资产负债率与公司业绩呈负相关关系,因此,在对公司股权激励的研究中要考虑多种因素的共同作用,这样才能更加贴近实际,才能够提供更为有效的股权激励方面的建议和

措施。

综上所述，股权激励尚未达到我们预想的效果，但是不能断定股权激励的无效性，其影响因素很多。要想实现股权激励应有的作用，必须采取相应的措施，这些措施的提出要以研究结论为依据，不能凭空设想，以下就是本章提出的政策性建议。

14.4.2 政策建议

本章的研究结论表明股权激励与公司绩效呈不显著的正相关关系，究其原因，主要还是在于我国市场环境、激励机制设计和公司内部治理等方面存在问题，还没拥有实施股权激励的最佳条件。基于这些缺陷，提出以下政策建议。

1. 加强资本市场的有效性

我国资本市场只有三十多年的历史，起步晚、发展快、有效性弱是我国资本市场的现状。资本市场的有效性较弱带来的问题有很多，其中最为明显的是上市公司股价未必能够在资本市场中合理定价，因此公司的价值也不能得到真实的反映，也就不能反映出管理人员的努力程度和管理绩效，从而限制了股权激励作用的发挥。

那么如何提高资本市场的有效性呢？首先，政府部门要起到宏观调控的作用，鉴于中国的国情，政府部门不能放任其自由发展，必须给予其有效的引导，但也不能过分干预。其次，加强市场规范，建立监督约束机制，对违反市场规则的行为严加惩处，提高市场参与者的职业道德，形成一个公平公正的市场环境。

要求实施股权激励的上市公司充分披露股权激励的范围、激励对象、激励模式等信息，避免利用市场的不完善来操纵股价等违法行为的发生，监督上市公司调整股权结构。总之，把重点放在监管上面，尽量减少不必要的干预，发挥市场本身优胜劣汰的机制，尽快建立一个有效的资本市场。

2. 建立完善的经理人市场

股权激励效果的好坏在很大程度上取决于职业经理人市场的完善度，一个完善的职业经理人市场能够提供有效的经理人才选拔机制，有公平的市场环境，才能使经理人的能力得到很好的展现，另外一些能力较差、职业道德存在问题的职业经理人将被市场所淘汰，有效的经理人市场有很好的信息披露机制，任何有污点的职业经理人都无法在这样的环境中生存下去，只能接受被淘汰的命运。

在这样的环境中，真正高水平的管理人才将脱颖而出，上市公司无须担心信息不对称的问题，在市场公平竞争中表现突出的管理者才是上市公司真正需要的，市场竞争的压力也会迫使管理者不断地提高自己的管理水平和知识技能，以免被快速发展的经理人市场所淘汰。上市公司只有在完善的经理人市场中才能选择到高水平的经理人员，使优秀的管理人员能够迅速形成优秀的管理团队，为股权激励发挥作用创造必要的条件。

3. 股权激励方案的科学制定

股权激励方案是否科学合理将直接影响股权激励的实施效果，我国科技型上市公司股权激励方案还存在着很多问题。比如，股权激励比例或高或低、分配比例不均衡、模式单一、行权条件偏高或偏低、有效期长短设计不合理等一系列的问题，这些问题都或多或少地影响股权激励实施效果。

上市公司设计自己的股权激励方案时切不可盲目跟风，一定要结合本公司的特点和自身的需要，设计出能够满足公司长期发展目标的激励方案。在激励对象的选择上，对科技型上市公司来说，一定要把核心技术人员纳入股权激励的范围，不能只对高层管理人员进行激励，而且要将核心技术人员作为重点来激励，核心技术人员就是高新技术公司的生命力所在。在激励模式的选取上，不能只采用单一的模式，单一模式虽然简单，但不能发挥其他模式的优势，因为不同的激励模式有着各自的优缺点，往往是组合模式更为有效。在股权激励的有效期和激励比例的选择上，一定要根据自身的需要合理确定，行权有效期过长和激励比例过小都会削弱激励对象的积极性，有效期过短将有可能导致逆向选择和道德风险。在股权激励的行权条件上，也要根据公司预期实现的目标合理确定，行权条件过高会削弱激励对象的积极性，行权条件过低同样会出现道德风险。在公司业绩评价指标设定上，选择单一的财务指标难免出现偏差，财务指标结合非财务指标将是明智之举。

4. 建立完善的股权激励绩效评价体系

我国科技型上市公司大多数采用财务指标来评价股权激励的绩效，其中ROE、EPS等财务指标使用频繁，这些指标在评价公司绩效中起到了非常重要的作用，另外一个优势就是数据容易获得，这些财务指标都是上市公司财务报表中必须披露的，但这些财务指标的一个很大的缺点在于：这些财务指标只能反映上市公司在过去一段时间的经营成果，却不能反映公司未来的发展前景，这是财务指标评价体系的重大缺陷。

引入非财务指标将会很好地解决这一问题，非财务指标一般包括技术目标、创新能力、产品服务质量、顾客满意度、潜在发展能力等。这些指标中有财务指标所不能衡量的，那就是公司未来的发展战略前景，如果将非财务指标融入到财务指标评价体系当中，作为财务指标的辅助指标，就形成了更加全面的业绩评价指标体系，这种评价体系将会更加公平合理。这两种指标的结合虽然更加完善，但是还不是十分完美，还有其他因素需要考虑，比如市场环境的变化、行业前景的好坏、地区的差异等因素也会影响业绩评价，总之，在设定业绩评价指标体系时要考虑得更全面，要用动态的眼光，而不是一成不变的评价体系。只有建立了公平合理的业绩指标评价体系，经理人才有公平的环境去努力实现股权激励设定的目标，这样股权激励才能起到应有的激励作用。

5. 完善公司内部治理结构

我国科技型上市公司内部治理结构存在着很多问题，其中很多家族式公司中一个人往往占有公司大部分股份，形成一股独大的局面，实际控制权在一个人手中就会影响公司其他职能部门的独立性，实际控制人可以利用手中的权力谋求私利，损害其他股东的利益。另外，上市公司股东大会表面上看起来会保证所有股东的利益，实际上股东大会也是受少数股东操纵的，所做的决策不会损害大股东的利益，而小股东的利益将难以保障。公司内部治理结构的不完善将会造成各个职能部门的不独立，无法正常实现各自的功能，从而影响股权激励的正常实施。

建立完善的公司治理结构必须规范股东大会制度，合理分配股东权利，达到权利制衡，防止一股独大，董事会、监事会和高层管理人员必须按照规定严格筛选，人员兼任多职的现象必须得到有效控制，选举出来的人员权力能够相互制衡，不能被其中一个人或几个人所控制。另外，必须引入外部独立董事制度，加强对公司董事会和高层管理人员的监督和制约，最终形成股东大会、董事会、监事会和高层管理者的相互制衡结构。独立董事和监事会在股权激励实施中所起到的监督作用是至关重要的，监管达不到要求，股权激励就会成为董事和高管人员变相发放"福利"的借口，股权激励不仅起不到应有的作用，反而会成为损害股东权益的一种工具。因此，想要股权激励达到应有的效果，就要完善上市公司的治理结构，提高独立董事和监事会的监督力度，只有这样，股权激励才能体现出它的价值。

练习题

分析影响公司绩效的因素。

参考文献

[1] 汪昌云.基于 Eviews 的金融计量学[M].北京：中国人民大学出版社，2010.

[2] 宋军.金融计量学[M].北京：北京大学出版社，2009.

[3] 张宗新.金融计量学[M].北京：中国金融出版社，2008.

[4] 周爱民.金融计量学[M].北京：经济管理出版社，2007.

[5] 邹平.金融计量学[M].上海：上海财经大学出版社，2006.

[6] 张雪莹.金融计量学[M].上海：上海财经大学出版社，2005.

[7] 李子奈.计量经济学[M].3 版.北京：高等教育出版社，2005.

[8] 易丹辉.数据分析与 EViews 应用[M].北京：中国统计出版社，2002.

[9] 庞浩.计量经济学[M].北京：科学出版社，2007.

[10] 袁建文.计量经济学实验教程[M].北京：科学出版社，2008.

[11] 董光荣.计量经济学实验教程[M].武汉：武汉大学出版社，2008.

[12] 李长风.经济计量学[M].上海：上海财经大学出版社，2001.

[13] 李宝仁.计量经济学[M].北京：中国财政经济出版社，2002.

[14] 张晓峒.Eviews 使用指南与案例[M].北京：机械工业出版社，2008.

[15] 施图德蒙德.应用计量经济学[M].北京：机械工业出版社，2007.

[16] 坎贝尔，洛，麦金利.金融市场计量经济学[M].朱平芳，刘弘，译.上海：上海财经大学出版社，2003.

[17] A. H. Studenmud. Using Econometrics: A Practical Guide. 5th Ed. Pearson Education, Inc. 2006.

[18] 汤银才.R 语言与统计分析[M].北京：高等教育出版社，2009.

教学资源支持

敬爱的教师：

感谢您一直以来对清华版计算机教材的支持和爱护。为了配合本课程的教学需要，本教材配有配套的电子教案(素材)，有需求的教师请到清华大学出版社主页(http://www.tup.com.cn)上查询和下载，也可以拨打电话或发送电子邮件咨询。

如果您在使用本教材的过程中遇到了什么问题，或者有相关教材出版计划，也请您发邮件告诉我们，以便我们更好地为您服务。

我们的联系方式：

地　　址：北京海淀区双清路学研大厦 A 座 707

邮　　编：100084

电　　话：010－62770175－4604

课件下载：http://www.tup.com.cn

电子邮件：weijj@tup.tsinghua.edu.cn

教师交流 QQ 群：136490705

教师服务微信：itbook8

教师服务 QQ：883604

(申请加入时，请写明您的学校名称和姓名)

用微信扫一扫右边的二维码，即可关注计算机教材公众号。

扫一扫

课件下载、样书申请

教材推荐、技术交流